主 编◎ 马卫红 丁夏齐

编 委◎ 罗文恩 陈星宇 陈雪 冯元粤 潘彩云 杨帆

我们心向的事业

——深圳大学管理学院教学研究文集（7）

WOMEN XINXIANG DE SHIYE

SHENZHEN DAXUE GUANLI XUEYUAN JIAOXUE YANJIU WENJI

暨南大学出版社

JINAN UNIVERSITY PRESS

中国·广州

图书在版编目（CIP）数据

我们心向的事业：深圳大学管理学院教学研究文集. 7/马卫红，丁夏齐主编. —广州：暨南大学出版社，2017. 12

ISBN 978 - 7 - 5668 - 2300 - 7

Ⅰ. ①我…　Ⅱ. ①马…②丁…　Ⅲ. ①高等学校—学校管理—深圳—文集　Ⅳ. ①G647 - 53

中国版本图书馆 CIP 数据核字（2017）第 327831 号

我们心向的事业——深圳大学管理学院教学研究文集（7）
WOMEN XINXIANG DE SHIYE：SHENZHEN DAXUE GUANLI XUEYUAN JIAOXUE YANJIU WENJI（7）
主　编：马卫红　丁夏齐

出 版 人：徐义雄
责任编辑：刘碧坚　柳　煦　黄文科　李倬吟
责任校对：叶佩欣　苏　洁　李林达
责任印制：汤慧君　周一丹

出版发行：暨南大学出版社（510630）
电　　话：总编室（8620）85221601
　　　　　营销部（8620）85225284　85228291　85228292（邮购）
传　　真：（8620）85221583（办公室）　85223774（营销部）
网　　址：http：//www. jnupress. com
排　　版：广州市天河星辰文化发展部照排中心
印　　刷：深圳市新联美术印刷有限公司
开　　本：787mm×1092mm　1/16
印　　张：14. 75
字　　数：341 千
版　　次：2017 年 12 月第 1 版
印　　次：2017 年 12 月第 1 次
定　　价：45. 00 元

序　言

　　人的日常生活处于"事"的世界，"事"是人追求有意义生活的最基本单元。同时，为了生活，不只是生存，生活的意义就不能只是重复，而应该有心向往之的事业。当前的环境下，以教育为事业的人普遍感到，当好一名教师不容易。敬畏教育事业的一部分人努力做一名称职的教师，让大学崇尚知识的精神长存，唯愿大学守住知识资源最高之地位，从拯救教育的异化进而减轻人的异化。故而，这本研究文集的书名想表达两层意图：其一，虽不能至，然心向往之；其二，心向往之，则行亦可至。

　　在大学这个教书育人的地方，日常工作以"教学"为研究的对象，致力于不断提升教育教学水平，帮助受教育者们寻找到一种值得过且不局限于狭隘的职业生涯的生活，让受教育者们拥有变得更好的信念和力量，善莫大焉。这本研究文集也期待"80后""90后"的年青一代大学教师在各种观念的融合和冲突中，有经过自己内心的体验诉求和行动选择的自由。在自我追求中完成自我成长，成就自己的卓越。愿他们不会在自身批判的道路上盲目前行，以至岁月蹉跎，又付唏嘘。

　　撰写教学研究文集是深圳大学管理学院的一个传统集体行为，每两年出版一辑，它承载着、也体现了教师们在负责任的教学过程中对管理教育的思考与实践。这里收录的文章是这个社群对自身事业所思所为的沉淀，反映了特定时间和空间里特定人群的理解与感受，价值与选择，理智和情感，构成了他们对自身心向往之的事业的一种"叙述史"。他们基于对教职神圣的认知，重视时代气息，体现创新勇气，探索理性冒险，守望师生社群能够灵犀相通。

2017 年 11 月 26 日

目　录

1

第四编　理性冒险：化为课程重构

第五编　灵犀相通：守望师生交流

第一编

教职神圣：重视职业认知

做一名称职的教师已经足够

——致正在消失的"我们"

韩　巍

（管理学院市场营销系）

【摘　要】本文意在探索大学教师身份认同的多样性，批评了"指标化叙事"对教师职业生涯的霸权式建构。以深圳大学管理学院的三种"非主流"教师为例，展现了教师基于个人的大学理想来建构多种身份认同的可能性。在今天学校、学院热衷于"双一流""高水平"的浪潮中，期望为更多普通教师、边缘教师重建职业信心提供某种借鉴，也希望有关方面深刻反省"指标化管理"对大学教师多种追求的"去意义化"之影响。

【关键词】身份认同　多样性　指标化　非主流

从未想过自己会撰写一篇这样"多此一举"的文章，尤其是在经过十多年对管理研究的思考，近期相继发表了《"非科学性"让管理研究变得更好》（韩巍，赵向阳，2017）和《洞见以下皆为修辞》（韩巍，2017）等文章以后。机缘巧合，这次一方面是为学院主管教学的副院长马卫红为集结教研论文而一再邀请的诚意所动，另一方面则是一场由三位60后教师扮演"主角"的教学论坛引发了笔者的感慨。在那次分享会上，三位教师以过来人的姿态，颇有些"经验传授"意味地漫谈了各自对管理研究，尤其是教学的看法。作为三位受邀教师之一，在参加过这场被马卫红评价为一次"非常成功"的交流之后，笔者却体会到，或许只有在当下的深圳大学管理学院（简称深大管院）这个对教学尚有"传统情结"，且得益于马卫红对教学的特殊情怀的地方，才会有这样"离奇"的故事发生。因为严格说来，在今天的学院评价体系中，这三位受邀教师都不算是十分"称职"的教师——没有国家课题，没有 SSCI、SCI 论文发表，对学院的"显性"贡献可以说微乎其微。

一、第二次踏入同一条河

人是追求意义的动物，为了生活，不止于生存，而生活的意义则不能只是重复。笔者曾经在西安交通大学管理学院（简称交大管院）工作过 8 年。2002 年离开的时候，已经深切地体验过一所原本知名的高校管理学院，如何围绕"指标化、国际化"并凭借各种形式的"资源整合"塑造出一种全新的组织生态———一场几乎波及每个人、每个团队的"身份竞赛"（Identity Contest）。其中有多少人"迅疾"脱颖而出，有多少人倍感压抑，又有多少人通过转岗、分流被无情地"驱逐"，给笔者留下了很深的印象。

虽然交大管院在各种指标化评价中的确取得过骄人的战绩，但时移势易，今天，只有他们最清楚除了"指标"以外，自己在中国管理学界到底还有多少实际的影响力！而且，恰恰是因为那 8 年的工作经历和十多年来从未间断的学术合作，尽管看法可能有些片面，但笔者的确发觉交大管院不仅在学术研究上显得保守，似乎也不大关心如何为学生提供美好的课堂学习体验，遂于 2014 年，在《西安交通大学学报》（社会科学版）上发表了《学术评价的回归与业绩管理的矫正——对管理学院两种核心价值观的质疑与反思》。文章对以课题、高水平期刊论文评价个体学者的方法提出了质疑，并借鉴博耶（Boyer）的四种学术划分方法，冀望更多的老师成为"教学型、应用型、整合型、学术型"教师，专注于"传道、授业、解惑"而未必非要当一个名不副实的"发现型"学术教师。

无独有偶，今天，深大管院又在上演非常雷同的剧目，脚本也几乎没有变化，主要的情节依然是指标化、国际化，以及为了实现上述目标所进行的各种资源整合。其较交大管院稍有不同的是更加频繁的国际论文发表分享会、课题申报经验交流会……当然，对学者个人奖励的幅度还不算太大。以自然科学基金课题申请为例，印象中当年只有现任职于上海交通大学管理学院的万国华实现过"零"的突破，而如今深大管院的各种国家、地方纵向课题已有如雨后春笋；SSCI、SCI 论文也是呈幂次数增长，而且迅速地，大家关注的焦点也从单纯的数量转变为 JCR 分区、达拉斯 24 及 FT45 等更具"质量意识"的成果分类标准。请原谅笔者不够友善的措辞，因为这种"重复"的人生会让人倍感挫败。笔者向来尊重研究者的个人努力，也深知他们曾经付出的辛劳。想一想为自然科学基金本子那 400 多字的摘要如何殚精竭虑，想一想要以非母语撰写论文，想一想缺一个关键合作者时的烦躁，想一想 peer review 带来的折磨，想一想那动辄数载的申请、发表周期……突然有一天，"获得资助了，正式录用了，在线发表了"——的确是人生舞台上的"巅峰时刻"，值得为自己感到骄傲，值得其他人给予祝贺。

不过，十多年来，对于管理研究还算比较深入的思考，让笔者产生了一些非常武断的看法。无论国内还是国际，管理研究的整体表现远不如学者自我感觉的那么良好（Hambrick，1994；Hubbard，Daniel，1996；Pfeffer，Fong，2002；Emiliani，2004；Bennis，O'toole，2005；Ghoshal，2005；Tsui，2009，2013；Starkey，2015），所以有些人慨叹"实践者不读我们的论文"（Tapp，2005），另一些人则得到了"自娱自乐、自话自说"的调侃（郭重庆，2008；Reibstein，Day，Wind，2009）。试图弥合"严谨性与实用性隔阂"的努力虽值得期待，但其症结则是到底有多少"真知"值得被转化，如果不值得转化，又有多少值得自豪的地方。笔者以为，管理学院现行的评价机制存在严重的偏差；对于大多数中国管理学院的教师，特别是深大管院的教师来说，申请更多的课题，发表更多高水平的论文，获得更多的奖项等不是最重要的，而应以坚守教学为第一使命，努力成为一名称职的大学教师，以服务于学生乃至社会的长期发展，这是更合乎情理的选择。遗憾的是，由于整个学校的"指标化"氛围，个别老师曾经发出的声音已经完全被淹没了（阮炜，2015；韩巍，2014）。

更让人遗憾的是，学院的领导们在总结日常工作成绩的时候，似乎已经习惯了一种充斥着管理主义（Managerialism）、工具主义（Instrumentalism）价值观的标准措辞，这种措辞甚至成为一种控制手段（Czarniawska-Joerges，1988）。由于"国家课题代表了……水平；SSCI、SCI代表了……水平"，因此，某某拿到了课题A、B、C，某某发表了SSCI、SCI论文A、B、C……仿佛整个学院众多教师日复一日的工作只留存在个别领导象征性的感谢中了。

"X＝水平"不能推出"水平＝X"，或许还可以是Y，是Z。笔者想说，这只不过是世上任何一间大学应有的常识。"X＝水平"既是当今大学流行文化的产物，是社会之"麦当劳化"所结出的"硕果"（里茨尔，1999）。也表明大学（学院）的主导者，评价机制的设计者，对何谓学术缺乏独立的判断，只强调"X＝水平"而轻视其他工作，包括优秀的教学工作在大学里的实质贡献，更是缺乏社会责任感的表现。当校（院）主导者动用"权力"对组织制度、学院文化进行全面整改，更明确地说，是用诸如"X代表了……水平"这类语言实施控制的时候（Czarniawska-Joerges，1988），其专断性就可能让学院（大学）蒙羞了。笔者想特别指出，官方已经习惯使用的"X代表了……水平"的修辞策略，对于一所面向万千普通学生的大学，尤其是一个需要体现"致用之学"的管理学院实在难言可靠、可信。这当然不是深大管院、交大管院两家的问题，而是世界上每一个在努力"拼指标"的管理学院的通病。依常识而论，国家课题与少数高年级学生，硕士、博士研究生能力的进步可能存在关联，但与大多数未来从事实务工作的学生的成长又能有多密切的关系呢？至于那些高水平论文，请允许笔者这个对管理学国际动态比较了解的普通教师说一句，整个管理学界一直面临困扰，比如严谨性与实用性的脱节问题，长期以来饱受批评却难以改进（Hambrick，1994；Rousseau，2006），甚至在学科的合法性方面受到质疑（Tranfield，Starkey，1998；Pettigrew，Starkey，2016）。不仅仅是中国，世界范围内，管理研究的实际贡献已成为业内人士质疑、诟病的对象（Emiliani，2004；Bennis，O'toole，2005；Ghoshal，2005）。管理学院的成果，或许是学科建制化后建立起来的一种脆弱的合法性和因为强化"严谨性、科学性"而建立起来的"学术门槛"，以及大批被授予各种学位却从来不用担心"召回"风险的学生。

就中国管理研究的现状而言，已经生产了多少在形式上煞有介事，于经验现实无真切之表征，更无深刻之见解，而且缺乏学术诚意的论文。就对现实的表征而言，管理研究者的表现可能远不及拥有某种"特权"的新闻媒体；而管理研究者对经验世界的影响，恐怕也远不及那些咨询公司，更不用说管理实践者。中国的各类学院、大学以及整个学界已经发明了多少让人眼花缭乱的课题名目、学者头衔。不妨阅读张五常（2015）的一段话，窥探一下学术繁荣景象背后的真实底片："到了芝大我才知道，所有教授的称呼都是先生或女士。再后来又知道，不写文章的戴维德只有一个学士头衔，但科斯求职的推荐信是他写的，哈耶克求职的推荐信也是他写的。在芝大时，我曾经跟后来是林毅夫导师的约翰逊谈在芝大升职的问题，得到的答案是不需要有头衔，也不需要有文章，但不可以一句话不说。当时芝大的经济系是全球最强的，学术职位升到顶级的起码要求，只是说过一些有足够斤两的话。这经历影响了我衡量学术成败的取向。当有人说某君在哪个名学报发表过很多文章时，我喜欢问：他说过些什么吗？

得到的答案总是令我失望。"张五常的言说风格向来修辞色彩浓厚，拉大旗作虎皮也不是论辩的正途，但仔细揣摩其中深意，可知学问之道也不过如此吧。

无论如何，一种全新的组织生态已然形成，无论你是否认同，是否或如何参与其中，似乎已别无选择。笔者在交大管院工作8年后的感受是，他们要把管理学院打造成一所"管理研究院"，教学已经被边缘化了。15年以后，笔者推测在那个地方，除了官方认定的"优秀教师"以外，已经没多少在课堂上可以让学生充分领略管理世界美妙风景的老师了。而他们曾经引以为豪的"指标"地位依然稳如磐石吗？当然，我们无法直接将深大管院和交大管院作比较，因为按照"指标"，前者与后者的差距尚远。但笔者有理由指出两个学院在教学上的某些区别——深大管院有更多教师的课堂会让学生获益更多。笔者如此妄言的一点资本是，如果回到15年以前，至少在课堂上，说"韩巍是交大管院一位比较称职的营销学教师"应该不会受到过多的质疑。而15年以后，说"韩巍是深大管院一位比较称职的营销学教师"似乎依然成立。而深大管院其实有一批热心教学，在形式、内容上更为多样、丰富且被学生所喜欢的教师——这是一笔多么宝贵的财富！没有人能否定交大管院作为一个研究型（C9）大学的知名学院在管理学界所拥有的"领先地位"，但至少在本科教学上，深大管院原本也拥有骄傲的资本。可惜，这种优势或许正在消失。

二、"离经叛道者"也是"自我边缘者"

按照目前官方的分类方法，深大管院主要有三类教师：科研型、科研—教学型、教学型。与交大管院不同，深大管院有很多老师乐于选择成为一名"教学型"教师，这既得益于其优良的教学传统，也是不得不接受的客观事实。本文按照教师工作内容与学院期望的关系提出一种新的分类方法，尤其关注学术研究的权重，即主流范式和非主流范式教师（假定他们都努力扮演着自己认为合适的角色，笔者更强调"典型性"而非"代表性"）。考虑到深大管院发展历程的特殊性（缺乏足够的学术积淀），这种分类方法或许更具学术意义。

主流范式的教师，多以科研型、科研—教学型为主。其工作内容除少量教学工作外，主要体现在申请课题和发表论文上。无论他们在教学上的表现如何，其认知和行为方式具有典型的科学（理性）主义色彩，大体分为两类：其一，实证（Positivist Research）派经验主义者。在方法论上比较一致地强调"测量、既有理论、演绎—假设—检验"，其认识论依据则是"主—客"二分，在本体论上倾向于"客观表征"（Objective Representation）。这当然是管理学界最为主流的"实证主义经验研究"（Positivist Empirical Research，Empirical Research 曾被误译为实证研究）。只不过他们应该关注到学界同行相关的反思和检讨。其二，演绎派唯理（理性）主义者，准确地说，他们是数学工作者，以符号、模型作为研究手段，"逻辑自洽"是其核心诉求。他们在"去人化"的特定领域可以表现优异，但由于需要设定严格的约束条件，使其在应对大量有人参与的实际管理过程中存在难以回避的局限性。当然，唯理主义与经验主义的合流也是一种趋势，比如在大数据的背景下，数学工作者本身也可以从事典型的归纳

5

研究。

非主流范式的教师，以"教学型、科研—教学型"为主。除了教学工作，在申请课题和发表论文方面的确乏善可陈。同时，主要从事教学工作也未必意味着教学效果优良。有些巧合，正是一场分享会的启发，结合三个具体的教师样本（或许是深大管院独有的现象），可以总结出三种非主流范式教师类型。总体上他们都拥有某种反主流的"非科学主义"倾向：其一，终极（本质）问题追问型，具有强烈的哲学批判意识。以"无知"作为知识和求知的总体隐喻，反对各种形式的理性主义、经验主义、科学主义、工具主义，有强烈的道德关怀和美学诉求。尽管持此论者很容易受到现实世界中具体问题的挑战，但他们善于在基本问题上解构主流研究的合法性。该类型以深大管院杨龙芳教授为例。其二，在建构主义与经验主义间徘徊型。该类型一般也重视经验研究，但反对管理研究的"表征、符合论"立场，认为人类的组织实践具有明显的情境性、嵌入性、演化性特征，管理知识是基于主体间性（Inter-subjective）而非"主—客"两分的人为建构（伯格，卢克曼，2009），管理研究不是为了寻找规律，而是对人及组织活动意义的诠释。该类型以深大管院韩巍副教授为例。其三，现象学（Phenomenology）经验主义型，以深大管院吴艺讲师为例。他们植根于日常生活，排斥概念化、学术化。"叙事"（Narrative）或者说"讲故事"（Story-telling）是其善用的言说方式，借助生活情节（Plot）和大量的经验片段，为受众提供一种接近生活世界（Life World）的个性化启发。通常会引发我们这些饱受概念、命题、机制"洗礼"的所谓专业头脑产生非学术的联想。

有必要对向三位60后教师打开大门的20世纪80年代的大学稍加回忆。那时候，学校没有那么多"指标"的压力，无论是课题还是论文，更没有"江河湖海""领军、带头人"等五花八门的头衔。大家习惯于按部就班，有些论资排辈，但一个老师有几斤几两，大家也有共识。借用笔者在交大管院的一位同事（宋合义，中科院心理所博士）转引其导师的话说："好好读书，写什么文章，你那文章值得发表吗？"这里并不是暗示在那个年代三位老师就能如鱼得水。尽管他们当下都不算是现行评价标准中"称职"的教师，但也正是因为深大管院固有的比较重视教学的传统，他们在教学上的些许贡献才没有被一笔抹杀，至少有一定数量的学生和老师认为他们是比较优秀的。以下采用诠释的方式稍为详尽地梳理一下他们各自教学上的特点。文本并不是程序化经验研究的结果，它和时间有关，和笔者与他们的遭遇有关，与具体的工作片段有关——简言之，是一种比较纯粹的叙事。

杨龙芳：教授、博士。笔者与杨龙芳的初识，源自他的主动"挑衅"。我们的性格都有孤傲的一面，不容易有天然的亲近感。直到有一次在学院会议间隙，他和笔者聊起哈耶克，彼此才增加了一点好感。事后得知，杨龙芳当时很怀疑一个营销系的老师居然敢妄谈哈耶克。自此之后交流渐多，他曾跟笔者谈起自己对管理一些基本问题的看法，听起来深刻却也高度抽象，让人一时间理不出头绪。碰巧笔者与导师席酉民合作发表过几篇基础理论文章，就主动送书和文章给他，这才算是正式"结缘"。事实上，直到今天，笔者都从未走进过杨龙芳的课堂，虽然有私下交流和听他讲座的经历，但对他更多的好感，源自学生的反馈（Voices of the Others）：其一，杨龙芳乐于在学生面前提起笔者这个"新人"（是私心作祟，也未尝不是对其鉴别力的赞赏，人类难免自恋）；其二，学生们总会提及杨龙芳的管理学原理等相关课程，说他从"对无知的敬畏"入手，广泛涉猎"历史、政治、哲学、文学、美学等"，引导学生沉浸于管理学经典著作，尤以对德鲁克著作的解读为甚，对部分学生的心智成长产生了极大的震动。今日之管理学，已渐成为一门分工细密的专业化学科，不再具有 PhD 之原始意涵，但以管理实践的具体性、历史性、复杂性，原本多么需要杨龙芳这种海纳百川的知识谱系，这种"通识化"的恣意汪洋啊。行走中国管理学"江湖"多年，尽管经见有限，但印象中只有西北大学刘文瑞（更以史学见长）有一样的风采。

　　笔者和杨龙芳在反对科学主义、理性主义、工具主义、社会工程等方面有高度的共识。也确信他有资本"俯瞰"进而"轻视"当下充斥着经验主义（实证派）、工具主义、实用主义（并非哲学意义上的）的信念、教条、方法和成果的主流范式管理学。杨龙芳曾经跟笔者讨论过对营销的看法，或许只有笔者这种边缘化的营销系教师才愿意与他这个"外行"交流吧。杨龙芳的问题意识聚焦于美学——营销的"终极"面向。不得不承认，一个深受伽达默尔、利科思想影响的诠释主义者，一个似乎看破经验研究（所谓洞见以下皆为修辞）的非主流研究者，一个被马奇等管理学者的美学情愫（马奇，2010；Adler，2015）所打动的普通教师，怎能不深以为然。单从营销实践在今日中国所呈现的复杂、凌乱、近乎荒谬的面貌，想一想营销如何塑造且改变了中国人的日常生活，甚至生活意义，我们不是越来越呈现出"单向度生存"的可悲了吗？许多年前，一位现已退休，曾在《读书》上发表过文章的深大管院同事李工曾有一句戏言："这世界都是让营销搞坏的。"某种程度上，也算一语成谶。而这个世界，似乎正在广泛地失去它应有的"格调"：物质主义流行，成功学泛滥，当学术愈来愈符号化时，仿佛一切都是"我消费（占有），故我存在"了。我们彼此的这一共识（也一定是洞见）意味着——至少对于我们，一切企图改变人类正常生活方式的社会工程（无数组织化的营销实践，包括营销化的组织学术实践）都是可疑的。

　　君子之交，并非只有相互"吹捧"。杨龙芳不大标准的普通话、时而含混的标志性措辞，密集的概念化表达，大量的断言，以及对经典文本的旁征博引所编织起来的话语文本（Discourse Text），的确会让他的同事，更不用说学生，"听而生畏"。一方面，"无知感"是杨龙芳教学的部分用意所在；另一方面，如何让同行听众、学生，特别是部分好学之士获得一种"浸入感"，是他需要面对的挑战。杨龙芳习惯讲逻辑，但又把逻辑近乎用作一种修辞，更准确地说，用作一种隐喻。在笔者看来，宏大叙事对本质的追问恰恰存在显著的消解，如碰到我们共同的学生，笔者总会提醒他们要警惕被杨龙芳"误导"——管理学知识当然不会只有实用性，但管理学院的目标和功能要求我们必须回到现实，回到管理实践的具体问题。当然，笔者最不认同杨龙芳对于"传道、授业、解惑"的保留态度。的确，本质上，在"无知"的隐喻中，我们每个人几乎都没有资格出演这种角色。但依经验而论，作为一个建构主义的信徒，笔者认为这是大学教师乃至天下所有教师生活意义之源头、合法性之基础。

　　韩巍：副教授，博士。不必惊讶，也不要以为"我所不知道的，就不是知识"（韩巍，2017）。自我呈现与反思是经验研究的可行选择（韩巍，席酉民，2009）。不过，这里提供的只能是一种"浓缩"的自反性（Reflexive）文本。作为一名普通的大学教师，笔者已从教23年，按照杨龙芳的说法，可以自诩为"传统意义上的读书人"。除了16年前发表过英文文章，为评职称而申请过课题（未中）以外，学术兴趣主要集中在管理哲学、管理本土化等方面。

30岁以前，笔者有几年参与管理实践和咨询的经历，那时候还不是十分确定"教师"对于人生的意义，更希望能"镇得住"学生。幸运的是，笔者最终没有离开讲台。来到深大管院任教后，偶然收到一封毕业多年的学生的E-mail，谈及当年笔者的只言片语如何影响了他的职业选择，一时间，似乎突然意识到"教师"二字的分量。"质疑"或者"Critical Thinking"算是个人在教学上的一种追求。其实从读博士的那一天起，笔者就不大认同管理的科学化取向，对管理实践了解越多，对西方"教条"的适用性就越多了几分怀疑。尽管有些学生会抱怨笔者常常让他们感到困惑，似乎从来没有任何笃定的东西，讲起课来有点儿天马行空。但笔者自知在讲台上的那份诚意。曾经写过一篇《学术，为了免于欺骗的人生》的短文，作为管理学院的教师，笔者希望以主要讲授的营销相关课程，影响部分学生的视野、心智，甚至生活态度，让他们借由批判性、系统性而激发自己的创造性（韩巍，2014）。而且，笔者从不设想传授学生任何真理性的东西。也感谢他们当中的某些人，我们不仅给彼此留下了美好的记忆，他们还把这些记忆以某种方式留存在更多学生的记忆中。

某天有一位同事问道："韩老师，什么时候能去听听你的课，有学生说你把营销讲成了'哲学'。"笔者当然没有答应，更不会承认一个业余的哲学爱好者能把"营销"讲成"哲学"，但笔者于此的确心向往之。记得当年在交大管院聆听过一位英国教授的案例讨论示范课，中间休息时，向他提出过类似的问题："Why does your teaching look like philosophy?"他直截了当的回答还言犹在耳："Why not!"营销，当然不是哲学，笔者只不过在课堂上引导学生多少接触了Critical Thinking；不过经常提醒他们不要迷恋由太多西方学术概念、命题构成的概念化世界，这些未必能帮助我们理解中国人的消费体验、营销实践。不过，至少在指导本科、硕士论文方面，笔者的确为非主流的质性研究，比如扎根理论、民族志等方法应有的生存空间做过努力。2017年在参与一本"学术感言"文集的编纂过程中，终于听到了更具批判性的声音——来自笔者硕士期间的学长、交大管院著名的营销学专家庄贵军："营销学的博士教育，是必需的吗？……营销学的研究是必要的吗？……或者，营销学是否根本就没有理论，因此也就不存在发展问题了呢？"当然，他还是嘱托了一句在学界反复出现、颇令人玩味的话："发表写得漂亮的文章（可以缺乏思想，庄贵军原意，笔者注），因为只有这样才能活下来。"——为了生存吧！笔者不想让深大管院营销系的同仁有不愉快的联想，张五常也好，庄贵军也罢，他们的言说听起来是有些"耸动"，需要审慎对待。然而，按照默顿所言，"集体性反思"不就是学界同仁的本分吗？（默顿，2008）

吴艺：讲师，硕士。如果"奇葩"能用来形容笔者在教师职业生涯中遇到的同事，吴艺可以说"舍我其谁"。她见多见广、率真直白，偶尔还会口无遮拦，这不是笔者一个人的看法。吴艺没有受过"博士"训练，也没有多少论文发表记录。记得多年前与她一起负责深大管院中英合作兰开夏班的时候，我们之间曾经就如何挑选任课教师发生过比较激烈的争议。笔者当时想当然地认为，至少对于我们这一代人，一个大学教师起码应该有个博士学位——言下之意是，没有必要的学术训练，不搞学术研究，怎么能算是合格的大学教师？然而，在笔者做兰开夏班课程主任的几年里，教一年级的硕士吴艺，却总是最受学生欢迎的教师。依常识而论，"受欢迎"不应该是评价老师的唯一标准，但如果不受欢迎，老师想对学生的成长有所帮助，岂不是自欺欺人？即使在后来给成年学生（MBA）授课的过程中，她依然是学生最喜欢的教师之一。借由我们共同学生（笔者和她教同一个班级）的反馈，我才知道学生对她，不是什么单纯的"喜欢"，而是她以自己的热情和人生经历对学生产生了切实的、显著的影响。

笔者和吴艺虽是朋友，但对她作为大学教师（更不用说优秀教师）的"资格"长期抱有怀疑。因为在她日常的表达中，几乎听不到抽象化、概念化的言说，看不见理论、方法的影子，而这些向来不就是学术最显著的标志吗？但多年来，当笔者越来越怀疑，甚至厌烦管理学术（请注意，不是理论物理或是存在主义哲学）中有着太多缺乏明确指称的空洞概念，大量毫无启发的碎片化理论，无以计数的"假设—检验"的时候才逐渐意识到，自己曾经感悟到的本土管理研究的社会学、人类学转向，多次发出的无论以何种范式进行的经验研究都应该首先回答"What's going on here or there"的呼吁，在吴艺那里就是鲜活的例证。尽管她从来没有生产过学术文本来为自己获得更多现实利益，但她的教学实践本身——作为一种"行动的文本"会给我们这些自以为在做学术却往往不过是沉醉在虚幻的、编造的、强加的概念化生活之网中的所谓学者以某种嘲讽。

吴艺习惯为课堂设定场景（Scenario），营造一种代入感很强的教学气氛。她游历世界的见闻，个人的成长经历，与父母的"恩怨"，与相熟的同事、朋友的"八卦"，以及波折的感情、婚姻生活，一系列故事情节都可以拿来启发学生，让他们思考如何面对自己周遭世界的复杂性。她的表达诚恳、具体而生动，或许更符合某些学生的期待。有资料显示，学生对"（科学的）管理研究"的接受度并不符合理性预期（Caprar, Do, Rynes, Bartunek, 2016）。换言之，很难想象为非理性的人类只提供理性解释的管理研究会那么可靠、有效（Czarniawska, 2003）。更何况，作为管理学院领导者（管理者）的日常表现，无论是"科学管理"，还是"人本管理"，普通教师、广大学生对其的亲身体会，到底在多大程度上能体现领导者对管理知识的切实领悟和娴熟驾驭呢？因此，当笔者日益强烈地体悟到现象学所谓"回到事物本身"对理解人类行为的重大意义时，甚至可以断言，一个只生活在概念化世界中的学者，哪怕已经取得了再高的学术成就，至少在管理领域，都不会比吴艺这样的教师对学生当下和未来的生活与工作启发、帮助更大。尤其在中国这个为语言、语义、语用之复杂意象提供了过于丰富而细腻的语境约束性的国度（我们有多少只可意会、不可言传，只有聪明的中国人自己懂得的玄妙之处）。比较吴艺，我们这些熟稔套用概念求生存的所谓学者，或许更难理解生活的简单之美，更难真诚地做到知行合一。

当然，从某种意义上来说，物极必反，吴艺长期远离学术也给自己在理解管理实践的视野、深度上带来了困扰。虽然我们日常的交流不会有多少障碍，但如果她能多一点耐心，多接触一些对于生命经验、组织管理有深刻洞见的思想成果，或许她会对学术有多一些理解，也多一份兴趣。我们每个人都难免是肤浅的，但吴艺应该知道，作为自己生活经验的理论家（一阶的），所谓"学术"，在管理领域往往不过就是于自己或是他人的"一阶理论"的再诠释（双重诠释，Double Hermeneutic）罢了（吉登斯，1998）。

三、没有多样性何谈"一流"

曾经对深大管院有过美好的记忆，喜欢那种宽松、悠闲的气氛。笔者不能断言它适合于每一个人，但至少对于杨龙芳、吴艺及笔者这样的教师，它曾经是包容的、温和的。领导、所谓的管理制度、组织文化，不要总想着如何管束、"折腾"教师，无论教学还是研究，教师们知道自己想要什么，知道自己该做什么。可是，当一种教师职业生涯全新的叙事方式，借助"国际化""评比""一流""高水平"等修辞策略被建构起来之后，无论某教师在同事眼里、学生心里如何称职、优秀，事实上已远离现行评价机制的期待，成为不再"称职"的教授、副教授，或者最多算个"称职"的教学型讲师。可以预见，"我们"这些人后无来者。因为没有任何理由冀望年轻学者（教师）在自己漫长的职业生涯中，去重复这些"古董"的人生错误，成为某种意义上的边缘人、殉道者。

本文意图表达的，不是对传统的追忆。杨龙芳、吴艺、韩巍们——"都老了，无所谓"。问题是学院（大学）到底是个什么地方，或者说是个什么组织。按照戈夫曼的说法（2014），可以把它想象成一个舞台，有特定的脚本、场景、情节，大家按照各自的天分和努力，有人演主角，有人演配角，有人跑龙套，本也无可厚非。但那个脚本必须是"可商议的"，因为大学（学院）这种历经千年演变而成的人类特有的组织，早有其常识，即一定不能被形形色色的"专制"所挟持。大家来到这里，不完全是为了生存，还共享某种意义——关于大学的想象。指标化当然也是符号化的意义系统，但如果还是沿袭传统情境中一般组织管理的习惯，即长官意志、社会达尔文主义、"胡萝卜+大棒"，那么，可能被建构起来的不过是一种可疑的、虚幻的意义系统。它在肯定某种——或许是主流的（从众的）、国际化的（修辞的），但未必是适宜的（本土的）正确的（多元的）——价值取向的同时，破坏了大学的常识意义，排斥了其他的意义生成（Sense Making/Giving）的可能性——这是一种未必有预谋，却一定是有计划、有效果的剥夺他人生活意义的行为！主流与非主流，指标化与非指标化——从来就不是真理，不过是基于修辞策略的人为建构，也就更有可能最终沦为某种"权力意志"的肆意张扬。

因此，笔者希望大学（学院）的领导们，无论作为哪个特定领域的专家，也听一听另一位非主流专家的声音：我们这个国家，在它漫长的文化熏陶、社会化进程和组织实践中，借由权力不断上演着迫使无辜的普通人不得不选择一种去意义化（从而只能遵从指定意义）生活的戏码，这是我们这个族群进化过程中很大的污点之一。作为一位学者、专家，如果缺乏这方面的觉悟和反思，尤其是身体力行的改变，不要说作为深大管院、交大管院的教授、博导，即便有一天成为长江学者、中科院院士，也难以让人信服，难以赢得长久的尊重。中国社会好的转变，首先可以从任何一间大学的管理学院开始。否则，一切都是徒劳。今天，"高水平""双一流"又成为新一轮的"主导性叙事、强大的修辞"，俨然一股不可阻挡的潮流。对于年轻人，仿佛已听到"顺我者晋升，逆我者出局"的动员号角——我们真的只能如此，或者说毫无反思地这般执迷吗？笔者在此处恰恰想宣示一种自己所理解的一流管理学院的可能性，它或许有些坐井观天（但谁又不是呢？），但它绝不仅仅是来自指标化之官方意志的首肯，它是我们对于某些基本价值的确信：真正一流的大学（学院）绝不会只钻进各种指标牢笼求取生存与"虚假繁荣"的短暂欢愉。一所管理学院如果是真正一流的，一定是因为它所培养的学生在漫长的人生道路上能够不时地回想起这个或那个老师曾经带给他（她）心智的启发或是行为操守的提醒和示范。笔者非常肯定，这与任何指标式的评价结果无关，只与时间、磨砺、信任和沉淀有关。

四、结语

这不仅仅是一份关于存在感的宣言，我们当然"存在过"也还"存在着"。三个"60后"在新时代大潮中尚能延续自己那份关于教师的传统记忆，他们也曾经与少数同行、学生共享过内心深处的大学想象（理想）。但对于后来者，那些年轻的教师们，还有没有更多的选择，还有没有其他存在感的可能性？营销学上有个非常有启发性的概念——定位，如果每个人、每个组织的定位，只有类别上的相似性，而无特质上的差异点，那么，受众，广义上的消费者（学生、社会）凭什么必须要借助官方符号而不是他们的亲身体验才能分辨一个人、一个组织的核心价值（Brand Mantra）呢？

今天，笔者坚持认为，"博士"依然是筛选大学教师较为可靠的依据。但笔者也认为，攻读博士的一个重要功能并不是，也不可能是确保每个人都走上发现型学术之路。它应该还有另外一个功能，就是让我们每个人懂得自己到底是否适合从事科研工作——既是兴趣的，又是能力的，更是终生职业选择和坚守的依据。如果我们能够坦然面对一个事实，或许听起来有些残酷即放弃也是一种作为。那么，我们至少可以坦然地说，自己是一名"资源节约型"大学教师，我们没有发表"规定的"论文，也没有生产那么多"垃圾"，而是让大家把最好的"论文"写在学生的成长之路上，这样不好吗？

不要再迷恋那些短暂的成功学故事了。一所中国的大学（尤其是管理学院），只有当它与大多数学生能够勇于直面生活的挑战，勇于坚持自我的选择，勇于改变而不仅是顺应社会潮流的时候；能够为了雨果所谓拥有精神世界的"生活"而不仅是拥有物质世界的"生存"，且能够在中国社会的进步中留下坚实脚印的时候，才足以被看作是一流的。作为普通的大学老师，如果我们清楚自己曾经做过什么，更珍惜我们所坚守的价值，那么，自然也不需要任何人去专门鉴定我们是否是"一流""高水平"的了。

杨龙芳、吴艺、韩巍们是有些"过时"了，岁月如梭，他们也将逐渐退出舞台。谁的人生都不值得重复，也不可能重复。无论是皓首穷经、冥思苦想的快意，还是走遍五湖四海、览尽世间百态的豪迈。感谢深大管院的马卫红，感谢这次分享会，让笔者在这个时间点上，留下这样的文字，作为从教生涯的记录，作为时间之流中的一面镜子，美好的未来会很遥远吗？

参考文献

［1］韩巍，赵向阳．"非科学性"让管理研究变得更好："蔡玉麟质疑"继续中．管理学报，2017，14（2）．

［2］韩巍．洞见以下皆为修辞——《管理学中的伟大思想》对本土管理研究及理论建构的启示．西安交通大学学报（社会科学版），2017，37（1）．

［3］韩巍．学术评价的回归与业绩管理的矫正——对管理学院两种核心价值观的质疑与反思．西安交通大学学报（社会科学版），2014，34（3）．

［4］HAMBRICK D. What if the academy actually mattered？．Academy of management review，1994，19（1）．

［5］HUBBARD R，DANIEL E V. An empirical comparison of published replication research in accounting，economics，finance，management，and marketing. Journal of business research，1996，35（2）．

［6］PFEFFER J，FONG C T. The end of business schools？Less success than meets the eye. Academy of management learning & education，2002，1（1）．

［7］EMILIANI M L. Is management education beneficial to society？．Management decision，2004，42（3/4）．

［8］BENNIS W G，O'TOOLE J. How business schools lost their way？．Harvard business review，2005，83（5）．

［9］GHOSHAL S. Bad management theories are destroying good management practices. Academy of management learning & education，2005，4（1）．

［10］TSUI A S. Autonomy of inquiry：shaping the future of emerging scientific communities. Management and organization review，2009，5（1）．

［11］TSUI A S. The spirit of science and socially responsible scholarship. Management and organization review，2013，9（3）．

［12］STARKEY K. The strange absence of management during the current financial crisis. Academy of management review，2015，40（4）．

［13］TAPP A. Why practitioners don't read our articles and what we should do about it. The marketing review，2005，5（1）．

［14］郭重庆．中国管理学界的社会责任与历史使命．管理学报，2008，5（3）．

［15］REIBSTEIN D J，DAY G & WIND J. Guest editorial：Is marketing academia losing its way？．Journal of marketing，2009，73（4）．

［16］STARKEY K，MADAN P. Bridging the relevance gap：Aligning stakeholders in the future of management research. British journal of management，2001，12（s1）．

［17］阮炜．人文学科而项目至上：全世界最恶劣的学术管理．（2014－03－16）．

http：//www. aisixiang. com/data/73065，html.

［18］CZARNIAWSKA-JOERGES B，JOERGES B. How to control things with words：organizational talk and control. Management communication quarterly，1988，2（2）.

［19］TRANFIELD D，STARKEY K. The nature，social organization and promotion of management research：Towards policy. British journal of management，1998，9（4）.

［20］PETTIGREW A，STARKEY K. From the guest editors：The legitimacy and impact of business schools——Key issues and a research agenda. Academy of management learning and education，2016，15（4）.

［21］里茨尔. 社会的麦当劳化. 顾建光，译. 上海：上海译文出版社，1999.

［22］ROUSSEAU D. M. Is there such a thing as evidence-based management？Academy of management review，2006，31（2）.

［23］张五常. 从学术制度难知好坏说起.（2015 - 03 - 10）. http：//blog. sina. com. cn/s/blog_ 47841af70102vhld. html.

［24］彼得·伯格，托马斯·卢克曼. 现实的社会建构. 汪涌，译. 北京：北京大学出版社，2009.

［25］詹姆斯·马奇. 马奇论管理. 丁丹，译. 北京：东方出版社，2010.

［26］ADLER N J. Finding beauty in a fractured world：Art inspires leaders-leaders change the world. Academy of management review，2015，40（3）.

［27］韩巍，席酉民. 自我呈现与反思——组织管理研究的一种补缺性方法论. 西安交通大学学报（社会科学版），2009，29（3）.

［28］周南. 登山观海：146 位管理学研究者的求索心路. 北京：北京大学出版社，2016.

［29］默顿. 社会理论和社会结构. 唐少杰，齐心，等译. 南京：译林出版社，2006.

［30］韩巍. 管理学在中国——本土化学科建构几个关键问题的探讨. 管理学报，2009，6（6）.

［31］CAPRAR D V，RYNES S L，BARTUNEK J M. It's personal：An exploration of students'（non）acceptance of management research. Academy of management learning and education，2016，15（2）.

［32］CZARNIAWSKA B. Forbidden knowledge. Management learning，2003，34（3）.

［33］吉登斯. 社会的构成. 田佑中，刘江涛，译. 北京：生活·读书·新知三联书店，1998.

［34］ASHFORTH B E，SCHINOFF B S，ROGERS K M. "I identify with her," "I indentify with him"：Unpacking the dynamics of personal identification in organizations. Academy of management review，2016，41（1）.

［35］戈夫曼. 日常生活中的自我呈现. 冯钢，译. 北京：北京大学出版社，2014.

教研+学研，用心+用功

周　南

（管理学院市场营销系）

【摘　要】本文从教研、学研和阴阳平衡的视角，结合笔者自身的经历和经验，深入浅出地探讨了"教""学""研"之间的关系，并为如何做一位教学的有心人提出诸多建议。

【关键词】教研　学研　教学

2017年9月初，我入职深圳大学管理学院还不到一周，就接到学院教学研究沙龙的发言邀请。原来，管理学院每学期都会举办两次教研沙龙，每两年还出版一本教研文集，至今已出版了六本。

大学是教书育人的地方，教学研究以"教学"为研究的对象，致力于不断提升教学水平，善莫大焉。我很乐意在沙龙上分享自己的一些经验。但近年来，我越来越觉得，当好一名教师不容易。

1978年，我从福州大学工业与民用建筑专业毕业，留校当助教。所带的班级只比我低一级，大家年龄相仿，学识与阅历也接近；因为如此，彼此之间，亦师亦友、亲密无间。上课时，同学们碰到的困难、提出的问题，我大多刚刚经历过，有些仍未解决，心里常没底，我能给的"助"不多。我"助"不了的地方，他们似乎也不太计较。下了课，大家一起参加文体活动，打成一片，不分彼此；不久，我又参与指导他们的校外建筑工地实习，大家同住同吃，没有距离。回忆起来，那是一段极为快乐的时光。

随着教龄的增加，某些方面，我和学生之间的"差距"——差别和距离——也增加了。我当年所"掌握"的不少知识，已经不知不觉地过时了，像我身体的器官一样渐渐地老化。这几年，以眼睛的悄悄老花最为明显。那些老知识、老眼光，成了"积累"——积下的累赘，必须更新、换代，甚至替换；若继续用，就好似过时的手机，已经"不灵"了。有些则像老黄历，根本行不通了。

还有，我和学生之间的年龄差距明显地在拉大，本科生的入学年龄仍然是18岁左右，而我的年龄却稳步"与时俱进"，如今已过65岁，正在"奔七"。俗话说："一潮水，一潮鱼，海钓不懂潮，空把时间耗。"我对学生的了解已远不如从前。

其实，学生也变了。先是"天"变了——时代变了，从20世纪变为21世纪；"地"也变了——从中国变为"地球村"；"人"更是变了——比如，学生们用的"潮"语，一波波，一浪浪，很难跟上。

这几十年间，对师生关系影响最大的有可能是信息技术的发展。信息时代的潮流浩浩荡荡，再"资深"的老师也必须设法跟上，否则，只会被更快地淘汰。然而，学生们是互联网时代的"原住民"，而我最多只是被动的"移民"。互联网对学生们来说，是空气和水，于我而言，却只在某些使用方面勉强跟得上。学生们使用微信时，个个都能用表情包沟通，我觉得"神奇"——神一样奇怪。当他们告诉我这些表情包的意思时，我觉得迷糊，例如，如今"哭""笑"不分，没有把握就不能用，用错了，自己与对方都将哭笑不得。我不禁想：到底谁是教师，谁是学生？

因此，尽管我的心态仍然年轻，可是岁月不饶人。长江后浪推前浪，前浪滚到沙滩上，怎么办？

我想，我们不仅要"教研"，还要加强"学研"。我们常说的"教研"（动词）与教师（简称"教"）、学生（简称"学"）和教学研究者（简称"研"）这三类人紧密相关。他们之间的关系可以用一个三角形表示（见下图）。"教"与"学"为"锦"，为"地"，互相"看"；"研"负责"添花"，为"天"，向下"究"。老子说有无相生。"教研"与"学研"是一对"有无"或"阴阳"，缺一不可。细想，"教学"（教—看—学）与"学教"（学—看—教）也是一对阴阳；"教研"（研—究—教）与"研教"（教—看—研）亦是一对阴阳；"学研"（研—究—学）与"研学"（学—看—研）又是一对阴阳。

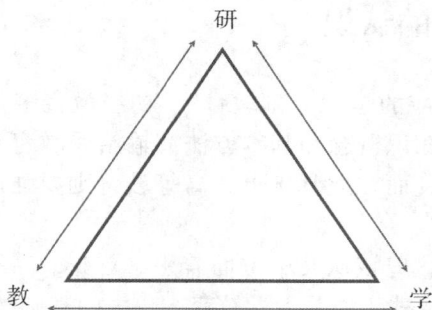

"教""学""研"之间的关系图

我翻阅了管理学院最新出版的一本教研文集，其中有 43 篇是老师们写的教研论文，教师主导；4 篇是本科生写的学研/研学论文，学生为本，在老师指导下完成。47 篇论文，有些选题和关键词从未听说过。作者都是教学的有心人。

跟上时代的潮流，教好，学好，研好，我对参加沙龙充满期待，相信能从其他发言者的分享中受益很多。不知这次有没有学生发言。

参考文献

马卫红. 我们重负的责任：深圳大学管理学院教学研究文集（6）. 广州：暨南大学出版社，2015.

新一代教师的成长

李　鑫

（管理学院工商管理系）

【摘　要】随着人类文明的发展，高等教育由其形成至今，经历了多种形式的变化，高等教育学科分类越来越细化，而在现今社会，高等教育的普及率越来越高，更多的学生有机会接受大学教育，从而提高自身的知识技能水平。教师作为传授知识与技能的主要载体，承担着有效传播的职责，必须不断提高其专业水平和教学水平。新一代教师在成长过程中，需要不断认识自我，加强实践教学及与学生的互动。本文将从对高等教育的认识、教师对其角色认识、教学方法及实践的角度出发，对如何成为称职的新一代教师进行探讨。

【关键词】高等教育　教师角色　教学实践

一、对高等教育的认识

与"高等教育"相对应的是"基础教育"。初级教育多是在某一个或某几个具体的学科范围内，由教师将知识概念和基本方法灌输给受教育者，以便受教育者对基础学科的框架产生基本认识，而在此基础上，高等教育则要强调学科的扩展、创新以及应用。

我们定义高等教育时，应该从几个方面着手。首先，高等教育的教育模式与基础教育有所区别，它对应的形式主要是大学教育，我国的基础教育多是连续的课堂教育，教学形式较为单一，之前多以针对性的应试教育为主，大多数学生此时在心理和智力上都尚未有能力为自己挑选课程。课程安排由学校或者针对考试的教学大纲进行设计，近年来加入了诸多素质教育的元素，但其本身的教学形式仍然较为单一及封闭。而大学教育则相对开放。在我国，经过高考之后，学生在对学校和专业的选择上已经开始有了自主权，在自主选择学校及专业并符合相应的入学条件后，除去学校安排的既定的核心课程，学生有机会根据自己的兴趣或特长选读不同的课程，教学形式也由基础教育的单纯授课演变为讲求实践、讲求学生的主观能动性的多样化课程形态。其次，从目的上来讲，高等教育致力于发扬人类历史长河中的科学文明结晶；一方面，从长远来看，要营造研究环境，为人类社会的发展提供人才储备，为社会发展提供理论基础，强调科研学术的研究成果，这要求教师有较强的学术性和严谨性。另一方面，高等教育某种程度上要为社会现有需求输出人才，强调教学成果，这就要求教师在教学过程中输出较强的应用性和创新性，为学生提供方法论的实践。最后，从对象来说，高等教育仍是针对精英的教育①，虽然近年来随着基础教育的普及、高等教育迅猛发展以及高校招生规模的不断扩大，高等教育出现大众化的趋势，但高等教育仍具有"高门槛"的特征，在接受了基础教育之后，需要通过诸如考试等一系列筛选，才可以进入大学接受高等教育。根据教育部2017年发布的最新数据，2016年全年，全国各类高等教育在学总规模达到3 699万人，全国共有在校大学生2 695.8万人，应届大学毕业生795万，普通本专科招生748.6万人。② 相对于全国总人口来说，高等教育仍是少数人所接受的精英教育，社会对少数精英的要求及期待会比对普通民众的更高。

高等教育针对社会需要，培养学生的专业技能及综合能力，而专业化知识高深，在掌握与专业对应的知识和技能时需付出更多的脑力劳动及发挥创造能力才能不断地发现问题、分析问题和解决问题。接受高等教育的学生虽多数已成年，有着扎实的基础知识，然而在探索专业知识和技能时仍会遇到瓶颈。这些困难对其心理承受能力和抗压能力均是一种考验。所以，在进行高等教育教学时，教师不仅要拥有丰厚的知识积淀，对教学保持理性认识，也要对教学的方式方法以及学生的心理状态有准确的把握，为整个教学周期设计严密的程序，使得理论与实践相结合，才能提高教学的质量和水平。除此之外，教师需要不断对学界的最新成果保持敏感，与时俱进。

二、教师对自我角色的认识

不同于传统社会的教师学者，新一代教师多数是经历过本科、硕士乃至博士等系统训练而成长起来的教师，其在专业知识能力、研究能力上已经有了扎实的基本功，然而由一个教学活动的接受者转变为教学活动的发起者和设计者，这就要求青年教师在心理上对其角色有一个清晰的认识。

教师对自我角色的认识需符合社会对其角色的期待，社会所赋予教师的角色是多层次的。第一，教师需要对整体的教学活动有所设计、组织和管理，指导学生学习，成为教学活动的先导者。虽然学生的自主意识和独立思想已经形成，但对于学生未接触过的专业知识，教师需给予合理的帮助及引导，使学生更快地形成完整的逻辑链条及足够的分析能力。第二，教学内容不是一成不变的。随着社会的发展，知识及论点在不断被论证的过程中会出现升华或更新，此时，教师就要成为教学理论及实践的钻研者以及创新者，不断反思自身的教学方法是否高效，教学内容是否与时俱进，必要时在教学中提出新的科研方法或实践方式。第三，我们一直强调学生的自主能力，特别是在现代社会，学生的思考能力日趋完善，独立平等意识越来越强，越来越早地形成了自己的独立人格，教师不再完全是传统社会中代表真理的绝对权威，更需兼具教学服务提供者的角色，除了需要在客观真理上保持治学的严谨和权威，还要给予学生足够的尊重。最后，教师须不断保持科研状态，成为现代社会科学研究的先行者和先

---

① 卢晓中. 高等教育概论. 北京：高等教育出版社，2009.
② 中华人民共和国教育部. 2016年全国教育事业发展统计公报. 2017.

进思想的创造者。①

　　高校教师对自己的角色定位不应该是单一的，而应是多元化的。他们既要根据学生的不同特点处理不同的授课情况，也要根据学校及学院布置的任务合理安排时间。在教学方面，教师须认识到自己的职责不仅包含授课，也涵盖对整体课程的设计和规划，根据学生不同的接受能力以及专业发展和应用情况选择授课内容，设计学期教学进度；在科研方面，教师要适应由科研的被指导者转变为学生的"引路人"，作为科研的主体为学生拓宽思路，积极引导学生对不同的科研方法进行实践；在生活方面，教师也要对学生的日常心理有所把握，指导学生的实践学习，而学生虽然智力方面已趋成熟，但此时价值观的形成仍然易受到外界影响。教师角色的认识角度需与学生有所区别，积极引导学生形成正确向上的价值观，传播正能量；而在对学校及学院的建设方面，教师要对国家及学校政策有着积极正确的认识，配合学校或学院，为建成高质量高水平大学添砖加瓦，贡献自己的力量。

　　所有这些社会赋予的角色，以及自身的角色定位，都存在转换，在不同情境及需要下教师需承担不同的职责。然而，不同的角色立场并非完全一致，甚至有可能存在矛盾或冲突，教师承担的任务是多维度的，既要承担教学活动，也要承担科研活动。教学活动多数时间是将已经成熟的知识重复地授予学生，而科研活动则需要教师主动创新，不断有新的课题或者观点产生。教师在教学活动中已经熟识的知识技能对于其科研创新的帮助是有限的。虽然现代社会提倡给予学生足够的尊重和自主，但在课堂上，教师仍代表知识的权威，当学生有自主想法时教师要根据情况适时采取鼓励或者纠正措施；而课堂之外，教师亦需要重视学生的心理健康，疏导其在学习过程中所遇到的困难，鼓励其多进行生活实践。不过，两者之间的平衡关系难以拿捏，过分柔和容易失去权威性，而过分严厉则无助于与学生积极健康地沟通。明确教师自身的角色定位，理解各个角色之间的冲突与关联，是教师开启职业生涯的第一步，有助于教师在成长过程中以更加健康的心态面对问题和挑战。

三、教学实践

1. 传统教学方式存在的弊端

　　中华文明源远流长，传统教育在几千年前已经萌发，教学活动衍生到现代社会，其教育模式、教学形式、教学内容甚至教学媒介均有着不同程度的变化。教育模式由最初的贵族入学，演变至现代的普及教育、公民教育。教育的主要形式虽已不是古时严格意义上的"坐堂论道"，但仍然集中于课堂授课。教师选取适合的教材，为教程设计大纲，然后依照教学进度和大纲，向学生传授知识；学生通过上课接收知识，在课后进行复习及相应练习对知识加以吸收、巩固和强化。而教学内容则越来越细化，兼顾通识教育和专业化教育，以满足不同的社会需求，为不同的受教育对象提供服务。而教学媒介更是有着翻天覆地的变化，由孔孟时期的口耳相传演变至今，出现了各种

---

① 张积家，陈俊. 高等教育心理学. 北京：高等教育出版社，2009.

多媒体教学、网络远程教学等手段。

传统教学方式延续至今，有其存在的科学性及合理性，特别是在初级教育教学中，传统教学由于灌输式的教学特点，可以传授较为庞大的知识量，实用性强。教师通过传授自己已经习得的知识经验，可以让学生快速掌握技能，并避免一些由于摸索或者方向错误造成的时间浪费及多个知识点之间的混淆，尤其是记忆性或较不需要空间创造能力的知识，能够掌握得更为快速。在应试教育中，传统教学方式的效率效果无疑是显著的。

然而传统教学方式的缺点也是明显的。传统教学方式由于其灌输性的特点，在某种程度上扼杀了学生的创造性和创新能力，学生会依赖于教师所传授的知识技能而忽略了自身对知识的思考以及探索。而在教学过程中，由于各个学生的理解和接受能力不同，教师需要对知识点进行多次反复讲解，也在某种程度上造成了浪费：学习意愿强且知识掌握较快的学生对同一知识点反复接触，没有机会进行进一步的学习；而学习意愿不强且知识掌握较慢的学生对于教师反复的灌输，有可能会产生逆反心理，从而使教学产生反效果。

传统教学基于行为主义的理念和教学模式一直以来也广为诟病。行为主义来源于苏联生理学家伊万·彼得罗维奇·巴甫洛夫。他通过实验证明了"条件反射"，基于这种概念，传统教学认为知识技能是通过训练而习得的，通过反复的灌输才可建立知识体系。单纯地把教育等同于训练，不利于学生自主意识的形成，更不利于师生之间平等关系的建立，教学被局限为对已有知识的传递，此种模式下，学生只能机械地接受训练，最终形成太多同质化的人才。

2. 创新型教育实践

若要摆脱行为主义训练模式的桎梏，教师必须在教学方法上有所创新，不断地对教学过程及整体内容进行反思及再设计。这里提到的反思不仅是在课余时间，还包括在教学过程中根据学生的当场反应作出应变，例如调整授课方法或丰富教学内容。当然，这种反思的前提是教师一定要有丰富的知识储备。同时，教师需要在教学中对学生的思维惯性或者逻辑方法作出分析，因势利导，更为深层次地挖掘学生学习的动因，从而进行启发式、互动式、实践式的教学。若要达到这种效果，首先，教师要在日常生活的各个方面留心相关的教育素材，多使用深入浅出的例子给予学生启发；其次，避免灌输式教育的一个重要途径是加强学生的参与感，让学生在课堂上有所反馈，与学生进行互动甚至让学生积极表达其观点，加强其自主思考能力和学习拓展能力；同时，现代社会的教学实践更为多元化，可鼓励学生参与各类竞赛或实习，加强其实践能力。

四、新一代教师面临的挑战

时间是有限的，而在有限的时间里如何安排自己的工作以及学习是教师面临的重大问题，如何平衡教学与科研是长久以来横亘在教师心中的难题。新一代教师，特别是刚入职的教师，在成长过程中，一方面需要在教学领域取得学校及学生良好的反馈结果，另一方面则要不断创造新的研究成果。新一代教师在这一点上，要懂得合理分配自己的精力和时间，用平稳的心态迎接各种挑战，摆脱自身各种角色的冲突，在稳定中求发展。

　　新一代教师的优点是思维更加灵活，对于前沿的理论知识接触更多；缺点是教学经验不足，有时即使是做了充分的备课，也很有可能因为抓不到讲解重点，或无法深入浅出地表达知识点而造成教学效果达不到期望。此时，向有经验的教师学习请教就显得尤为重要；亦需时常旁听一些优秀教师的课堂，扩展自身的知识面以及积累教学经验。同时，面对学生的多元性，亦需在教学过程中不断摸索磨合，以加强学生的接受能力。

　　教师的成长离不开对高等教育和自我角色的正确认识，也离不开创新和实践思维的锻造，"打铁还需自身硬"，在实践中巩固自身的教学和科研知识，加之以稳定的心态，是新一代教师由教育工作者成长为教育家的重要步骤。

参考文献

［1］卢晓中．高等教育概论．北京：高等教育出版社，2009．

［2］张积家，陈俊．高等教育心理学．北京：高等教育出版社，2009．

［3］傅维利，王维荣．关于行为主义与建构主义教学观及师生角色观的比较与评价．比较教育研究，2000（6）．

［4］张文霞．试论行为主义学习理论与建构主义学习理论对外语教学的影响．外语教学，2005，26（3）．

［5］钟启泉．教学实践模式与教师的实践思维——兼评"特殊教学认识论"．教育研究，2012（10）．

走出"青椒"之惑

——对新一代青年教师成长的几点思考

耿 旭

（管理学院公共管理系）

【摘 要】作为我国高等教育系统中的关键角色和未来希望，青年教师的健康成长和培养已经成为很多高校重视的问题。在当前新的社会发展形势下，青年教师存在生存压力下的综合焦虑、科研与教学的双重困境、有限资源约束下的职业发展以及承担行政事务等方面的问题。制度与政策支持是缓解困难和焦虑的重要方面，但从青年教师自身而言，他们应树立积极的价值观，练就良好的心态；尽好教书育人本分，沉淀踏实学术之心；充分利用学习平台，学习汲取优秀经验；拥有强烈的责任感，勇于主动承担青年人的责任。

【关键词】新一代青年教师 科研 教学 反思 缓解之策

青年教师作为高校中的特殊群体，他们学历层次高、工作热情高、自我期待高，但是因处于高校场域底端，承受着各方面的沉重压力，因此被人戏称为"青椒""青焦"①。"青椒"之焦既是当前客观社会发展环境和高校发展制度所致，也是"青椒"自身在认知、定位和发展策略等上的主观偏差所致。作为我国高等教育系统中的关键角色和未来希望，青年教师的健康成长和培养已经成为很多高校重视的问题。本文试图从"青椒"的立场出发，客观分析当前青年教师面临的时代环境，指出"青椒"的主要困惑，最后基于工作以来的所感所思，提出解决困惑的几点建议。

一、竞争与机会：新一代青年教师面临的时代环境

正如狄更斯在《双城记》开篇所言："这是最美好的年代，这是最糟糕的年代。这是智慧的年头，这是愚昧的年头。这是信仰的时期，这是怀疑的时期。这是光明的季节，这是黑暗的季节。这是希望之春，这是失望之冬。我们的前途拥有一切，我们的前途一无所有。我们正走向天堂，我们正步入地狱。"以此来形象地揭示新一代青年教师所处的社会发展环境最为合适，他们正处于一个快速发展的矛盾时代，既有激烈的竞争，又有大量的机会；既有未知的不确定性，又有可预期的稳定性；既有无尽的压力，又有底线性的保障。

---

① 于安龙.夹缝突围：高校青年教师的底层困境与出路.西南民族大学学报（人文社科版），2017（1）：217－221.

（一）竞争与机会并存

受到国家事业单位体制改革以及高等教育制度变革的影响，青年教师面临的不再是稳定的事业编制，而是合同制。越来越多的高校开始实行"非升即走"政策，要求青年教师在 3～6 年（一到两个聘期）内由讲师晋升为副教授。"铁饭碗"时代的离去，迎来的是人才竞争与自由流动。新的制度给了青年教师充分选择的机会，也促使整个高等教育人才资源配置实现帕累托最优。但这也给青年教师带来了更多的压力。由于国内人才市场竞争越来越激烈，他们需要进行持续性的"思维性运动"，以有足够的课题和论文资本立足市场。但恰恰高校青年教师又处于事业起步阶段，科研积累较少，获取资源的能力相对薄弱，在课题申请和论文发表上处于相对弱势的地位。尤其是改革起步阶段的第一批青年教师，还面临配套制度和政策的不完善，对未来的恐惧与担忧更为明显。

（二）理性与感性交织

从国内整个高等教育的发展历程看，市场经济的功利主义正在侵蚀大学以之为本的人文精神，以绝对理性为主导的工具主义笼罩着高等院校。一是体现在高等院校的学科发展上，重理轻文现象严重。在科研上，对理工科的关注程度、政策支持力度和资金投入都远远高于文科；在教学上，片面强调科学知识的传授，而对能够陶冶情操、培养人格和传承文化的人文课程未给予应有的重视。二是体现在高等院校的考核机制上。高等教育已经进入"唯论文和课题是图"的时代，发表论文（尤其是发表在国外期刊上的论文）和拿到项目成为青年教师保住"饭碗"和立足学界的硬资本。同时，对研究成果数量的重视程度远远高于研究质量。殊不知，学术研究，尤其是文科类的研究，必须要经过大量的积累工作和一定的"沉默期"，才能形成经得起考验的成果。现状所带来的后果就是研究者的功利主义和急于求成的心态，以及"跑步出文""跑步进项目"等畸形学术生态环境。

二、理想与现实：新一代青年教师成长中的困惑焦点

（一）生存压力下的综合焦虑

刚入职的青年教师往往存在教育年限长、达到结婚年龄、无积蓄等特点，这意味着他们面临购买住房、人际交往、婚姻家庭等基本生存压力。高校青年教师需要跨越的第一座大山就是购买住房，尤其是在北京、上海、深圳等一线城市，工资收入与房价增长基本是不对等的，购买住房成为很多青年教师职业选择的首要考虑因素。虽然诸如深圳大学等学校给青年教师申请政府公租房，但是学校内部制定的住房政策导向是让青年教师在一定年限内终止公租房租住，而昂贵的商品房他们又无力购买，可知高校青年教师处在社会的"夹心层"。第二座大山就是人际交往，由于将大量的时间投入工作和科研，青年教师很少参加社交活动或者学术活动，学生和同事成为他们维系社交的两大群体，造成人际关系失调的现象。"空巢青年"已经成为形容城市青年男女的新名词。第三座大山就是婚姻家庭，这与第二点密切关系，很多青年教师读完博士、

参加工作后都已经 30 岁了，他们面临的现实问题就是结婚生子。由于社交圈的狭小，再加上无房无车带来的压力，他们在走向婚姻的道路上举步维艰。

（二）科研与教学的双重困境

整个高等教育发展过程本身就充斥着教学与科研的价值对抗。高等教育大众化背景下的大学要求教师承担繁重的教学任务，而高水平一流大学的建设更是要求青年教师成为科研主力。能够同时做好教学工作与科研工作成为青年教师孜孜以求的目标。然而，作为刚从"象牙塔"中走出的"研究型"青年教师，对于教学角色的定位并不清晰，在角色转换、教育方法、教育内容和突发性事件处理等方面还缺乏经验。因而，他们需要投入大量的时间进行实践。而另一方面，科研导向下的大学体制，还需要"研究型"青年教师完成艰巨的科研任务，这些科研任务以考核标准形式确定在合同中，成为青年教师"去留"的关键因素。在此压力下，要获得学术成果必须具有更高的"自律性"和投入更多额外时间。如此，科研与教学往往处于天平的两端，如何把握平衡关系成为很多青年教师面临的最大困境。

（三）有限资源约束下的职业发展

教师职业是一个持续规划和发展的过程，教学和科研是职业发展道路上的"两条腿"，如何从长远眼光来思考和促进整个职业发展是青年教师需要探索的问题。由于处于职业生涯的起步阶段，青年教师缺乏业绩的累积，普遍缺乏要发展自身专业的意识，更需要得到关注、指导和支持。但是在实际情况中，青年教师的发展往往受到有限资源的约束。而他们期望和需求的资源本可以通过制度化的利益诉求渠道得到回应，但是大学场域内"论资排辈"的不成文规则界定了青年教师们在利益诉求中的底层心态[1]。再加上很多青年教师由于教学和科研上的自卑感导致他们常常主观上羞于表达自身的实际需求。一旦青年教师的内部需求（如经济收入、学术成就、合作团体、科研兴趣等）无法得到满足，外部的合同考核和晋升机制又持续催促和挤压，就很容易导致个体与环境、制度不相适应而出现"学术停滞"或"学术倦怠"现象，对职业发展的信心更是一种打击。

（四）大量行政事务的困扰

作为组织中的一员，由于新老师年轻力壮，时间精力较为充足以及能力较强，往往被组织寄予厚望。因而，新入职的青年教师除了教学和科研外，还会承担一些行政事务。对很多青年教师而言，这又无形增加了工作压力。尤其对于预聘—长聘制教师，他们对三年或者六年后的出路充满不确定感，在一个完全以科研成果论英雄的环境中，为组织集体做贡献的行政事务即使做得再好，也不一定会为最后的合同续约加分，因而他们对组织的归属感和责任感会相对较低。由此，行政事务往往将青年教师困于两难境地，他们一方面觉得行政事务会成为遵从聘用合同的绊脚石，另一方面又无法拒绝组织安排的任务。

23

---

① 韩萌，张国伟. 大学青年教师发展的现实困境与改革路径研究. 教育科学，2017，33（1）：43 – 49.

三、调适与平衡：新一代青年教师成长之惑的缓解之策

缓解青年教师面临的多重困难，一方面需要高校提供制度和政策上的支持，例如制定合理的薪酬激励制度、重视青年教师的实际需求、完善聘任制度、给予青年教师更多的人文关怀等。另一方面需要青年教师从自身出发，适时调整心态、策略性地平衡矛盾、不断提升工作能力，以更好、更快地适应当前的客观环境。

（一）树立积极的价值观，练就良好的心态

面对基本生存压力、科研教学压力和职业成长压力，很多青年教师存在心理和身体的健康问题，包括焦虑、睡眠质量差甚至轻度抑郁等。对此，青年教师一要树立积极的人生观，相信自己存在的意义，充分认识自身职业的社会价值，真正认同自己，建筑强大的内心防线。二要有积极的价值观，坚持内心的价值标准，多聆听和传递正能量，不要让负面情绪影响了工作和生活，相信通过自己的勤奋努力一定会收获"牛奶"和"面包"。三要练就良好的心态，做到荣辱不惊，不以物喜、不以己悲，正确对待生活和工作中遇到的挫折，既承认自己的优点，又接纳自己的缺点，既能承受自己的成功，也能接受自己的失败。四要认清自己，接纳真实的自我。正确处理家庭生活和工作的关系，明晰自身教学和科研能力，明确自己的优势和劣势，根据自己的能力和特长选择适合自己的发展道路。同时要虚心从周围的世界中提取有关自我的真实反馈，避免误入自恋的陷阱中。在此基础上还要接纳自己，为自己树立适当的目标；避免用自己的短处与别人的长处作比较，否则会使自己陷入更深的痛苦之中。

（二）做好教书育人本职，沉淀踏实学术之心

青年教师要正确看待和处理教学与科研的关系，尤其不能将教学和科研视为矛盾的对立面。一方面，良好的教学效果离不开科研，在科研中不断扩展理论视野，掌握理论前沿知识，更新自己的知识体系，有助于更好地将知识传播给学生。另一方面，科研离不开教学。一般说来，虽然科研的视角和切入点很多，但由于教学和科研是密不可分的，教学对科研有很好的促进作用，高校青年教师的科学研究，最好起步于教学[①]。在教学中，青年教师可以引导学生思考，在互动交流中产生新的研究问题。此外，在教学中收获学生的认同可以提升青年教师的自信心，更好地激发其科研教学的斗志。因而，青年教师不仅要做好教师的本职工作，不忘传道、授业、解惑的初心，认真对待教师这份职业，真诚热爱自己的学生；还要在科研的道路上保持对科研的激情，尊重科研和知识，放下浮躁，切勿急功近利，甘于苦坐冷板凳，踏实积淀真功夫。

（三）充分利用学习平台，学习汲取优秀经验

新入职的青年教师面对即将到来的授课往往措手不及，整个学期都是在"焦头烂额"的备课和"跟跟跄跄"的上课中度过。事实上，学校和学院给青年教师提供了很多学习和培训的平台，例如"青年教师教育教学能力培养提升计划""管理教坛风云"

---

① 郭伊楠. 说说高校"青椒"的成长路径. 光明日报, 2016 – 08 – 30（14）.

等。青年教师应化抱怨为感恩，化被动为主动，化应付为参与，充分利用机会进行观摩和交流，汲取优秀经验，此为快速提升教学能力的途径之一。在此过程中，青年教师一要加强与经验丰富的老师们的沟通。通过勤于听课和思考总结，掌握不同的教学技巧和教学模式，结合自己的特点和需要，将这些优秀经验化为己用；通过为教学导师团讲课，虚心请教和听取反馈建议，发现自身教学中存在的不足和可以改进的空间，有步骤地制订教学改进计划。二要加强与其他青年教师的交流。通过交流比较，了解与其他青年教师之间的差距、找出共同的困惑、探讨新的教学思路和方法；此外，与其他青年教师无障碍、无代沟的沟通，也是发泄情绪和缓解压力的重要渠道。

（四）树立强烈的责任感，勇于主动承担青年人的使命

如何看待和处理组织安排的行政事务和其他事务是新入职的青年教师需要思考的问题。在此问题上，青年教师首先应转变观念，即不能将合同视为自己生活、工作和科研的枷锁，将完成合同任务视为这三年或者六年教师生涯的全部，而是要将合同化为内在动力，减轻自己的心理负担，顺其自然地做好自己该做的事情，相信船到桥头自然直。其次，青年教师应该勇于担当，不怕吃苦，抱着"兵来将挡，水来土掩"的心态，将这些行政事务作为深入了解组织、快速融入组织、积累工作经验和锻炼能力的宝贵机会，为自己整个职业规划奠定基础。最后，青年教师对组织要有强烈的荣誉感、归属感和责任感，抱着"既来之，则安之"的心态，尽自己的努力为组织的发展贡献自己的一份力量，在组织认同和同事认可中找到自己的价值，增强工作信心，从而抱持更好的心态对待生活、工作和科研，那么，美好的结果也会不期而至。

参考文献

［1］郭伊楠．说说高校"青椒"的成长路径．光明日报，2016－08－30（14）.

［2］韩萌，张国伟．大学青年教师发展的现实困境与改革路径研究．教育科学，2017，33（1）.

［3］田贤鹏．取消高校教师事业编制管理的理性之思．教师教育研究，2017，29（1）.

［4］王丹慧．高校青年教师生存状态问题研究综述．高教论坛，2017（1）.

［5］于安龙．夹缝突围：高校青年教师的底层困境与出路．西南民族大学学报（人文社科版），2017（1）.

［6］杨岩．当代青年教师发展现状分析．科技展望，2017（28）.

［7］张焱．教学与科研：高校青年教师何去何从．江苏高教，2013（3）.

浅谈高校"80后"青年教师职业素养的形成

文珊珊

（管理学院人力资源管理系）

【摘　要】近年来，"80后"青年教师逐渐进入高等院校从事教学与科研工作，成为高等教育发展的后备力量。"80后"青年教师群体具有学历高、个性强、思维活跃等特点，但普遍较缺乏教学实践经验和教学技巧。面临绩效考核、婚姻家庭、经济情况等多方面的压力与挑战，其自身职业素养的高低将直接影响教学质量和育人效果，进而影响高校人才培养的质量。因此，如何加强青年教师群体职业价值观与师德建设，提升"80后"青年教师的教学能力，增强其心理抗压能力并形成较高的职业素养显得尤为重要。

【关键词】"80后"青年教师　职业素养　职业价值观　师德　教学能力　心理压力

近年来逐渐进入高校工作的"80后"青年教师，是在改革开放、经济全球化、信息网络化和高教大众化的背景下成长起来的一代。在社会转型期，各种价值观念和道德规范互相碰撞，"80后"青年教师有人生理想趋向实际、价值标准注重实用、个人幸福追求实在、行为选择偏重实惠的倾向。"80后"青年教师个性张扬，易于接受新事物，勇于创新，敢于挑战，但较容易以自我为中心，抗压能力和忍耐力较弱。

"80后"青年教师大多是独生子女，深受家庭的宠爱与关注。随着时间的推移，"80后"陆续背负起家庭的重担，面临着买房难、买车难、看病难，"上有老、下有小"的境况。"青椒"是高校青年教师常用的对自己自嘲的称呼。由于面临的社会和经济压力较大，很容易产生做事情急功近利的想法。如果将教师职业定位为"谋生的手段和工具"，而不是传承人类科学文化知识、传播崇高理想的一项"神圣的事业"，那将大大降低青年教师的职业自豪感与认同感，同时也会影响教学质量和效果。"80后"青年教师还面临着很大的研究与考核压力，在科研成果成为职务晋升重要标准的今天，教书育人及帮助学生成长这一高校教师的基本职责很可能得不到足够的重视。

职业素养是指职业内在的规范和要求，包含职业道德、职业技能、职业行为、职业作风和职业意识等多方面。高校教师职业素养主要体现在职业道德与价值观、教学与科研能力以及心理素质等方面。有研究表明，"80后"青年教师的职业价值观主流是积极进取的，择业动机多元化，生活型（教师经济收入比较稳定）和性格型（自己的性格适合当老师）较多，而奉献型（教师可以为社会做出特殊贡献）较少。青年教师主体意识强，追求个人发展与才能发挥。调查结果还显示，职业压力和心理负荷太重是高校教师离职的重要原因。

由此看出，"80后"青年教师面临着许多现实的压力和多元文化价值观的冲击，这将影响他们自身职业素养的形成与发展，从而进一步影响教书育人的效果。如何让

"80 后"青年教师树立正确的职业价值观，帮助其发展和提升教育教学能力，促进其职业生涯的健康发展，是重要且紧迫的议题。本文将结合自身经历以及前人研究，做一些粗浅的探讨。

一、职业价值观及师德培养

"80 后"青年教师的职业价值观趋向多元化，教师的个人理念差异导致其职业价值观具有多样性；职业价值观取向个性化突出，看重个人兴趣，追求个人才能的发挥与自我价值的实现，以获得职业心理的满足，但社会奉献意识比较薄弱。在青年教师的职业价值观中，除追求自我实现和成就感以外，还非常关注这种潜能得以实现的客观条件，如学校设施、科研条件、环境氛围、组织文化以及激励机制等。与此同时，他们还注重职业稳定，对职场人际关系、职业社会地位、社会评价和社会贡献关注较少。

师德，即教师的职业道德，是教师在长期的教育实践活动中形成的比较稳定的思想观念、行为规范和品质的总和，是社会对教师职业行为提出的基本道德概括。在我国，师德的基本原则是教书育人、其核心内容包括热爱祖国、热爱学校、热爱学生、诲人不倦、严谨治学、爱岗敬业、乐于奉献、廉洁自律等。"师者，传道、授业、解惑也。"教师不仅要言传——传授知识，还要身教——培养人才，以德为先。"80 后"青年教师起着承上启下的重要作用，青年教师的素质影响着高等教育的质量。因此，必须重视青年教师职业价值观及师德的培养。

（一）青年教师自我提升职业价值观

1. 准确定位自我，实现自我超越

青年教师应充分认识到教师角色的社会价值，实现角色自我和个性自我的统一；让个人追求向学校、社会需求靠近，积极努力工作，使自我在得到充分发展的同时，内心需求也得到满足，充满愉悦，进一步加强职业认同感和提升职业幸福感。

积极进取，用成长型思维来看待在职场中遇到的问题和挫折，将危机转化成机遇。勇于面对挑战，用职业不稳定因素来鞭策自己增强教学科研素质，居安思危，积极参与各项有利于青年教师成长的活动。

2. 严于律己，身正为范

青年教师应严格遵守教师职业道德规范，注重自律与自省，在与学生交流的过程中，注意用自己的言行去感染和熏陶学生；终身学习，加强自我道德修养，虚心向身边的同事学习，建立良好的同事关系，互相监督与激励。

（二）学校加强对青年教师职业价值观的关注与引导

1. 完善师德规范，构建职业价值系统

2016 年 9 月 9 日，习近平总书记到北京师范大学看望一线教师，他谈道："做好老师，要有理想信念，有道德情操，有扎实学识，有仁爱之心，把自己的温暖和情感倾

注到每一个学生身上，用欣赏增强学生的信心，用信任树立学生的自尊。"可结合高校教师职业道德规范与习总书记的讲话，引导青年教师对照"标准像"，成长为具有理想信念、道德情操、扎实学识和仁爱之心的好老师。

职业价值观是动态的，在一定的环境与个人因素作用下可以被改变和塑造。因此，学校要营造积极向上的氛围和公平公开的组织环境，为青年教师提供完善的支持体系，激发其内在工作动力，促使青年教师主动追求实现才能与自身价值的机会，热爱教育教学这个本职工作。树立正确的职业价值观，深刻领会"教学是个良心活"的真正含义，乐于奉献，把个人价值的实现与对教育的贡献和学校的发展联系在一起。

2. 对青年教师与新进教师做相关问卷调查并跟踪其发展与变化

通过问卷调查，可以初步了解青年教师的心理特点和现实需求，并了解他们的职业价值观。根据青年教师的心理特点和现实需求，制定相关的激励政策，关心青年教师在生活方面的状况，尽力为其创造便利条件，使其安心、全心全意地投入教学和科研工作中。学校应为青年教师提供富有挑战性的工作与项目，提供更多的深造和学习机会；鼓励青年教师参与学校的活动与决策，提高其职业认同感和组织归属感。

3. 选配职业素养高、有丰富教学科研经验的教师任导师

导师在职业道德与价值观方面指导青年教师的成长，以他们自身的榜样力量来感染和指导青年教师。通过关心青年教师的思想、工作、生活状况，把握青年教师职业价值观的走向，适时地加以引导。青年教师在感到困惑迷茫时，也能找到经验丰富的导师咨询和请教，从而树立正确的职业价值观。例如，在深圳大学的青年教师提升计划中，导师对青年教师的指导和培育，对其职业价值观有正面影响。

总之，"80后"青年教师树立正确的职业价值观对其自身发展与高等教育的发展具有重大意义，有助于教师坚定教育信念、加强职业情感、提高专业素养与技能，提高他们对学校的认同与归属感。青年教师自我提升和学校的积极引导，双管齐下，有助于青年教师的职业价值观日趋成熟，提高职业素养。

二、教学能力的提升

教学能力是指教师"在一定的教学情境之中，依据一定的教学知识和教学技能，顺利完成教学目标，促进学生能力发展所表现出来的个性心理特征，是科学性与艺术性的统一"。

（一）青年教师教学能力有待提高

"80后"青年教师喜欢关注新兴事物，学习能力强，善于利用各种信息化技术和新媒体。但讲好一门课离不开知识、能力与经验的积累。将专业知识和讲课技巧应用在教育教学方面，还需要很多的实践和磨炼。反思自己的教学过程，笔者发现至少有以下几点要注意的地方：

1. 讲课平铺直叙，语言不够简练，缺乏启发式教学

青年教师讲课时的语言平铺直叙，讲课节奏不够分明。多用陈述句，很少用疑问

句或者反问句，以致讲课不够生动，吸引力不够。在听青年教师提升计划的导师们的课时，有几位导师讲课的语言堪比播音员的水准，表述清晰，语调抑扬顿挫，用词精练，台下的学生都被深深吸引了，这让笔者印象深刻。

2. 教学内容过多，没有突出重点难点

青年教师讲课时希望面面俱到，准备了的内容想全部讲完，导致上课进度偏慢；有时语言又过快，没有注重学生是否理解。笔者的导师给了很好的建议，他表示课堂讲授应该突出重点难点，有张有弛，重点内容着重讲解，其他内容可根据时间灵活安排。在采纳了他的建议后，笔者发现自己对课程的内容和节奏的把握都好了很多。

3. 课堂组织能力不够

很多学生上课时喜欢坐在后排，笔者以前并未留心这个现象，也没有过多干预。导师提醒笔者可以适当要求学生往前坐，有助于学生积极参与到课堂教学中来。学生坐到前排后，笔者与学生的互动更加亲切自然，也能更好地调动他们的学习兴趣和积极性。

4. 不够重视板书

由于上课时都是用PPT展示讲课内容，笔者对板书并没有很注意。但在讲授一些比较难懂的内容时，板书其实很有必要，可以帮助教师将思维主线写出来，有助于学生们理解。特别在上统计学原理这门课时，有些公式的比较和推导，结合PPT和板书更有助于学生理解与记忆。

（二）提高青年教师教学能力的建议

"80后"青年教师大部分刚从学生角色转换为教师角色，能够很好地理解学生的心理从而帮助学生，在课堂上较轻松地和学生进行沟通，给学生的学习和生活提出切实有效的建议。青年教师应该努力提高教学能力和业务水平，充分利用身边的各种资源和机会，发展自己的教育教学能力。具体可从以下几方面着手：

1. 多进行课后教学反思

课后教学反思，就是教师对自己在教学过程中已经进行的各个环节进行重新认识。青年教师在课后用一些时间来进行教学反思，思考教学过程中满意与不满意之处，做好教学笔记，敦促自己在下一次的教学实践中改进；还可以通过反馈信息来了解自己的授课质量，如请学生填写评分表，请有经验的老师提出意见与建议（如青年教师提升计划中各位导师提的建议都很有针对性），不断地提高自己的教学能力和教学质量。

2. 加入教学团队

加入教学团队有利于发现青年教师在教学过程中存在的不足，有利于增加青年教师参与教学设计、课程建设的机会。教学团队的共同努力，有利于提升青年教师的团队协作意识。教学团队的支持有助于青年教师快速熟悉教学内容和基本的教学方法，找到正确的方向来努力提高自己的教学素养。

3. 善于向导师和经验丰富的教师请教学习

深圳大学实行的导师制，有助于青年教师向导师学习课程设计、授课方法、课堂

组织、学生评估等。观摩学习优秀教师的课堂是一种非常有效的学习方法。"80后"青年教师从导师那里学到的不仅仅是驾驭课堂的能力、丰富的专业知识以及宝贵的经验，更重要的是学到了导师们严谨负责的教学态度，对学生发自内心的真切关怀以及对教育事业的热爱。

4. 加强青年教师之间的交流

青年教师多具有相似的教学经历，在教学中遇到的问题也相似，彼此之间交流会更简单容易，且有助于彼此互相监督和学习。在交流过程中，青年教师之间也可以相互了解，相互支持，在职业生涯中携手并进。

5. 加强和学生的交流，站在学生的角度审视自己的教学内容和讲课方式

在备课和讲课过程中，不能只站在自己的角度去思考，而应从学生的角度出发，他们需要怎样的训练，需要哪些知识和指导，需要怎样的价值观导向。青年教师在教学过程中，不仅是传授知识，更要着眼于学生本身，关注学生的全面成长，尊重学生，相信学生的能力和潜力，和学生成为朋友。成为学生在知识殿堂中的引路人和同行者，激发学生对知识的兴趣，鼓励他们追求真知，追求卓越。

6. 积极参加相关培训、进修活动，参加教学技能比赛等，不断提升自己的教学能力

通过参加培训、进修和比赛，"80后"青年教师可以开阔视野，学习前沿的教学理论和方法，锻炼讲课技巧和心理素质，激励自己加强学习和钻研，不断进步，以提高教学质量。

7. 平衡教学与科研的关系

"80后"青年教师普遍面临着很大的科研考核压力，现在的职务晋升系统也非常看重科研成果。青年教师在教学与科研之间，需要更有智慧地安排时间，做到科研促进教学、教学反哺科研。在教学过程中，青年教师将更深入地理解所教的知识和理论，同时可以将自己的科研成果和学术思维与学生们分享。学生们的反馈往往能刺激青年教师产生更多的研究灵感和创新视角。教学是用生命来影响生命，从这个角度看，教书育人的意义非常重大，对青年教师的职业生涯是很有价值的。所以，既要抓科研，也要重教学。

三、压力与对策

"80后"青年教师经过了刚入职的适应期后，对教育教学有了更为深入的认识和体验。由于面临较大的经济、社会与职业晋升压力，现实与理想的落差很容易让他们对未来的职业道路感到迷茫，对工作缺乏动力与激情，对教学科研缺乏兴趣或信心，有的甚至在遭受挫折后离开教师岗位。合理并有效地应对压力，将压力转化成动力，对"80后"青年教师的职业生涯健康发展有着重要的意义。

1. 克服以自我为中心的思维，增强社会责任感

青年教师在生活和工作中遇到挫折时，不应只关注自己内心的感受，而要从更宏

观的层面去审视和反思自己的处境和状况，以乐观的心态去面对。例如当教学网上测评的分数不如预期时，多从自己的身上找问题，因为这正说明还有很多进步的空间，可以找到进一步努力的方向。多从别人和社会的角度出发，增强社会责任感，不计较一时的得失；多从全局利益出发，肩负起应有的责任。

2. 应用积极心理学相关知识，提升抗压能力

根据积极心理学，"80 后"青年教师可以运用积极的心理资源来应对压力，主要包括自我效能（即信心）、希望、乐观、主观幸福感、情绪智力以及复原力等。积极培育爱的力量，爱是一种具有建设性的积极力量，使人有强大的内在动力去从事某项工作或者事业。"80 后"青年教师可以将小爱化为大爱，爱学生，爱工作，爱社会，激发出自己的潜能，克服事业上面临的困难与挑战。

3. 对职业生涯做合理的规划

制订职业生涯规划能够为自己描绘出事业地图，设定一系列的目标，从而指导自己的实践。因此，在拥有积极心态的前提下，经过对自身能力、兴趣与志向的评估后，"80 后"青年教师要科学地设定目标，做好适合自己的职业规划。例如，坚持终身学习，不断提升自己的专业知识水平和教学能力；开展科学研究，与教学相辅相成，互相促进；加强与同事的沟通与合作，建立良好的友谊，虚心向前辈学习，积极听取同事的意见与建议；和学生们多沟通交流，了解自己教学工作上的不足和可改进的地方，便于自己推进教育工作。

4. 积极锻炼身体，增强身体素质和情绪调控能力

合理适度的运动能使人增强体魄，放松心情，提高情绪调控能力，有助于在教学中保持良好心态。青年教师可以尝试游泳、快走、慢跑、打球等运动方式，舒缓焦虑，提高身体的免疫力。自我调节和自我支持是缓解压力的有效办法。有条件也可以和朋友一起做运动，来自朋友的支持也是缓解压力的好办法。

5. 主动寻求各种支持，共同面对压力

在压力管理的研究中，社会支持（Social Support）是应对压力行之有效的资源。社会支持包括来自组织的支持、来自领导的支持、来自朋友和同事的支持以及来自家庭的支持。"80 后"青年教师可主动运用身边的各种资源，帮助自己战胜各种挑战和压力。

总之，"80 后"青年教师充满活力与干劲，专业基础扎实，形成较好的职业素养有助于其产生较浓厚的职业情感、较强的职业认同感和职业自豪感，更好地为高等教育事业培养优秀人才。

参考文献

［1］陈婷，邱素芬."80 后"教师"高原期"自我突破策略探析．科教导刊，2012 (4)．

［2］何中英．以教学团队为平台，加强青年教师培养．科教导刊，2011 (6)．

［3］胡冬艳，孙静华．80 后青年教师职业价值观现状调查与分析——基于常州五

年制高职校的问卷调查．职教通讯，2012（11）．

　　[4] 黄金顺．职业生涯视野下的高校青年教师培养探索．现代教育论丛，2007（2）．

　　[5] 毛琰虹．试论80后青年教师教学能力的培养．山西广播电视大学学报，2011，16（1）．

　　[6] 申晶晶．"80后"青年教师群体师德建设研究．思想教育研究，2009（12）．

　　[7] 王芙蓉，何生，候宇光．高校青年教师专业课教学能力的培养途径．中国地质教育，2010，19（4）．

　　[8] 许长城．注重青年教师培养的教学督导工作的探讨．黄石理工学院学报，2006（3）．

第二编

时代气息：重视教育反思

话语的天穹

杨龙芳

（管理学院人力资源管理系）

【摘　要】什么是真正的大学？大学要做什么？这是大学永恒的大问题，对这个大问题的回答，可以说是关于大学知识的"道学问题"。本文基于返回内心，探寻心路的趋向，得出大学之道乃"道可道，非常道"的基本结论，进而描绘出"大学之大象"。

【关键词】大学本质　人文导向　能力导向　话语导向

　　这是一篇受大一学生之邀，以"大学社会功能之问的追问"为题，曾发表在深圳大学管理学院学生刊物《管理天地》上的专论。在写完这篇专论时，我心中还残存着很多想说而没有说的话，我将它们留给未来以便持续思考。借管理学院组织和集结教学研究论文集之机，我将自己的思考进一步修改、补充和完善，并改题为"话语的天穹"。"天穹"是一个比喻。《现代汉语词典》对"天穹"有一个极其简单明了的释义："从地球表面上看，像半个球面似的覆盖着大地的天空。"这个释义可作为一个绝妙的比喻，说明大学的空间意义。因为《现代汉语词典》对"天穹"的释义正好表达出了我心中的大学的本来意义。

　　在 2015 年 10 月中旬的一次管理学原理课的课间休息，一位名叫苏咏欣的大学一年级女生请我给她们主办的学生刊物《管理天地》写一篇命题式的小论文，这个论题就是"大学的社会功能"，我应承下来了。正是这么一个极其平常的论题使我溯洄在三十多年的记忆长河之中。2016 年除夕夜，我终于静下心来，开始整理思绪，尝试着做学生布置给我的作业，我并没有直接回答学生的"大学的社会功能"之问，而是对这个问题进行了"追问"，对我所理解的大学社会功能进行深度反思。我思想的历程似乎是一个复杂的演化过程，即"人文导向的大学社会功能观—能力导向的大学社会功能观—话语导向的大学社会功能观"的流变过程。

一、人文导向的大学社会功能观

　　我所接受的大学教育和研究生教育都深深地影响了我对大学社会功能问题的看法，这种看法很可能就是一种人文导向的观点，它以朦胧的形式潜伏在我心灵世界的深处，是以崇尚智慧为核心的大学功能观。直到 2007 年 6 月 5 日，深圳大学的张祥云教授邀请我给他所在的高等教育研究所的老师和研究生做一个关于教育方面的思考的学术报告，我第一次将这种人文导向的大学社会功能观表达出来。

　　在这个报告中，我沿着人文主义精神的路径，以"存在缺失与教育异化"为题，从"活"与"混"两字的歧义表达谈起。中国人在相遇时会问候"最近还好吗"，对方的回应不是"活得好"或"活得有意义"，而是直言"混日子"或"混饭吃"。无论是说"混日子"，还是"混饭吃"，它们都存在稀释工作的神圣感和消解人的生命意义的问题。中国人际之间的"时间轴线"将我引向了思考的世界。出于这样的思考，我直抵"存在缺失"，这种缺失体现在个人日常生活和历史的不同层面上，表现为"精神衰退""文化衰退""伦理衰退"和"道德衰退"。我进而指出，"存在缺失"的本质是对基于心灵净化可能性意义之上的个人进步、社会解放和多元创新的否定，即本能、人性、灵性、神性之间演化大桥的断裂，其具体表现为整体感丧失、超越感丧失、回应感丧失、神圣感丧失、意义感丧失、秩序感丧失、亲证感丧失和无知感丧失。"存在缺失"的终极结果是"人的异化"，人从"有自觉意向的人"转化为"消磨时光的人"。这一点表现在中国知识分子的生存态度上极为明显。中国知识分子的生存总是处在"英雄崇拜"和"混世魔王诅咒"的爱恨交织之中。说得透彻些，中国知识分子总是在"爷""孙"之间轮回。

　　基于"存在缺失"这个根本问题，我指出了"教育异化"的问题，明确地提出了一个有关教育的隐喻，即"教育更像'花木成长'，绝不是'制造机器'"的论断。从这个根本论断出发，我列出了"教育异化"的多种存在形式。诸如智的泛滥，将学科知识等同于智慧，过分强调"知审乎情，合乎理，谓之智"，对"圆滑"和"灵活性"赞誉过度，从根本上否定求真和求知之间的德行；"师"的误读，即"一日为师，终身为父""学高为师，身正为范""天地君亲师"等信条，这在事实上就是将老师看成知识和道德的偶像；意识形态、道德权力和智慧之间的相互包装和营销；独立人格和自由学术精神双重死亡，竞技能力最终沦为身体行为，或者说行为艺术。现在回过头来看，这算不上一篇充满人文主义气息的大学社会功能观宣言，它仅仅是反思当代大学社会功能的人经常做的工作中的一个小小插曲而已。

　　这场学术报告并没有完全解开我思考的症结，大学社会功能问题仍是折磨我的一个现实问题。我内心深处的人文主义之魂常常将我锁闭在素质教育的"堡垒"之中，而多元社会的理想向往、教育工作的内在神圣和工作场域的故事传说往往召唤我，也常常呼喊我，人文导向的大学社会功能观可能是大学之意义之难以排除的内在部分。人文导向的大学社会功能观是一种传统意义上的大学观念。如果大学的社会功能观仅仅停留在这种传统意义之上，大学似乎还是难以显示出真义。人文导向的大学社会功能观显然不足以很好地解释大学社会功能的问题，我的思绪很快转向一种能力导向的大学社会功能观。

二、能力导向的大学社会功能观

　　一种以能力为导向的大学社会功能观在我所工作的场域中极为流行，特别是在2008年本科教学评估后成为一种趋势，甚至可以说是一种思想时尚，在今天已经难以逆转了。这种能力导向的大学社会功能观往往是以替代人文导向的大学社会功能观的形式出现的，并标以"现代"的符号。"能力"可以说是现代大学的行动纲领，它直接成为大学现代化的目的和目标。能力导向的大学社会功能观是极具隐蔽性的，它并不直接否认大学在人类文明存续和传承中所扮演的重要角色，却无处不在地点缀着反对人文导向的大学社会功能观的色彩。正是能力导向的大学社会功能观的隐蔽性，导致了人们只看到它的表象，将它视作一种同人文导向的大学社会功能观完全相反的大学社会功能观。

对于工作场域中的能力导向的大学社会功能观，我常常保持一种高度的敏锐，并持一种更为警惕的立场，但有时还是会不小心坠入能力导向的大学社会功能观的陷阱之中。一种极端意义上的能力导向的大学社会功能观可能是这样一种思想结构：

与人文导向的大学社会功能观相同，能力导向的大学社会功能观认同大学教育特别是本科教育对学生整个人生的重要意义。与人文导向的大学社会功能观有异，其制度表现形式多样，既可以是固定的学年制，也可以是弹性的学年制。但弹性学年制往往比固定学年制更受人欢迎，学生可自选学习时间，可自选课程，这些课程同职业之间不存在时间先后限制的"硬约束"，更不存在直接的关联，"毕业"似乎消失了，"学习"成为终生的事业。这种形式的大学教育就像是没有限量的自助餐，即想吃多少就吃多少，如果还想吃更多就再回到大学去拿取。基于这种认识，大学必然会成为高科技产业人才的培训基地，而其所提供的教育本身对许多学生来说也就变得不再重要了。

能力导向的大学社会功能观认为学位的重要性呈持续降低趋势，学科专业不复存在。学生从自己的兴趣出发，先是在自己喜欢的相关领域中修读短期入门课程，接着选择一个领域重点深入学习，进而开展研究，最后在离开大学前进行实习或从事研究工作。这是一种体验式学习，重在体验课堂外的学习。这种大学社会功能观强调实习、自主性研究过程与其他类似经历的重要性，"学位"似乎没有继续存在的必要。日本著名企业家盛田昭夫的重要著作《学历无用论》极大地昭示了能力导向的大学社会功能观的重大战略转向，这足以证明人文导向的大学社会功能观的影响力变得越来越小。

如果说人文导向的大学社会功能观关注的是智慧，那么以能力为导向的大学社会功能观主要看重的是能力。越来越多的人都认同大学应当注重培养学生的能力，学生所知道的远远没有学生能做到的重要。所有的学术院系都应根据广义上的"能力"划分标准进行改进、重组和新建，这些标准涉及科学分析、量化证明、沟通有效性等。一切学习结果都是根据学生课堂上的作业而生成的。成绩单上写的不再是具体课程的分数，而是绘出"能力分布直观图"。"能力分布直观图"不仅能告诉人们一个大学生相关能力的强弱，还能测试出一个大学生理解力的程度——有些方面的理解极为透彻，有些方面还需继续发展理解能力。因此，大学从根本上烙上了设计学院的风格。大学对在职攻读学位的人士尤其感兴趣，并对在职学生从职场学到的东西给予好评。文理学院甚至对此想法也颇具热情，因为这种衡量学生能力的方法可以将其较为抽象的教育成果转化并表达为职场中熟悉的价值判断和行为标准。总之，大学高度地职业教育化了。

如果说人文导向的大学社会功能观认同的是专业，那么能力导向的大学社会功能观赞成的是任务。学生不会进入一个涉及广泛领域的专业，而是主动选择去执行某项研究任务，这个研究任务同一个自己希望解决的问题相关，也可能同一个未来进入职场后继续研究的问题有联系。这种观点其实是既维持了传统固定学年制，又关注了大学生所学对现实世界的影响。能力导向的大学社会功能观在构想上是具有双重性的，一方面带有绝对理性主义的色彩，充分显示出其具有的预测性；另一方面带有空想主义的成分，甚至可以说是乌托邦的，但它为我们反思今天的教育提供了一定的前进方向。

我心灵深处潜着的人文导向的大学社会功能观，常常受到工作场域中能力导向的大学社会功能观的诱惑，二者相互影响和作用，将我的思考引向了一个更具有整合性的思维框架之中。

三、话语导向的大学社会功能观

无论是出于对人文导向的大学社会功能观的哲理留恋，还是对能力导向的大学社会功能观的倒逼，在我心灵深处，两者之间总是存在一种协音、一种相遇，甚至存在一致性。人文导向的大学社会功能观可能固守着一种说不清的大学传统态度，能力导向的大学功能观可能向往着某种言不出的大学现代情结。这可能意味着历史主义就是理想主义，理想主义就是历史主义。人文导向的大学社会功能观显示出了对理念的高度依赖，而能力导向的大学功能观却流露出了对行动的强烈认同。这似乎说明理念就是行动，行动就是理念。一旦意识到这两种大学社会功能观之间的相通与相融，我们就可以说它们是大学社会功能观思想之两极。基于此的大学社会功能观，是没有生命力的意象，是无根据的逻辑，这更说明人文导向的大学社会功能观和能力导向的大学社会功能观之间的断裂，两者之间极其需要一种整合性的大学社会功能观，这种大学社会功能观，我暂且将它称为话语导向的大学社会功能观。

从话语导向的大学社会功能观来看，大学的面貌似乎是这样的：

第一，大学是想象力的避难所。什么样的生活是好生活？这可能是人生问题的元问题。生活总是在人们的想象之外，但离开了想象的生活又是什么呢？它绝不可能是"人的生存"。说得明白些，离开了想象的生活，它很可能是"吃饭"二字所概括的一切，也就是人们常说的"民以食为天"。我总是认为，吃饭是人活着的基本需求，但人肯定还有很多高于吃饭的需求。人生说到底是一种内在的乌托邦。这是不令人喜欢的说法，但它却是生命的本来意义，是"活之上"的意义。希望对于每个个体生命来说都是绝对重要的，也是同等重要的。人总是有一种内在的复活性，或者说超越性。特别针对后面这种说法，大学首先需要维系一个社会的想象力，这个判断对于个体的生命来说是极具意义的。这样的生活可能是人的真实生活，它既是一种体验，也是一种诗意，还是一个远方。这样的生命个体，既是一个体验者，也是一个释义者，还是一个独行者。能这样生活的人是拥有丰富生活的人，也是心智开放的人，还是有生命高度的人。一种可能意义上的生活对于自主的人来说，是一个"结构洞"，是精神之渊，内含宗教、哲学、历史、艺术和科学。这是大学之"无象"。

第二，大学是思想的港湾。自古求学的方式就是游学。真正拥有个体自主意识的个人是思想的漫游者，甚至自我的放逐者。从这个意义来说，个体生命仅仅是思想的载体，或者说思想自由是个体生命的真正内涵。思想是自由的，思想也是最有张力的，它总是游走到人生的边缘，也会漫行到人心灵的深处。思想总是游离的，游离的思想总是希望找个归宿，哪怕只是一个暂时的停泊之地。大学正好是众多有思想的个体生命的停泊之地。思想在大学中表现为"独白""对话"和"理解"。"独白"是来自心灵深处的声音，"对话"是仁义的传播，"理解"是社会自由的根基。"独白""对话"和"理解"是人类同理心显现的心灵之光，这些心灵之光最终都会升华并弥漫在话语的天穹上。这样的大学呈现出来的空间结构是思想的港湾，"真诚"与"真理"总是在思想港湾之中偶然相遇或久别重逢。这是大学之"意象"。

第三，大学是守望常识的圣地。个体生命内在的启示、想象和思想昭示了大学存在的积极意义。常识是精神思维的遗传，是历史经验的沉淀，是理解力的延伸，是文化密码的心灵符号，是社会共识的精华，是沉默的大众语言。正是常识建构了人与人之间的同理心，也就是传统所固守的"诚意正心"。正是常识嫁接了人与事之间的相互比拟，也就是传统所放大的"格物致知"。有了"诚意正心"和"格物致知"，大学自然而然地成为"厚德载物"的象征，大学也就很自然地演化为守望常识的圣地。在这片圣地，每个生命个体都会在自我的意义上寻找"真正的自己"，也会遇到"未知的自己"。在这片圣地，每个生命个体都是普通人，相信启示、真理和理性的局限，固守普通人的行动逻辑，视精神追求为天职，将守望常识看成回归精神故乡的旅行，尊重工作，改进工作，创造绩效。"大道至简，大美天成。"这是大学之"抽象"。

第四，大学是基础理论研究的重镇。这是大学之"具象"。大学的特色问题，不是争论智慧和能力谁重要，更不是选择通识教育还是专业教育，它很可能是平行的多元语境世界。这就引申出了一个极为关键的问题，即基础理论远比我们想象的要重要。人之生命的有限性从根本上制约了人类精神趋向于问题而不是答案，这可能是人的习性的一个致命弱点。对于个体、组织和社会来说，问题远比答案重要，这可能是人的理性的光芒。问题的归一性像太阳一样照耀着有限生命的最大价值，而答案的多样性（更准确说是碎片性）像磁石一样吸引着人的注意力。更何况在当今知识已经高度碎片化，知识共同体完全被解构，"知识国"已不复存在的时代，知识的山河还健在——基础理论在这里还有可能找到复兴的基点。因为基础理论同智力之间的联系实在太密切了，人的直觉有可能得到最充分的展现，人的潜力也有可能得到最精彩的演习。一所大学的特色是由其基础理论研究的特征决定的，一所有特色的大学应该将自己的注意力集中指向同问题意向性相关的基础理论研究之上。

第五，大学是知识资源的总部。如今，城市已经不再是办公室的中心，而是总部之中心。借用其意，如今大学也已经不再是知识的工厂，而是知识资源的总部。这是需要高度注意的新现实。大学固然同诱发出人的直觉和潜能相关，但这一点不可过多褒奖。在当今时代，个人作用实在不可过于高估，个人魅力大大地消解，克里斯马型人格的神秘性早已消逝，无知、风险、不确定性成为常态，人的直觉和潜能在这里有可能显示出一丝希望，但仅仅是一丝希望而已。在这一丝希望中，个体生命还存在自我超越的可能，这集中体现在知识资源和财富创造的内在联系之上，特别是知识战略之上。现代社会高度的组织化、多元化和专业化严格要求大学从战略上注重知识整合、学科综合和认知会通。这就是说，大学的实质意义必须落实到知识资源的汇总之上——大学是知识资源的集群。在这个集群中，大学的基础理论可能是中心，也有可能是节点，集结、整合企业、军队、政府和非营利组织所创造的知识。在这个集群中，大学汇总的知识呈现出来的是流动中的知识，而流动中的知识之间的联系兼有贯通和断裂的双重性。大学中汇总的知识不是铁板一块，而是布满了无数的"结构洞"。流动知识存在的结构洞，对于知识进化来说，是在深度和广度上进一步研究的前提，是跨组织合作目标的定位，是基于信息基础的组织的协作指南。恰因大学中拥有知识之间的结构洞，大学成为知识和财富之间的脉冲。大学的本职工作就是将作为资源的知识转化为有形的财富，这是大学教育本质之所在，也是大学知识流之间的终极归宿。简而言之，知识的实质意义就是源源不断的财富流。自古读书本来就是"言"旁加"卖"字。这是大学之"实象"。

说到底，大学绝不是想象力、思想、常识、基础理论和知识的机械组合与简单累加，而是它们之间的无穷循环。话语导向的大学社会功能观是一个集想象力、思想、常识、基础理论、知识五者为一体的"整体观"。

四、大学的真正意义

我们可以将上面陈述的合五为一的后现代大学功能观称为"中国式传统话语的合三为一的人生境界说"。古人曾说人生境界是"三不朽"境界，即"立功""立德"和"立言"。大学本来的意义很可能是古人所说的"三不朽"境界之中的"立言"。"立言"是"立德"和"立功"的合一。"立言"向内收纳为"立德"，向外释放为"立功。"同"三不朽"境界相关，孔子有一个重要的思想，即"言之无文，行而不远"。这句话自古释义太窄，我认为多有不妥。"言"是"文"和"行"的合一；"言"向内收纳为"文"，"言"向外释放为"行"。

我们还可以将上面陈述的合五为一的后现代大学功能观称为"西方式传统话语的合二为一的财富人生论"。西方式传统话语的合二为一的财富人生论，用拿破仑·希尔的理论来说就是"思考致富"。用我自己的话来说，"思考"是"大学的理性"，"财富"是"大学的自由"。大学是"理性"和"自由"的结晶，这就是后现代大学的存在意义。这种后现代意义的大学对于个体的生命来说，可用八个字概括，即"学以己用，自用其才"。这可以说是今人所说的后现代大学的最基本的含义，也可以说是古人所言的"诚则神"。在这样的大学里，人既有可能捕捉到精神镜像，也有可能描绘出知识地图，还有可能收获到有形财富。人如此，大学亦如此，此乃大学之"真象"。

如果说人文导向的大学功能观是一种传统意义上的大学观，能力导向的大学功能观是一种现代意义上的大学功能观，那么话语导向的大学社会功能观很可能是一种后现代意义上的大学功能观。这三种类型的大学社会功能观比较完整地展示出了大学社会功能观的理念演化过程。话语导向的大学社会功能观可能为人们描述出大学的本来意义，这种本来意义上的大学是一个自然存在的大学，一个未来意向的大学，一个有活力的大学，一个处在当下的大学，一个不断选择和重构的大学。大学的根本问题不再是思考"大学的社会功能是什么"，而是不断质疑"大学存在的意义是什么"，并将"大学下一步怎么办"这个极为现实的眼前问题深深地嵌入一个充满想象色彩的远景之中。这是一个宏观问题中弥漫着无数微观问题的大问题，这是一个深刻而开放的大问题，一个具有结构性又具有空间性的大问题，一个更大的且具有合一性的大问题。甚至可说，"大学存在的意义是什么"有可能是一个元问题的高度浓缩。人在宇宙中，人更需要在大学中。

话语导向的大学社会功能观是我近年来思绪的凝结点，它是一个没有完成的答案。我曾经将它献给学生的刊物，但那仅仅是我精神成长史的一份外在的文字记录，一份心灵的独白而已。这个大问题的重要不在于答案，而在于当代社会需要有人来谈论这个大问题，这个大问题在当今的中国大学变革中应引起人们的高度警觉。我曾经诚望管理学院的同学们将这个大问题装进自己生命的行囊之中，经常拿出来看看，并常常将它挂嘴边。我发自内心地相信这样的大学生活将会成为管理学院大学生美丽的人生交响乐中最精彩的篇章。

反思消费主义时代的管理教育

马卫红

（管理学院公共管理系）

【摘　要】当教育只能容纳或者回应既有的各种可能性，而不去试探新发生的各种可能性的时候，教育已经衰落。消费主义价值观入侵教育领域，其结果就是为这个社会培养出更多它并不缺少的单向度的人。本文以反思消费主义的表现和危害为基点，倡导大学教育应该是这样一种过程：它能够帮助一个人寻找到一种值得过且不局限于狭隘的职业生涯的生活；它应该让受教育者拥有变得更好的力量和信念，而不是使受教育者面对生活时变得更加焦虑和烦躁，努力以等级化的炫耀标签为自己在社会中谋取一个体面的位置。并以《造福世界的管理教育——商学院变革的愿景》为借鉴，强调了书中的一些重点倡议。

【关键词】消费主义　知识源泉　管理教育　负责任

每年招生宣传时，都会有不少考生家长问我："孩子学管理学有什么用？能干什么？"与此呼应，每年都会有不止一个在读的学生找我谈心，聊他们对管理学学习的困惑。他们的种种困惑概括起来也可归结为"管理学有什么用"。以"有用"为标准来衡量知识学习，把知识看作可交换的商品，并且以知识可以兑换的金钱数量来判定知识有用的程度、所值的分量，进而产生或优越或卑微的心理体验和感受。这种以可交换性为准则，用毕业后所学专业能带来的金钱收入来衡量某个专业有用与否的思想，是消费主义入侵教育领域的典型表现。

消费主义起源于经济领域，表现在经济行为上。它主张无节制地消费，与其说是追求商品的高价值，不如说是追求高人一等的精神感受和社会评价。[①] 现如今，行为上的消费主义，已经转化为消费主义价值观。当它作为一种价值观超越经济领域，主导人的非物质生活时，就会歪曲作为人的根本价值和意义，就会把作为"目的"的人类生活导向对作为"工具"的符号象征意义的追求，进而全面异化人的自我实现的价值标准，舍本逐末。在消费社会里，无物不可以消费。[②]

消费主义的主要特征是消费至上，物质主义取向，以符号和象征性标准来评判物的价值，并且受物的符号意义支配的程度越来越严重。市场逻辑和市场关系是消费主义的指导原则，所以，交易是消费主义的第一大特征。第二大特征是炫耀。对生命意义不再追问，对生命的阶段性指标特别看重，因为指标可以成为炫耀的符号。在符号和象征意义的指导下，物的使用价值并不重要，重要的是象征价值以及可炫耀的价值。第三大特征是短视。因为要促进消费，生产就会过剩，物未尽其用时就被淘汰。甚或，为了快速

① 高文武，关胜侠. 消费主义与消费生态化. 武汉：武汉大学出版社，2011.
② 波德里亚. 消费社会. 刘成富，等译. 南京：南京大学出版社，2006.

更新，生产炫而无用的消费品，对造成的浪费和其他连带负面结果并不在乎。第四大特征是等级。由于消费体现个人身份，因此，人们之所以选择某种商品，是因为它有某种等级，可以显示或者提升消费者的外显身份。类似的情形，德波曾用"景观"的概念进行过描述。我们生活的各阶段和各方面在现代社会被异化为景观，活生生的东西都成了表征，只为它的外观价值而存在，外显欲望使得追求视觉表象化成为日常生活的行为驱动力。① 德波对物化社会的景观分析所揭示的符号象征性与消费社会的追求异曲同工。

消费主义渗透教育的典型表现就是"学校营销"。它主张把学校定位为教育服务的提供者，把教育作为服务性商品去交换，主张研究教育消费者的购买行为。② 学校营销的思路在当前大学招生宣传中应用甚广、所向披靡。消费主义在管理教育领域还有更丰富的表现：

表现之一：划等级。把学校划等级、把专业划等级。划等级的重要标准就是新生的入学分数和毕业生的赚钱能力。引导学生认为读书是为了赚钱，不能赚钱就是没有用，有钱就有了一切、就标志着成功。读书被当作赚钱工具，而不是目的。

表现之二：炫耀。宣传某某专业能直接给学生带来什么样的，以及多少可以直接观察到的切身好处，而不是从知识的启迪和贡献上引起学生的探索欲望。人类欲望无止境和具有破坏性这一点早已被认知，历史上曾出现三种不同的认识：压制欲望，驯化欲望，制衡欲望。③ 压制欲望的认识论在 17 世纪已经被放弃，认为不可行。而驯化欲望，使私欲转化为公共秩序并服务于大众福利的思想则继承了下来。教育在驯化的过程中承担重要作用。从"私恶"向"公共美德"转化的过程中，教育尤其是高等教育本应起着关键作用。一切以金钱为标准的炫耀又如何把"私恶"引向"公善"呢？

表现之三：短视。以所谓的学生兴趣和市场需求为导向随意设置或者取消课程。纵然"学生本位"没有错，但并不是说学生想什么、家长想要什么，教育就得提供什么，否则教育的自主性和引领性如何体现呢？如果教育没有鉴别力，只是跟着风气走，教育就成了不良后果的帮凶。正如杜威所言，教育是社会生活的过程，而不是生活的预备。④ 它应该是社会进步和社会改革的基本方法。⑤ 如果教育沦为顺从者，又如何让受教育者为了人类美好生活而奋斗呢？

表现之四：功利。对毕业生的评价是消费主义导向的重要表现，其往往只评价毕业生的薪水，而不是看他对解决社会问题或人类发展问题的贡献。更为荒谬的是，这一指标还反过来评价与此关联的专业的好坏。这会使教育陷入一个恶性循环，只能培养出失去灵魂的唯利是图者。德鲁克曾言，没有正确的评价就不会有正确的管理，应该引起社会对什么才是正确的评价之追问。

---

① 德波. 景观社会. 王昭凤，译. 南京：南京大学出版社，2006 年。

② IAN G EVANS. 学校营销——从理论到实践. 王烽，周玲，译. 北京：中国轻工业出版社，2005：47.

③ 阿尔伯特·赫希曼. 欲望与利益：资本主义胜利之前的政治争论. 冯克利译. 杭州：浙江大学出版社，2015：12 - 37.

④ 约翰·杜威. 我们的教育信条//约翰·杜威. 学校与社会·明日之学校. 赵祥麟，等译. 北京：人民教育出版社，2015：6.

⑤ 约翰·杜威. 我们的教育信条//约翰·杜威. 学校与社会·明日之学校. 赵祥麟，等译. 北京：人民教育出版社，2015：13.

这不禁让我思考，大学教育应该承担怎样的社会功能？

大学不应仅仅是一个适应者，而更应该是一个引领者。教育的根本目的在消费主义引领的市场导向进程中迷失了。以消费主义价值观来办管理教育，其结果就是为这个社会培养了它并不缺少的单向度的人。[①] 教育的适应性和引领性同样重要，但是我们过于强调了教育的适应性，而无视教育的引领性。并且，对教育的引领性作狭隘的解读，认为只有可观测的技术技能方面的贡献才算是教育的引领作用。实际上，人之所以为人，一个有健全人格的人，不是由人的技能决定的，而是由人的思想决定的。由于思想不可批量生产，还有其不可短期量化的特性，常常会被消费主义导者所忽视。

教育从本质上说是个性化的过程。大学应使目标明确的人更好地走向其目标，使目标尚不明确的人找到自己的方向，更深刻地洞察自己的使命。[②] 正如汪丁丁借用笛卡儿的话所表达的对教育的期许，他说好的教育应该是"让人的心灵在所有方向上的涌流"。[③] 因此，大学也应该既有能教"术"的工匠型教师，也有能启智的思想型教师。进而就教师的评价而言，工匠型可以用指标来衡量（当然，最好是有质量有意义的指标），而思想型又能用何种标准来衡量呢？能启迪心灵流动的教师是影响一个人终生的好老师。但是，在所有可能方向上的涌流是多元的，因而，好老师也应该是多元的。如何评价这类能启迪学生心灵自由流动的老师，正是目前的大学所缺失的。如果评价好老师，关联着老师如何去追寻教师职业的意义。

当前的教育几乎从未向师生提供这样一个思考空间，没有给他们自我对话的机会，缺乏让他们去思考管理者或领导者应该怎么做，或者如何在多元化差异性之间解决各种问题的引领。当教育只能容纳或者回应既有的各种可能性，而不去试探新发生的各种可能性的时候，教育已经衰落。

概言之，大学教育应该是这样一种过程，它能够帮助一个人寻找到一种值得过且不局限于狭隘的职业生涯的生活。教育应该让受教育者拥有变得更好的力量和信念，而不是使受教育者面对生活时变得更加焦虑和烦躁，努力以等级化的炫耀标签为自己在社会中谋取一个体面的位置。

那么，管理教育如何扼住消费主义意识形态的咽喉，至少，如何减轻消费主义价值导向的危害呢？

首先要摆脱简单地以"有用"作为教育的评价标准。不仅仅是学生和家长，当前相当多的管理教育者也秉持"有用"的判断标准。本科教育是对人的潜能启发还是对人的成熟技能的训练，是存有争论的。但我这里想说的是，让大学教育成为一次真切的生命体验，多些感动和随性，少些功利和得失。大学四年的教育得失无法在短期内作出衡量，倘若大学教育使受教育者更加接近知识的源泉，教育就会是对人的解放，而不会演变为对人的禁锢。[④] "有用"其实意味着一种奴役，一种限定，封堵了对各种可能性的探索和

① 赫伯特·马尔库塞. 单向度的人. 刘继，译. 上海：上海译文出版社，2006.

② 安东尼·克龙曼. 教育的终结：大学何以放弃了对人生意义的追求. 诸惠芳，译. 北京：北京大学出版社，2014：260.

③ 汪丁丁. 教育是怎么变得危险起来的. 北京：中央广播电视大学出版社，2012.

④ 保罗·费莱雷. 被压迫者教育学. 顾建新，等译. 上海：华东师范大学出版社，2014.

想象；"无用"才是真正的自由。恰如庄子所言：无用之用，方为大用。

其次我想引荐的是《造福世界的管理教育——商学院变革的愿景》所描绘的蓝图，它是当前为数不多的、较为系统地表达这一理念的样板。

这本书首先反思并区分商业教育和管理教育明显的不同："对于我们来说，商业教育注重传播企业成功所需的技能、能力和知识，其中涉及企业的各种职能，比如财务、会计、人力资源、市场营销、销售，等等。管理教育旨在为所有类型的组织（包括非政府组织、政府和企业）培养管理者，使其具备成功管理一个组织所需的技能、能力和一般知识，包括领导力、管理、战略、协作和社会政治技能，当然还包括创业技能。"① 以往的管理教育被简单地等同于商业教育给今天我们的社会所带来的种种问题，是让这本书的作者们所痛心不已的，也是触发他们改革管理教育的原动力。

受到经济学思想霸权的影响，管理学尤其是企业管理的最终目标被认为是利润最大化，更直白地说就是赚钱。虽然此书的作者批判这种古典主义认知对现代社会造成的严重负面影响，② 但是，弗里德曼式的认知仍旧很流行。一个人可以选择只做商人，但是，管理教育应该让受教育者知道管理不只是培养商人，也应该培养企业家、领导者；让受教育者知道企业家精神，不是敢于经营和能赚钱，而是能为社会问题找到开拓性解决方案。选择只做商人是个体的自由，但管理教育若只局限为赚钱的教育，那就是管理教育自身患病了。

如何培养负责的管理者呢？必须从管理教育的学校教育开始打破这个恶性循环链：以全球性和地方性的社会、环境和经济问题为中心，而不是鼓励围绕商业学科进行。采取问题中心式学习的理念和方法，训练学生的全面和发散式思维、系统理解、多视角考虑和综合决策等能力，培养未来领导者至关重要的能力。关于未来的管理者或领导者最重要的能力，此书认为是：批判性推理、整体决策和反思能力、合作能力、战略思考能力。③ 负责任的领导应该能够对自我、同事、组织、团体、环境以及这些因素之间的相互关系有内在理解，有深层次的移情能力和同理心。

社会分工越来越细，组织形态越来越多元化，跨界协作与共享越来越普遍的时代趋势下，管理的功能是什么？会有何演变？这些进而决定了管理教育的视野是什么，管理教育应如何定位。传统的管理学知识更加强调的是组织边界内部的管理，或者说"向内"的管理工作。直到德鲁克，才开始从社会的变化中思考管理问题，他倡导有眼光、有远见的管理者关注新的社会现实——人口结构的变化、可支配收入的变化、绩效、全球性竞争、经济全球化和政治分裂——对组织运作的影响，现在就应该着手研究这些既成事实，若等到这些挑战真正势不可挡时才着手应对，就会被远远地抛在后面且永远没有赶上的那一天。遗憾的是，现在的管理学教材仍然只延续传统的管理知

---

① 凯特琳·穆夫，等. 造福世界的管理教育——商学院变革的愿景. 周祖城，徐淑英，译校. 北京：北京大学出版社，2014：75.

② 凯特琳·穆夫，等. 造福世界的管理教育——商学院变革的愿景. 周祖城，徐淑英，译校. 北京：北京大学出版社，2014.

③ 凯特琳·穆夫，等. 造福世界的管理教育——商学院变革的愿景. 周祖城，徐淑英，译校. 北京：北京大学出版社，2014：123 – 137.

识体系，更多法约尔，甚少德鲁克；更多强调组织内部管理的计划、领导、控制、组织等，甚少面向组织外部的管理思考。所幸的是《造福世界的管理教育——商学院变革的愿景》提供了一个综合的视野。它主张要培养管理学的学生有宽阔的视野。围绕着全球性和地方性的社会、环境和经济问题进行学习和探讨，这些问题涵盖水资源匮乏，流行性疾病和长期的健康问题，贫困，气候变化，污染，迁移，能源，可再生资源，失业，安乐死，海洋资源耗竭，脆弱国家，社会不平等，以及其他各种紧迫问题。当学生尝试处理和解决以上问题时，就需要理解人类和社会的关系，需要综合运用不同专业领域的知识，包括社会学、哲学、心理学、医学、建筑学、工程学、生物技术等。未来的领导者和管理者要学会与这些领域的专家合作，能够在各个领域间架设桥梁，能够领导各个领域的专家团队寻找可持续的解决方案。

我们的管理教育作为参照的现实背景往往是跨国企业、金融机构、大企业或咨询公司，而变化中的真实状况是中小企业以及各种类型的新兴组织更需要管理专业的毕业生，这些学生应该具备不同类型的知识、技巧和能力。对未来涌现的商业、社会和环境问题具有较强的意识。所以，此书主张未来的管理者或领导者应该能够熟练自如地进行多视角思考，并进行视角切换。因此，管理教育离不开实习工作和实践过程，学生们参与到影响组织、社区或世界的真实问题之中，这些亲身经历是学习过程的核心部分。当今企业、政府、社会所面临的很多问题，均已超越任何单一部门的掌管范畴和边界，是任何单一机构仅凭一己之力都无法解决的。体验式学习可以实现深度知识整合，帮助学生做好准备，在力求采用创新方案解决真实问题的过程中运用这些知识。同时，让管理学的学生明白，企业不应该只是一个赚钱的组织，它是社会的一个重要组成部分，它已经并将继续深刻地影响着我们这个社会未来的走向和变迁。[①]

当受教育的管理学学生们开始思考我们社会的问题，开始关注非金钱的议题，开始摆脱"有用"或"无用"的知识学习评价标准的束缚时，消费主义导向的价值观才走向了末日，对管理教育的本质思考就会落地生根，逐渐生长并滋养我们这个社会。

我们这个社会太需要管理。我们处在一个缺乏管理主义思想和实践，而不是管理过度的社会。我们直接从一个权力主导的整体性社会转型到一个市场主导的多元化社会。权力和市场都不是管理的本质和要义，依赖权力会走向奴役与独裁，依赖市场会继续在消费主义逻辑圈中打转。如果仅仅把管理作为一种工具或技能，很容易使它走向权力或者走向市场。如果把管理作为对人性的激发和体认，它会呈现出多元的图景和张力，以及张力之下的均衡。这种均衡是一种和而不同，是一种多元社会里有效的黏合机制。因此，多元化的社会需要多元的管理者和变革者。这或许是当下管理教育者更应该面对和思考的。抛开意识形态的较量不谈，扎根当前中国多元主体多元社会的现实，探寻管理实践和管理知识的地方表现，更有可能产生管理学界的"中国方案"，而不是对任何其他版本的改良。当然，不随波逐流、引领一种风向实属不易。

45

①　斯科特·鲍曼. 现代公司与美国的政治思想——法律、权力与意识形态. 李存捧，译. 重庆：重庆出版社，2001.

浅析部分大学生学习效率低的主要原因

——缺乏良好的学习习惯

丁　凡[1]　吴　艺[2]

（[1] 管理学院管理科学系；[2] 管理学院工商管理系）

【摘　要】根据笔者多年的教学经验和体会，本文分析了部分管理学学生在学习中出现的低效率问题及其原因，如阅读理解能力差、逻辑思维能力差、数学分析能力差等，并结合具体情况提出了一些应对措施以作为未来教学的参考。

【关键词】学习效率　学习习惯

一、引言

笔者在十几年的本科课程（经济学、金融学、国际贸易、国际商务、商务英语、商法等）教学中发现不少问题，例如：

（1）学生对课程中的一些基本原理的理解只是停留在字面上，没有理解其含义，也不会用这些原理分析问题。

（2）对于每一章后面的习题和作业，有些学生总是到网上找答案，这些答案经常有误，学生也不能准确判断，逐渐丧失了分析判断能力。

（3）部分学生数学基础很差，缺乏基本的计算分析能力。

笔者在课间及课后与一些学生交流发现，出现这些问题的主要原因是这些学生没有养成学习习惯、思考习惯和良好的生活习惯，导致学习过程中出现随意、懒散，自控能力差的状况，没有自己有效的学习方法，遇到问题也不知如何去思考和交流。具体表现在以下几个方面：

（1）上课不做笔记，注意力不集中，部分学生好动。有些学生始终没有对学习产生兴趣。

（2）部分学生每天很晚才休息，上课时总是犯困。个人的时间管理意识淡薄。

（3）学生的自身健康管理意识淡薄，导致身体状况差，无法集中精力，思考能力下降，学习效率低下。

（4）学生与教师的学习交流少，很少向教师提问。

（5）考试题目很多都是平时做过、讲过的，可还是考不好。

（6）有一些学生根本没有意识到自己的问题所在，在错误的道路上走下去。

这些问题任其发展下去必将严重影响学生的学习效果，大大降低其大学期间人力资本的形成，严重阻碍未来职业发展中的竞争力，必须仔细分析其原因，找出可行的解决方法，否则对学生、学校、社会都会是巨大的损失。

二、问题的原因及对策分析

习惯决定个性，个性决定命运。学生产生这些问题的原因是什么？如何才能让学生养成好习惯呢？

要找到这些问题的解决方法，必须首先分析导致这些问题的深层次原因，特别有一些是因为在是学生从小到大的成长过程中缺少必要的教育和引导（包括家教、儿童时期的学校教育、生长环境等）。这就导致学生到了大学阶段时，已经养成了一些不良习惯，严重影响大学的学习。为此，老师在上课时就不能只是讲解某课程的专业知识，还必须经常有针对性地指出学生的不良学习习惯和生活习惯，才可以有效解决问题。

某些学生上课注意力不集中时，教师应当及时指出问题所在，善意提醒学生可以做笔记，也可以适当增加课堂教学的趣味，或简要说明本课程的作用和意义。这只能根据当时的情况随机应变，没有统一的方法。

对于某些学生上课犯困，状态不好，应当提醒学生如何提高时间管理的能力。例如可以简要说明每一天的时间大致分为几个时段，哪个时段做什么最有效率。按照一般规律，上午9点到中午12点左右脑力最好，精力旺盛，可以安排学习内容复杂的课程；下午3点到6点思维活跃，反应灵敏，可以做习题、归纳总结并消化之前学过的内容。晚上一般会有一点疲倦，可以看一些简单轻松的内容，或进行一些必要的运动（也可以在下午进行锻炼，根据自己的身体情况），以缓解一天的疲劳。晚上11点到第二天早上6点是最佳睡眠时间，没有特殊情况不要占用这个时间，否则会严重伤害肝脏、肾脏、脾脏等身体器官，轻则导致第二天疲惫困乏，重则导致身体出现疾病，影响学生的健康和未来的竞争力。根据目前的一些关于中国健康状况方面的研究，我国中青年人群的健康状况正在急剧恶化，主要原因就是不良的生活习惯，特别是运动太少，经常熬夜，以致身体功能严重下降。免疫力下降又是导致各种癌症高发的主要原因。

未来20年是中国经济发展的一个新阶段，优秀人才的质量和数量决定了我国是否能够实现产业升级，跨越"中等收入陷阱"，提高我国的科技实力，实现中华民族的伟大复兴。因此十分有必要经常提醒学生要充分意识到健康的重要性，经常学习和积累健康知识，真正做到对自己的健康进行有效管理。作为学习管理的学生，首先应当注重自身的健康管理和时间管理。这是一个成年人最基本的管理能力，这个方面做不好，其他方面的管理工作很难做好。教师应当尽量鼓励学生把理论学习与实践结合，这就是一个具体的工作。当他们从改掉坏习惯的过程中不断体验到越来越高的学习效率时，就自然会继续做下去。这既是对自己负责，也是对国家负责。

另一个影响学生学习效率的主要原因就是不少学生没有形成良好的学习习惯，特别是思维习惯。首先应当多与同学、老师交流，了解别人的一些好习惯、好方法，不断改进自己的方法，尽早发现一些错误。我们中国人不太习惯交流，以致不少人一直不能意识到自己的问题，走了很多弯路，浪费了大量时间，极大地降低了学习效率，也导致了思维能力不能迅速提高，这是大学的学习中最常犯的错误，也是某些学生最大的损失。好习惯不能尽快形成，必然使得一些坏习惯先形成，例如经常到网上去寻找一些习题答案，而不是自己先思考，甚至一些答案有错误也判断不出来，判断能力大大下降。有一些研究人员曾经提醒大家，互联网会使得少数人越来越聪明，但大部分人都越来越愚蠢，这一点应引起学生的高度重视。任何一个新技术都有利有弊，学生自己应当善加利用，不可盲从。良好的思维习惯、思维能力才是一个人未来竞争力的根本，这也是计算机难以完全取代人类的地方，学生应当面向未来，加强这方面的学习和培养。

关于思维习惯的问题，笔者发现不少学生的演绎法，即逻辑推理能力，比较差，一些常用的分析方法总是掌握得不好，例如微观经济学中最基本的供求分析方法，就是利用供求曲线分析价格如何受各种因素的影响，总是有一些学生难以掌握，就是因为头脑里面没有逻辑分析的思维，到了下一学期学习宏观经济学的一些分析模型时，也要用到这种思维方法，这些学生就又出问题。这样发展下去，以后无论学什么课程，只要用到这一类分析方法，他们仍然会出问题。所以只有帮助学生掌握正确的思维方法，才可以从根本上解决问题。

同时还需要经常督促学生在每一章结束之后必须独立地做一定数量的练习题，没有足够的练习一切都是空话。现在的学生普遍比较懒惰，无论做什么都是尽快应付一下，表面上完成就算完事了，根本达不到目的。这些坏习惯教师都必须明确地指出来，并且告诉他们应当如何正确地去做，否则他们就不会改。目前的大学生大多是独生子女，从小得到家长，特别是爷爷奶奶的溺爱，养成了不少坏习惯，例如做事无计划、随意任性、自控能力差、精力不集中、毅力不够，这些都会严重影响他们的学习能力，必须要明确地告诉他们并提醒其尽力改正，否则以后可能给他们造成重大损失。

对于不少学生缺乏逻辑思维习惯，笔者认为与中国这个大环境有关系。由于几千年的传统文化与传统习惯的影响，不少中国人缺乏逻辑思维的，因为中国的传统思想里面没有西方的逻辑推理（演绎法）思维，只有归纳法。那些没有接受过高等教育的人尤其如此。因此我们学习管理的学生应当加强这方面的训练。随着大数据技术、AI技术的发展，企业管理越来越要求定量化、精确化，需要从大量的数据里面分析各种有用的信息，找出现象背后的因果关系，所以基本的逻辑分析能力和数据计算能力是必不可少的。

再分析一下体育运动对学习的积极作用以及如何有效地进行体育锻炼。

目前部分学生体育锻炼严重缺乏，没有养成经常运动的好习惯，导致不少人处于亚健康状态，年纪轻轻已经出现一些中老年的疾病症状，例如"四高"：高血糖、高血脂、高血压、高尿酸。导致这一后果的主要原因就是没有养成良好的生活习惯：运动太少，饮食以高蛋白、高脂肪食物为主，蔬菜吃太少，久坐，看电脑、手机时间过长。尽管有些人知道这样不好，但是并没有足够重视，因为大部分人缺乏健康、医学方面的知识，不清楚这样发展下去最终的结果有多么严重，甚至于因此葬送他们的职业生涯和大好前程。因此，非常有必要经常提醒学生这些错误的生活习惯，指出正确的改进方法，督促他们经常进行必要的体育运动，也要经常介绍一些基本的、常用的医学知识。例如：运动（特别是有氧运动）的过程能让大脑得到充分的休息、排除身体的有害物质、促进血液循环、给身体的各个器官提供充足的氧气，这是提高学习效率必不可少的。虽然在实际执行过程中还是有不少困难需要克服，但是必须鼓励学生自己多思考，想出一些可行的、适合自己的方法。体育运动不仅仅对于身体健康有巨大的好处，对于调节心情、排解不良情绪也有明显的作用，是自己对未来自身人力资本的有效投资，因而是非常值得做的一件重要工作。目前不少医学专家指出，如果还不重视我国的健康问题，未来10年中国将有几亿人会患上各种严重的疾病，大量消耗我国已经十分稀缺的医疗资源，浪费大量的时间，大约降低全国整体经济效率4%～5%，严重削弱我国未来的竞争力。因此，党中央也已经提出了未来要实现"健康中国"的目标，这也是我国成为一个真正强国的重要方面。没有了健康，财富等其他物质都将失去意义，人生幸福、国家强大也就无从谈起。

目前我国的国民中，很多人不是不懂这个道理，而是缺乏具体知识，这就导致他们不会在实际中去做，这说明我们的教育在培养一流人才方面是有严重缺陷的，必须在健康知识的普及方面加强教育。另外，部分学生非常缺乏个人安全防护方面的知识，防范风险（例如各种欺诈、人身伤害）的意识严重不足，以致有时造成个人的巨大损失，这方面的教育也是亟待加强的。这些在教学中可以作为案例、新闻告诉学生，提高他们的防范意识，避免不必要的损失。

最后谈一谈学习动力的问题。有些学生学习效率低是因为学习的动力不足，这就要求我们教师要经常告诉学生一定要尽早确定一个适合自己的未来几年的目标（梦想），再进一步确定未来每一年的目标，然后一步一步去实现，这样才可以激励自己不断进步，否则就会浪费大量时间，最终浪费自己的青春。有些人不愿意这样做，感觉很累，喜欢随意，走一步看一步，这样最终是会后悔的。同时也要注意自己的目标要与国家未来发展的需要相结合，具体可行，结合实际。这方面有大量的例子，例如，有的学生主要是把自己的兴趣与专业方向联系起来，增加学习的动力；有的学生是为了完成父母的期望而选择专业方向；还有的学生可能是为了实现自己的某个梦想。无论学习动机如何，有一点是相同的，就是确定目标之后，一定要严格要求自己按照计划去努力，虽然很辛苦，但最终可以一步步接近，最终实现自己的人生目标，这才是有效率的学习。

还有一个特别重要的就是务必保持专注，把大部分时间、精力集中于自己的目标，尽量减少不必要的兴趣爱好。保留几个自己很喜欢的爱好也是必要的，但一定要控制数量。一般应当保持一些体育运动方面的爱好，这是必需的，其他爱好则要加以控制。人的精力非常有限，过于分散则最终一事无成。大量事实表明，不论什么行业，做出一定成就的人都是非常专注的，几十年专注于某个方向，才可以积累足够的知识和经验，才可能产生灵感，最终取得突破。

学生个人的品质、毅力对于学习效率也有重要影响。根据笔者个人的一些观察，从小到大学习始终优秀的学生往往家教都很好，从小其父母就言传身教，传承给他们一些优秀的品质，例如耐心、善良、勤奋、知书达理、懂得考虑别人的利益，对父母特别感恩等，这些品德在某些关键时刻可以使学生发挥出巨大的能量，可以帮助他们跨越一般人无法逾越的障碍，最终实现自己的目标。反之，学习一直比较差的学生往往毅力、自我控制力都很差，做什么都不专心，也不知道自己应当做什么。据笔者了解，深圳大学有一些教师的子女就在学习方面非常成功，其中有一位老师的女儿从小受到父母言传身教的影响，养成了喜欢读书学习的好习惯，而且非常善于思考，经常与父母讨论各种问题，包括自然现象、社会现象以及人与人之间的复杂关系。她的父母总是平等地与她讨论问题，日积月累使得她形成了善于观察、善于思考的习惯，在学习中也会主动思考一些问题，既增加了兴趣，也不断取得进步，形成了正向激励，这种习惯一直保持到大学阶段，而她也始终没有感觉学习有什么压力，自然而然就取得了优异成绩，大学毕业之后被剑桥大学录取去攻读博士学位（她同时也被美国斯坦福大学录取，拿到全额奖学金），依然成绩优异地毕业了，之后到麻省理工学院任职。最近几年为了方便照顾父母，回到香港中文大学任教。她的这些成绩在别人看来十分了不起，而对她来说就是自然而然的事，也不需要特别拼命去争取，实力决定结果。这就是优秀品质的力量，所以说品质才是一个人最强大的能力，在关键时刻可以产生巨大的能量，推动一个人的学习和事业克服困难，不断前进。

当前的中国正在进行一场伟大的变革，强势崛起。这对我们每一个中国人，特别是当代大学生来说既是巨大的挑战，也是巨大的机会，如何应对，取决于个人的思考和决策。对于每一个在校大学生，应当充分意识到这是一个一生难得的巨大机遇，一定要努力做好自己的事，做好必要的准备，把中华民族的伟大复兴与自己的人生目标紧密联系起来，抓住机遇，实现自己的人生目标。这样做成功的几率会大得多。有些人总是认为，一个人的成功主要是由于自己的努力，或者是自己的能力决定的，特别是自己取得了一些成就之后。其实这是一个很大的误区。时代给我们的机会、全体国民共同的努力，才是决定性的。笔者记得在改革开放之前看到很多非常聪明、有能力的人，由于当时所处的时代没有给他们施展才华的机会，一直默默无闻、一事无成。甚至有一些很有天分的青少年（笔者儿时的一些小伙伴）也不学习，每天无所事事，浪费了大好青春，对国家也是巨大的损失。所以当时代给了我们机遇时，一定要珍惜、感恩（这可能是现在的大学生比较缺少的），承担起自己的责任，肩负起自己的使命，努力学习，这样才对得起国家的培养，父母的养育，对得起时代赋予的机会，也才对得起自己，不会白活一世。

三、结论

学习是人类的一项复杂的脑力活动和心理活动，需要自身各方面素质的组合与配合，也需要相应的国家制度、社会环境提供保障，是一个典型的系统工程，必须各个方面的问题全面综合考虑，特别是针对某些特定的问题，需要追根究底找到问题的根源，才能有针对性地给出准确的解决对策。大学老师，对于在校学生很可能是他们受教育生涯中的最后一个导师，必须承担起教书育人的责任，特别是育人，如果学生本人有一些严重问题或不良习惯不能及时得到纠正，那他们很难学习到真正的本领，能力也不可能真正提高（这与考试分数是两个问题）。至于教师，如何去做也没有统一方法，只能在教学中根据具体情况经常增加一点这些内容，在实践中不断摸索完善。

管理教育的思考：关于本科实践人才的培养

陈星宇

（管理学院市场营销系）

【摘　要】管理教育在本科生培养这一块的特点是艺术性与科学性的统一，既对学生的实践参与要求很高，又需要扎实的理论教学。因此，针对管理教育课程的特殊性，如何启发学生的创新思维，进而引导学生在实践中运用理论，同时结合案例教学使得学生能够有理有据地分析问题与解决问题，从而培养学生独立思考的能力就变得至关重要。培养实用型本科实践人才，教师主体层面在其中扮演了相当关键的角色。

【关键词】管理教育　实践教学　本科实践　人才培养　教师主体层面

　　管理教育中对本科生专业培养的基本要求是要学会用管理的思想来工作与学习，因此学生在实践中运用专业知识与理论的能力是管理类课程培养目标中的一个重点。面对不断变化的国际与国内环境，以及移动互联网与新媒体时代带来的新的机遇与挑战，我们需要着重训练管理专业学生的实践能力，在实践中培养学生形成全新且深入的视角，这样他们才能更好地应对当今的机遇与挑战。

　　本文将主要从教师主体层面来探讨管理教学如何与实践教学密切结合。旨在有效地将教师主体与学生主体有机结合，发挥每一个主体的优势与推动力，将实践教学理念和具体实施方案体现在管理教学的每一个环节中。

一、实践课程建设：本科实践人才培养的基石

　　专业课程方面，教师可以对实践性比较强的专业课程增加实践学时比例，课程项目以企业实践项目为主，鼓励学生走出课堂或邀请企业人士走入课堂。对创新创业课程，教师可以鼓励学生在课程内做创业实践课题项目，鼓励与校企业孵化单位合作，并联合实践创新创业项目作为主要的教学内容与形式。可由学生自主提议一些有趣的课题，这些课题内容可涉及管理学与创业、组织架构和公司战略、市场营销管理、人力资源管理、国际贸易和全球化、金融市场等多个重要的管理专题领域。开设新型创新创业实践课程，如创新研究短课、创新专技短课、创新研究及专技专题讨论等，将这些课程定位为创新创业与实践教学的有机结合。① 管理专业全部创新研究短课，包括科研项目短课、专题研讨短课、专技实践短课（如移动互联网 App 设计，品牌实务等课程）等，需鼓励学生在课程内做创业实践课题项目。在本专业开设自由讨论的

---

① 骆朝晖. 高校实践教学管理系统的研究与实现. 长沙：湖南大学，2012.

Seminar 课程，如管理前沿探讨、热点行业探讨等，鼓励学生在课程内做管理实践课题项目。通过讨论类专题让学生将理论知识与实践教学有机结合。对于这些本身为实验类的课程，如管理模拟实验、客户关系管理等专业课程，需强化软件实操的效果，鼓励教师增加对本课程实验过程的考评。真正做到实验教学内容和实验体系改革的有机结合。

二、实践教学方法：本科实践人才培养的利器

工欲善其事，必先利其器。在实践教学方法中，可以从以下几个方面鼓励教师在教学方法上有所突破。首先，对一些可以采用线上教学（包括 MOOC 课程）的课程采取线上教学与线下实践有机结合的方式，将理论与实践部分有效整合，弥补线上理论部分的短板[①]。

其次，教师主体可以尝试案例教学与实践教学的有机结合，通过模拟或者重现现实管理中的一些场景，让学生把自己纳入案例场景。组织学生开展讨论，形成反复的交流与互动。教师一般要提前将案例材料发给学生，并把学生分成若干组，提出讨论问题，请小组做准备。同时，学生可以利用多媒体和网络工具，丰富汇报内容或汇报形式（如 PPT），并在各小组陈述观点完毕后向其提出问题。最后采用教师、学生共同评审的方式，有理有据地培养学生独立思考的能力，深入消化课程知识。

另外，情景模拟教学与实践教学的有机结合也是一个非常实用的实践教学方法。在情景教学中，教师要指导学生以小组为单位模拟管理中的情景，通过角色互动来体验管理实际，然后指出其中蕴含的管理问题并构想解决问题的方法。这一方法可以有效地锻炼学生收集资料的能力、表述问题的能力、组织的技能、解决问题的技能，可以极大地释放学生的激情，提高理论与实践相结合的能力，同时也可以培养学生学习的兴趣。由于学生参与度较高，因此教师在情境模拟教学中，应注意以下几个方面：

（1）尊重每个学生，鼓励他们在情景模拟中大胆尝试，保护他们的自尊心和积极性。

（2）把情境教学与情感教育有机地结合起来，创设各种合作学习的活动，促使学生互相学习、互相帮助，体验集体荣誉感和成就感，发展合作精神。

（3）特别关注性格内向或学习有困难的学生，尽可能多地为他们创造实践的机会。

（4）建立融洽、民主的师生交流渠道，经常和学生一起反思学习过程和学习效率问题。

三、实践教学目标：本科实践人才培养的旗帜

实践教学目标首先是应用导向的教学目标，其次是以能力培养为核心的教学目标，鼓励教师将这两个教学目标写入教学大纲及课程设计中，并且通过实践教学来贯彻。

---

① 陆坤，李凤岐，等．基于"大实践"观的多层次一体化实践教学平台的构建．中国大学教学，2013（11）．

总之，将课堂理论教学与实际相联系，从而使学生更好地理解和掌握这些知识，并逐步培养他们的管理实践能力和素养；通过实习检验学生专业课程学习成效和将所学知识运用于社会实践的能力，使他们了解企业管理的各环节及流程，了解管理学科在企业中的地位和作用，结合现场学习，培养其分析问题、解决问题的独立工作能力，从而找到所学的管理知识与企业实际需要的结合点。在可能的情况下鼓励大学生为企业开展相关业务献计献策，学会利用专业的管理知识调查、分析和发现实习单位的管理问题，并提出合理的建议，为毕业论文的撰写准备素材并打下良好的实践基础。

在教学环节需要很好地体现教学目标。一般来说，课堂教学环节有四个要素。

首先是导入情境，在这一环节，可以通过故事、提问等形式进行引入，一般应该遵循以下原则：

（1）符合教学目标。课堂教学导入，一定要根据既定的教学目标来精心设计导语，与教学目标无关的内容不要硬加上去，不要使导语游离于教学内容之外。教学导语是完成教学任务的一个必要部分。

（2）符合教学内容。从学生的实际出发。学生是教学的主体，教学效果的好坏，要通过学生的学习来体现。因而导语的设计要从学生的实际出发，照顾到学生的年龄及性格特征，不要用过深奥的教学内容作为导语，否则学生无法接受。

（3）从课型的需要入手。导语的设计要因课型的不同而改变，要短小精悍。一般来说两三分钟就要转入正题，时间过长容易喧宾夺主。形式要多种多样。新授课要注意温故而知新，架桥铺路；讲授课要注意前后照应，承上启下；复习课要注意分析比较，归纳总结。①

其次是讲授新课。这一环节又称"主题探究"。"主题"指课堂教学的主题，"探究"指师生对本课主题的学习和研究。一堂课，无论讲授什么内容，采取哪种教学模式，都会遇到以下几对基本矛盾：一是接受间接知识与亲历经验的矛盾，二是教师作用与学生作用的矛盾，三是目标的共性与个性的矛盾。其中第一个矛盾中的间接知识就是理论知识，亲历经验也称直接知识，来自于实践。将理论与实践之间的矛盾通过理论与实践结合的教学方法进行转化是主题探究的主要方式。

再次是强化巩固环节，在这一环节可以将"强化"与"巩固"分开来看。巩固的目的即强化，但强化不只发生在巩固阶段，而往往与讲授新课交替进行。同时强化巩固不限于课堂理论教授，在课堂的案例分析以及课后的练习中都值得探讨。

最后是拓展练习环节。为了让学生自主地将课堂的知识进行延伸，在这一环节一般可采用衔接法、画龙点睛法、置疑法、求异法、启迪法等。为了评测是否达到教学目标，需要相应的教学评价，特别是对案例或实验教学的体系化、科学化评价，从而鼓励教师将实验教学作为评价标准写入教学大纲及课程设计中，并且通过实践教学贯彻这一教学评价标准。此外，还要加强课程的实践部分的评价，鼓励教师将教学实践部分作为评价标准写入教学大纲及课程设计中，并且通过实践教学贯彻这一教学评价标准。

53

---

① 包立群. 教学环节在课堂教学中的重要作用. 电大理工, 2013 (2)：77－78.

四、教师主体层面的成长：本科实践人才培养的双赢

首先从教学效果来看，实践教学的效果要优于纯理论教学。如果按常规的流程对管理理论与知识点逐一进行讲解，学生会觉得比较枯燥。虽然教师在讲解方法时，也谈到方法运用的情境，但学生始终觉得所学的无法落到实处。而通过实践教学，让学生模拟真实的情景做实践项目，学生能在实践项目过程中模拟管理过程。对可能面临的问题，教师在讲解时将方法嵌入问题解决中，引导学生针对问题采用科学方法加以解决，可以提高学生主动探索的兴趣。

其次，实践教学也使得教师能够与学生有效沟通教学目的并且对知识体系重新梳理与规划。对管理知识体系进行梳理，教师需要根据项目推进的需要，循序渐进地讲授各个知识点。学生对整个知识框架和学习目的了解之后，在做实践项目时才能够有的放矢。回归课堂之后，对于在项目遇到的问题与难点进行深入思考，也能清楚在课堂哪个环节哪一知识点上能够找到相应问题的答案。

再次，教师在实践教学中调整考核方式，使学生注意的焦点更多地转向能力提升。如在实践课程改革中，项目建设者不设期末考试，而以小组调研项目报告与平时成绩作为考核标准，引导学生重视项目小组实践，提升实际操作技能，加强个人对团队的输入。实践项目在设计之初，是希望学生们通过团队协作来优化最终的输出。但在实践环节，个别学生还是会出现搭便车的现象，对同组的其他同学不太公平。在之后的报告演示评价环节，教师或可引入小组内的学生互评，增强每个学生对团队项目的参与感。

最后，教师可引入小组互助机制，确保实践项目的质量。课程的实践项目虽然以学生小组为主，教师的辅导也很重要，但其他小组的输入对项目本身的作用也是不可替代的。此外，如果课程选课人数和项目问题都比较多的时候（很多往往掺杂了协调方面的问题及个人问题），教师可考虑在教学中引入大团队和小团队的概念，大团队中有对各项目团队之间的协调及项目问题的共同探讨。

在整个实践教学体系之下，学生享受体验式教学的乐趣，教师能力不断提升，带领学生亲历具体工作中的管理情景，加深学生对管理实践中的业务、管理问题、管理模式、组织结构、管理流程的认识。这种积极"走出去"的教学方式，使得教师能寓教于乐，而在教师主体的引导下，学生主体可以深刻体会到学习与工作的乐趣，同时增强对专业学习的兴趣。

如何培养知行合一的公益慈善本科人才？

罗文恩

（管理学院公共管理系）

【摘　要】本文结合最近几年国内高校的实践经验，浅谈公益慈善本科生的培养模式，尤其是如何把理论知识的学习和实践能力结合起来，也就是达到所谓的"知行合一"。笔者认为"长板理论"或许能更好地指导公益慈善专业人才的培养，我们需要培养的是"一专多能"的管理者，即擅长某一管理技能的同时又通晓公益慈善行业的特色和政策环境。公益慈善本科人才的培养路径应该多元化，关键的检验标准在于能否有效地回应社会和公益慈善组织的人才需求。

【关键词】公益慈善　人才培养　知行合一　本科

无论哪一个学科，本科人才的培养模式与用人单位的需求之间都存在一定的张力。大学强调"全人教育"，希望能够锻造具有扎实的专业基础和开阔的学科视野的通才，而用人机构则期待"小本们"招来即用，快速胜任岗位的具体工作。公益慈善管理属于典型的应用学科，从与一些公益慈善组织高管的交谈中笔者明显感受到用人机构对人才的"即用性""可用性""好用性"有颇高期待。那么，能否消解两者之间的张力？公益慈善本科人才究竟应该如何培养？尽管教育部尚未批准设立"公益慈善"相关专业，但近几年国内已经有一批院校，比如北京师范大学珠海分校、南京工业大学浦江学院、深圳大学等先行先试，探索多样化的公益慈善本科人才的培养模式。笔者尝试结合上述学校的实践经验，浅谈公益慈善本科生的培养设想，以期抛砖引玉，凝聚更多有识之士对国内公益慈善专业教育话题的关注。

一、我们需要怎样的公益慈善本科人才

55

人才培养首先要回答"到哪里去"的问题，即社会对公益慈善领域的人才需求是什么，或者更直接地说，公益慈善本科人才必须具备哪些核心能力。《中国公益人才发展现状及需求调研报告（2010）》曾从共性素质特征、项目管理、公管传播、筹资和志愿者管理五个维度对公益慈善人才的素质构成（包括价值取向、能力和知识经验）进行描述，构建了全面的公益慈善人才素质模型。北京师范大学珠海分校宋庆龄慈善教育中心则提出公益慈善管理本科生应具备创意思考、专业认知、组织管理、问题解决和沟通协调五大核心能力，其中创意思考能力包括逻辑推断、批判思维、思维开拓性和创造性、洞察力等；专业认知能力包括熟悉行业政策法规、把握行业趋势和了解机构运作、建立专业概念体系等；组织管理能力包括项目规划、执行和评估、筹款设计和营销、媒介与公共传播管理、财务与税收等；问题解决能力包括资料收集分析与解

释、研究工具使用、政策批判等；沟通协调能力包括组织协调沟通、文书写作、冲突管理、团队合作及跨文化沟通等。

从以上两个模型可以看到，业界对公益慈善专业人才的期待是"又博又专"的管理通才，希望"禾苗们"能够洞悉公益慈善行业发展与组织经营的方方面面。当然，这只是人才培养的理想目标。无论是现在还是将来，"又博又专"的公益慈善管理精英一定是稀有品种。故此，笔者认为"长板理论"或许能更好地指导公益慈善专业人才的培养。所谓长板理论，就是一个人在激烈的人力资源市场中赢得竞争的方面，即为他的特长，因而强化优势比弥补短板更重要。对于公益慈善领域的人才教育而言，我们需要培养的是"一专多能"的管理者，既擅长某一管理技能（例如筹款、义工管理、项目开发、财务与税收），也通晓公益慈善一般政策法规和运作特色。如果这一假设成立，则未来在本科生层次上公益慈善人才的培养模式有很大的想象空间。大学院系可以单独设立"公益慈善管理专业"培养具有相应学位的本科人才，或者在现有专业（例如市场营销、人力资源、财务管理、法学、传播学）的基础上增设公益慈善课程模块来培养公益慈善专业方向人才，或者联合不同的专业（例如营销与法学）培养公益慈善复合型人才等。总之，可以通过多样化的办学模式，满足社会对公益慈善管理人才日益庞大的需求。

二、公益慈善本科人才的培养路径

用"摸着石头过河"这一老掉牙的词语来形容当下国内高校在公益慈善本科人才培养方面的实践，其实最恰当不过。由于教育部2012年颁布的《普通高等学校本科专业目录》并没有包含"公益慈善管理"相关专业，国内高校只能通过"曲线救国"的方式来培养公益慈善领域的本科生，目前主要有三种模式。第一种是"2+2"跨专业培养模式，代表高校是北京师范大学珠海分校。该模式的核心是本科生先在原属专业（例如心理学、社会工作）修读两年通识课程，从第三年开始进入宋庆龄公益慈善教育中心修读两年公益慈善专业课程，毕业后不独立授予公益慈善管理学位或者毕业证书，而是提供结业证书，或者毕业证书标明"公益慈善事业管理专业方向"。"2+2"模式是国内首个公益慈善管理本科项目，于2012年5月首办，每年从北京师范大学珠海分校本科生源中招录40名学生。至2017年招收五届共205人修读，已有超过130名学员完成学业，其中有不少毕业生进入国内知名慈善机构工作并受到好评。第二种模式是四年制专业方向培养模式，代表高校是南京工业大学浦江学院和北京师范大学珠海分校。该模式特征是在公共事业管理专业中设立"公益慈善管理"专业方向，并开发了四年的公益慈善管理专业课程体系，由培养单位独立组织教学活动。学生从大一开始进入培养体系，毕业后颁发管理学学士学位证书和标明"公益慈善管理专业方向"的毕业证书。浦江学院于2014年9月开始以公共事业管理（公益慈善管理专业方向）的名义招收首届四年制学生，而北京师范大学珠海分校则于2015年9月招收首届四年制学生。第三种模式是双学位双专业模式，代表高校是深圳大学。该模式的特点是从全校大一和大二生源中择优招录组成一个虚拟班级"公益创新专才班"，学生的身份仍然保留在原属专业，通过"插班上课"的方式修读公益慈善管理相关课程。学生达到相应学分要求可在毕业时授予双学位（或者行政管理双专业）证书，或者行政管理专业辅修证书及公益创新专才班结业证书。深圳大学管理学院于 2015 年 6 月开办了首届"公益创新专才班"，并从全校各专业中招录了 30 位学生入班学习。为了保证培养效果，深圳大学管理学院利用自身优势开发了行政管理专业（公益创新专才班）课程体系，并要求学生必须在完成指定的商科核心课程和公益慈善特色课程之后方能取得相关证书。

由于这些模式开展时间均不长，有些尚未经历完整的人才培养周期，因此目前难以对不同培养模式的利弊进行客观评估。鼓励各大高校结合自身特色和优势积极探索各种可能路径或许是最佳选择。正如前文所说，即使将来教育部批准设立公益慈善相关专业，公益慈善本科人才的培养路径仍将是并且应该是多元化的，关键的检验标准在于能否有效地回应社会和公益慈善组织的人才需求。至于是否贴着诸如"公益慈善学士学位"的标签，笔者认为反而不是用人机构最看重的事情。

三、"知"与"行"如何糅合在培养方案中

无论采取哪种模式培养公益慈善本科人才，其要解决的核心问题无非两个：一是让学生"望星空"，掌握扎实的公益慈善理论知识与管理技能，即"知"的问题；二是让学生"接地气"，运用所学知识与技能解决现实问题，即"行"的问题。上文提到的三种模式，虽然在运作过程中面临诸多挑战，但都努力尝试将"知"与"行"结合起来，以达到培养创新型、应用型人才的目的。

"知"的主要挑战在于课程体系设计和师资匹配。由于国内公益慈善本科教育刚刚起步，无论是课程、教材抑或师资都相当匮乏。这里走在前沿的是北京师范大学珠海分校，其四年制培养体系把公益慈善管理分为 15 个知识领域，包括管理学、学科思想史、研究方法与技术、筹款、社会创新等。每个知识领域都开发了相应的核心课程或者普通课程，并依据课程之间的逻辑衔接关系分配到大一至大四各个学年之中。师资方面，采取校内教师和校外导师相互补充的方式，部分专业核心课程聘请业内资深人士利用周末为学生集中授课。深圳大学的做法则是充分利用管理学院商科优势，围绕"培养运用商业思维解决社会问题的公益创客"这一关键目标，整合市场营销系、人力资源管理系、工商管理系的核心课程资源并纳入"公益创新专才班"的培养体系之中，从而解决管理学基础课程和师资的问题。公益慈善专业课程则由管理学院公共管理系的教师提供，目前仅有《非政府组织管理与发展》《中国公益慈善：创新与前沿》两门课程。未来计划通过深圳大学的"创新短课"平台，采取校内教师与校外导师联合授课方式为学生增设筹款学、义工管理、公益项目开发与评估、社会企业与影响力投资等细分课程。

"行"方面，目前试点高校主要采取了如下一些做法提升学生的"经验值"。一是"请进来"策略，即聘请公益慈善领域的资深学者和实践者为学生开展专题讲座，让学生深入了解和思考公益慈善某一领域面临的机会与挑战。例如深圳大学"公益创新专

才班"曾就行业协会商会脱钩专题，邀请了学者、地方官员和协会会长三方畅所欲言，多角度地为学生们解读了行业协会商会脱钩的政策、难点和发展趋势。又如，2017年9月"公益创新专才班"与深圳社创星合作，邀请了两家知名社会企业——黑暗中对话（深圳馆）和生活APP的负责人给学生们分享公益创业与社会企业运营的幕后故事。

二是"走出去"策略，即带领学生走出校园，通过参访知名公益慈善机构，参加公益慈善项目比赛，参与公益实践活动，以此来提升学生们的认知水平和动手能力。例如北京师范大学珠海分校每年都会组织公益慈善班学生到台湾地区访学，参访当地的公益慈善组织。深圳大学"公益创新专才班"学生也不定期走访南山社会组织创新苑、龙华社会组织创新中心等平台机构，并与正在孵化的各类公益慈善项目负责人深度交流。其次，鼓励学生积极参与各类公益慈善项目大赛也是提升其动手能力的有效做法。例如深圳大学"公益创新专才班"在成立三年时间内，已经组建了多个团队参与首届大学生公益慈善项目大赛以及深圳南山、龙华和宝安等区举办的公益慈善项目比赛。能够在比赛中获奖固然是好事，即使不能获奖，对于学生提升公益慈善需求分析能力、段落项目设计与执行能力及增强团队凝聚力亦大有裨益。此外，参与各类公益实践活动是学以致用的最佳途径。为此，深圳大学"公益创新专才班"举办了多次校外公益实践活动。例如，在第五届慈展会上举办了"垃圾分类大闯关"活动，与市民和小朋友进行互动，通过各类好玩有趣的活动传授小朋友垃圾分类的知识。此外，2017年儿童节期间在南山书城举办"红鼻子公益节"活动，倡导快乐公益的理念。通过设计和完成各类形式的公益活动，使学生们更切身地体会公益事业的价值以及在运作过程中面临的挑战。

四、总结

公益慈善管理是一门应用型的学科，其人才培养亦应该以知行合一为重要目标。通过课程设计与实践相结合的培养方案，不仅仅能让学生们怀揣一颗颗公益的种子，也使他们具备相应的知识和技能让这些种子能够落到远方，生根发芽，收获一片充满希望的绿色田野。

关于现代管理教学实验中心定位的思考*

叶　斌　陈思佳　黄凯珊

（现代管理教学实验中心）

【摘　要】本文通过由一个管理现象引发的思考，着重分析了现代管理教学实验中心的运行现状，以造福世界的管理教育为愿景，提出实验中心定位——"面向管理实务，探索管理问题，沉淀管理能力，提升管理洞察"。

【关键词】管理教育　实验　定位

深圳大学现代管理教学实验中心（以下简称实验中心）始建于2005年，2007年被评为"深圳大学校级实验教学示范中心"，2012年被列为"广东省高等学校实验教学示范中心"建设单位，2016年通过省级验收。实验中心坚持"服务教学，培养学生"的理念，按照"以能力培养为核心，把实验教学与理论教学、大众教育与精英教育有机结合"的思路，逐步构建了以"认知—体验—感悟—探索"为基本架构的多视角、多层次、多阶段的"情境教育"综合实验教学体系。随着管理教育需求的多元化和管理教育环境的开放性日益凸显，有必要重新探索实验中心的定位。

一、从一个管理现象引发的思考

网络上曾经热炒过一个管理现象——"战略大师波特的公司破产了"。在如今大谈特谈战略的背景下，这无疑是一条爆炸性的信息，接下来的评论五花八门：战略理论有问题、波特战略模型失败了、公司不需要战略、现金流管理不善……各种评论不一而足。谈论得最多的当然是波特的模型和波特的理论，究竟结果和真相是什么并不是本文讨论的重点，各方人士自然会见仁见智。

上述事例在笔者这里引发的思考仍然是"管理现象"这四个字。也就是说，"××公司破产了"仅仅是我们观察到的一个现象，在不知所以、信息极不对称的前提下，以盲人摸象式的研究态度去下结论显然是不可取的。这里又引发了另一个思考，为什么要去盖棺定论呢？某公司是处于社会中的一个组织，如此复杂的组织和（或）社会问题怎么可能归结到几个理论或模型上而做出定论呢？那么，如果我们试图收集一些真实数据，在一定的知识背景下获得些许管理洞察，也不是没有可能。而对于现有的

59

* 项目资助：2016年度广东省高等教育学会实验室管理专业委员会研究基金项目（GDJ2016010）：管理学实验室文化建设的思考与建构；2017校级教改项目（8030000261011）："双创"驱动下的现代管理虚拟仿真实验教学逻辑体系探索。

组织或未来的组织而言，这些许"管理洞察"是否会比盖棺定论更有价值呢？

至此，"管理现象"和"管理洞察"已经成为重点关注对象。从管理教育的角度看，"管理现象"和"管理洞察"可否纳入实验中心的定位中呢？

二、本实验中心运作模式简析

现代管理教学实验中心在传统的实验室运作模式基础上，逐渐发展为目前的"机房—研讨厅—情境实验—虚拟仿真"的实验室模式，实行"知识理解—理论验证—开放推演—研究探索"的实验教学模式，形成"教师讲授—教师指导—学生自主—创新创业"的学生培养模式。

1. 机房模式

我们姑且将机房模式称为传统实验室模式，也即"电脑＋水泥"模式。这种实验模式以教师演示和学生操作为主，基本教学安排为：教学内容通常是针对管理金字塔结构的执行层而设计，管理知识一般被固化为既定流程，通过教师演示或引导，旨在训练学生的实操能力。在这种实验教学模式下，学生质疑反思的空间有限，即便提出质疑，也多半停留在流程的顺畅程度、实操体验的舒适便利性等方面，有技术背景的学生能提出一些设计或开发的问题已属不易。这种实验模式对应的课程包括：用友 U8 企业 ERP 流程操作、会计电算化等课程的部分实验环节。

2. 机房＋研讨厅模式

机房＋研讨厅模式是将计算机软硬件作为工具和平台，实验教学的重点是通过实验来验证理论或技术要点。这种实验模式以学生操作为主，基本教学安排为：学生以不同方式了解理论或技术要点之后，通过专门设计的教学软件，在教师的引导下有针对性地实际操作，旨在提升学生对知识的理解。在这种实验教学模式下，学生质疑反思的空间较前一种模式有所提升。例如，学生可以对管理理论的设定情境提出质疑，可以对管理模式的假设前提进行反思。这种实验模式对应的课程包括数据库课程的验证性实验、电子商务模拟等课程的部分环节。

3. 研讨厅模式

研讨厅模式，也即分组讨论模式。这种实验模式对实验场地的布置没有特别要求，对计算机的软硬件资源配置要求不尽统一，甚至可有可无。这种实验模式可以是以情境实验为基础的开放推演，也可以是以开放或封闭问题为基础的研究探索，基本教学安排为：以学生为主体、教师为主导，将学生划分小组，小组成员以角色扮演的形式进行分工、参与，组内通力协作，组间公平竞争。这种模式将知识理解和研究探索融为一体，使学生在"参与—体验—感悟—质疑—反思"的循环过程中进行管理教育的沉淀，既可以通过参与体验的操作行为积淀管理能力，又可以通过认知感悟和质疑反思获得管理洞察能力。这种实验模式对应的课程包括 ERP 理论与实践、管理策划等课程。

4. 虚拟仿真模式

虚拟仿真模式，又称情境模拟模式，也是一种实验室的运作模式，它在现代管理教学中的应用尤为重要，由于管理类实务难以在真实环境中去实操，所以一种可能的途径就是让学生在高度仿真的环境下去逐步逼近真实的管理实务。这种运作模式应该以管理实务为切入点，将课程的教学内容融入其中，设计合适的实验场景，模拟管理情境，以实补虚，弥补学生进行管理实践的不足。

不管是哪种模式，在实验中心的运作中都扮演了重要的角色，在管理类的实验中心，通过"机房—研讨厅—情境实验—虚拟仿真"的实验室模式，可以让学生在不同的学习阶段适应不同类型的通识课程、专业基础课程和专业核心课程，为学生的管理能力带来重要影响。每种运作模式对应着学生学习的不同阶段，随着课程学习的深入，学生管理能力的提升，模式间的转变显得尤为重要，机房模式更多是在学习的基础阶段让学生获得基础能力，研讨厅模式力图进一步激发学生的质疑精神和反思能力，而更为深层次的情境实验，有助于学生提升综合素质能力，并在虚拟仿真的实战中对管理实务逐步深入、逐步逼近。

管理能力是学生完成管理事务所必备的素质之一，作为高校实验中心，我们培育的是面对未来多变的商业环境的学生，更深层次的是培养他们应对未知管理事务的应变能力。面对日益激烈的外部环境，传统模式的实验中心运作模式已经不能满足人才的定位，而管理能力和管理洞察无疑是现代管理教育所关注的重要元素。

三、以造福世界的管理教育为愿景的实验中心定位

从对上述实验中心运作模式现状的剖析来看，虽然我们在教学实验模式方面做了一些改善，但是仍然停留在以知识为基础的封闭教学架构之下，可以自圆其说，但与管理实务之间的鸿沟不缩小反而扩大。也就是说，我们的管理教育仍然停留在这样一个层面，即"从 20 世纪下半叶开始，从事管理教育的人尤其是商学院中的，都在着力培养勤勉的行政管理者、有才干的企业管理者，以及政治领域中主要追求利己主义目标的说客。"

管理教育与管理实务之间的差距越来越大，导致管理教育的封闭性越来越严重。特别是在当今以开放为特征的时代背景下，这个现象日渐突出，本文开头的那个"管理现象"可能就是一个很好的印证。那么，"大学和商学院提供的正规教育在人们所学的与工作相关的知识中仅占 10%"也就很好理解了。在信息和网络时代特征日益明显的今天，信息不对称的格局逐渐被打破，信息的透明程度日渐提高，如果管理教育的尴尬境地得不到改善，后果难以想象。

当然，破解之路不止一条。而《造福世界的管理教育——商学院变革的愿景》中提出的愿景不失为一个良好的开端："三个 E 愿景——教育和培养有全球责任感的领导者；促成商业组织为共同利益服务；参与企业和经济转型。"这三个愿景的核心就是要建立一个包括所有利益相关者的协作体，要与管理实务界进行实质性的交流与互动。可能的行动方案就是反思弗里德曼谬误，把现有的管理教育从"求知问学"提升到更

61

高的层面，从而构建新的管理教育体系。

在上述愿景下，考虑实验中心的现有运作模式，实验中心在未来一段时间内的可能定位可以围绕以下思路展开：从管理现象入手，面向管理实务，用系统性思维进行多视角、多层次的质疑和反思，以深入探索管理问题，逐步逼近"沉淀管理能力，提升管理洞察"的教育效果。

参考文献

［1］凯特琳·穆夫，等．造福世界的管理教育——商学院变革的愿景．周祖城，徐淑英，译校，北京：北京大学出版社，2014.

［2］叶斌，李丽，张灵莹．电子商务专业课程体系的逻辑分析．深圳大学学报，2008（增刊）.

［3］叶斌，李丽，张灵莹．本科院校电子商务专业课程体系的逻辑分析与构建//李丽．基于教学质量工程的高校教学改革探索与实践：深圳大学管理学院教学研究文集（3）．广州：暨南大学出版社，2009.

［4］叶斌，王庆鹏，王小汀，李丽，张灵莹．我校信管专业创新人才培养的教育教学理念研究//陈志民．基于创新创业人才培养的高校教学改革探索与实践：深圳大学管理学院教学研究论文集（4）．广州：暨南大学出版社，2011.

［5］王庆鹏，叶斌，李丽，王小汀．信管专业创新创业人才培养实践教学研究//陈志民．基于创新创业人才培养的高校教学改革探索与实践：深圳大学管理学院教学研究论文集（4）．广州：暨南大学出版社，2011.

［6］叶斌．电子商务实验室资源建设问题的思考//李丽．基于应用型人才培养的高校教学改革探索与实践：深圳大学管理学院教学研究论文集（5）．广州：暨南大学出版社，2013.

管理教育中的"授渔"教学

曾锡环

（管理学院人力资源管理系）

【摘　要】课堂教学是大学管理教育的重要途径。教学有不同形式，依据内容形态大致可以分为两种：一是"授之以鱼"模式；二是"授之以渔"模式。管理学科拥有丰富的管理工具，为管理教学提供了丰盛的"渔"。本文主张管理教学采用"授渔"模式；管理学教师选择"授渔"教学模式，主要有三项使命：有效析解管理工具；创新管理之"渔（工具）"；创新管理之"授渔"。

【关键词】管理学科　"授鱼"教学　"授渔"教学

一、"授鱼"教学抑或"授渔"教学

有这样一句话："授人以鱼，不如授人以渔。"这是大家耳熟能详的名言。而管理学科的课堂教学大致也可以分为两种：一是"授之以鱼"模式，二是"授之以渔"模式。

"授之以鱼"模式强调管理的价值性教育，倾向于概念解释、内涵阐释，观点特性的说明，原理重要性、必要性的强调。

"授之以渔"模式强调管理思维与方法传授，偏向于管理路径介绍，原理分析，方法技能训练，重视管理实践能力提升。

管理教育的"授之以鱼"教学模式，一般有如下特点：

其一，借助名言警句强调某一观点的重要性。以时间利用为例，管理者强调时间重要，常借用诗句"一寸光阴一寸金，寸金难买寸光阴"，强调珍惜时间的重要性，告诫教学对象要珍惜光阴。

其二，管理教育夹带政治思想教育式的说教方式。以笔者工作单位深圳大学校训为例——"自立、自律、自强"，又称"三自精神"。学校教育者更多是阐释"三自精神"的内涵，或者强调"三自精神"的重要性，忽略"三自精神"实践途径与方法的建构与分析说明，到目前为止，尚未见"三自精神"实现路径的有关论文。

管理学科的教学，应更强调方法获得性的管理教育模式，而不是价值启蒙的管理教育模式，即主张"授之以渔"模式，而不是"授之以鱼"模式，理由：

一是"授之以鱼"模式的课堂教学不适应当下教育需求。管理学科中的概念、特点、类别、作用、意义等，属于信息性知识，网络化时代，学生非常容易获得信息，教师在课堂教学中照本宣科地介绍信息，有重复信息之嫌，教学方式机械呆板，学生容易厌烦，属于重复低效教学，显然应该摒弃。

二是"授之以鱼"模式难于达到理想教学效果。"授之以鱼"教学模式可能会有启

63

蒙性、感染力强的优点，但概念说明、观点阐释以及借助名言警句强调某一观点重要性的方式，知识学习者没有"方法掌握"的获得感，学习兴趣就会受影响。如只强调"三自精神"的重要性，只让学生领会与体悟"三自精神"重要性、必要性，没有具体教导"三自精神"的实现方法与路径，学生学习没有获得感，学习兴趣当然受限制，教学效果也会大打折扣。

上述表明，"授之以鱼"模式的教育教学效果有限。换一种思路，管理教育与教学更多强调方法及其技巧，强调知识的实践应用，教学内容有具体目标，学生学习有收获感，兴趣有可能调动，课堂效果可能会更好。因此，笔者主张管理教育的教学应更多重视"授之以渔"模式，而不是"授之以鱼"模式。

二、教学之"渔"

这里的"渔"，指的是"管理工具"。

20世纪50年代以来，管理领域诞生了一系列的管理工具与方法，如耳熟能详的目标管理SMART原则、标杆管理法、SWOT分析、波士顿矩阵、头脑风暴、平衡记分卡等。这些管理工具非常丰富，成百上千种，绝不是夸张的说法。

管理工具专注于实践，致力于问题解决，没有故作高深的理论分析，没有喋喋不休的道德说教；管理工具实用、易操作；管理工具便捷，能够拿来就用。管理学被广泛传播和应用，与管理工具的便捷实用性不无关系。某种意义上，管理工具日益改变组织的管理机制，改变人们的工作习惯。

管理工具之于管理学科的重要性，管理工具之于管理实践的重要性，首先要求我们要重视管理工具的学习与应用。

人类社会每一次巨变，都与生产工具的改进与提高关系密切。无论是石器、铁器、还是蒸汽机、计算机，均促成了生产力的飞速发展。借助于工具，柔弱的个人会变得强大，复杂的事情会变得简单，事倍功半有可能变为事半功倍。"给我一个支点和一根足够长的杠杆，我就可以撬动地球"，亚里士多德这一名言，体现了杠杆工具的巨大作用。

"君子生非异也，善假于物也"，管理不能仅仅依靠管理者个人的智慧，也需要依靠科学的方法、适当的工具，才能让管理更加快捷，卓有成效。

重视"授之以渔"教学模式，正是"工具威力"在管理教育中的"条件反射"。

管理领域丰盛的管理工具与方法，为管理教育"授渔"教学提供了丰富的知识工具，为学习者带来丰富多样的思维启迪，给管理实践者带来有用且有效的现实效益。

作为管理学科教师，笔者在课堂教学中常常重视介绍管理工具，特别是未来人们生活与工作中常用的管理工具，更是不遗余力地推介与分析演示。笔者常推介的管理工具简要列举如表1所示。

表1 自我管理常用工具表

序号	管理类型	管理工具	
1	时间管理	工具1	用"四象限原理"规划时间
		工具2	用80/20法则分配时间
		工具3	用"ABC控制法"使用时间
2	目标管理	工具1	用"SMART"法确定目标
		工具2	用"目标多杈树法"分解目标
		工具3	用"6W2H"法分析细化目标
3	计划管理	工具1	用"SMART"法确定目标
		工具2	用"目标多杈树法"分解目标
		工具3	用"6W3H"法分析细化目标
4	压力管理	工具1	正确评估自己的压力水平
		工具2	压力管理曲线
5	思维分析	工具1	因果图
		工具2	SWOT分析
		工具3	"五个为什么"分析法
		工具4	橄榄球定律
		工具5	"六顶帽子"
6	员工管理	工具1	根据意愿与能力对员工分类工具
		工具2	马斯洛的需求激励模式工具
		工具3	权衡效率与效果
		工具4	情境领导模型
7	高效沟通	工具1	反馈的"JOHARI视窗"
		工具2	沟通反思环
		工具3	如何避免沟通中出现的问题
8	职业规划	工具1	用"剥洋葱法"设定职业目标
		工具2	认真做好职业生涯规划
		工具3	厘清自己的愿景工具
		工具4	厘清自己的使命
9	团队学习	工具1	头脑风暴法
		工具2	深度对话

　　笔者重视推介管理工具，通过课堂演示分析，一方面解析某一管理工具的具体内容与应用方法，另一方面结合案例应用分析与作业训练，提升学生对管理工具应用的领会与掌握。管理工具的学习与掌握，既可以改进完善学生个人的学习习惯与未来参

加社会工作习惯，不断提升职业素养，也为学生未来职业应用提供坚实的技能基础。学习管理工具，集"素养提升""技能掌握"于一体，是管理学科教育的特殊所在，显然应该大力提倡。

三、教师的"授渔"使命

管理学科具有丰富的管理工具，为管理教学提供了丰盛的"渔"。笔者的立场是主张管理教育应重视"授渔"模式。"授渔"教学中，管理学科教师的使命是什么？笔者认为有三项：有效析解管理工具；创新管理之"渔"；创新管理之"授渔"。

（一）有效析解管理工具

所谓有效析解管理工具，有两层含义：一是使学生明白管理工具；二是能领会应用管理工具。使学生明白管理工具，笔者常常采用两种方法：一是图表演示法；二是案例演示分析法。

图表演示法就是将工具内容可视化或直观化。如目标管理工具的常见方法——6W2H法。文字内容是：What：工作的内容和达成的目标；Why：做这项工作的原因；Who：参加这项工作的具体人员以及负责人；When：在什么时间进行工作；Where：工作发生的地点；Which：哪一种方法或途径；How：怎么进行；How much：需要多少成本。

笔者将上述内容转变为图表的形式，通过 PPT 进行演示，学生就更明白，如表 2 所示。

表 2　目标管理"6W2H"法

5W2H	现状	必要性	改善
Why	为什么	有无必要性	理由是否充分
What	做什么	为什么要做这个	能否干别的
Where	在何处干	为什么要在此干	有更好的地点吗
When	在何时干	为什么这时干	有更好的时间吗
Who	由谁干	为什么由他干	有更合适的人吗
Which	用什么方案	为什么选这个方案	有更合适的方案吗
How	怎么干	为什么这样干	有更好的方法吗
How Much	花费多少	为什么花费这些	有更节省的方法吗

再如目标管理中的 SMART 原则，笔者的教学析解过程演示如下：

第一步：原则背景介绍

SMART 原则是目标管理的实现工具之一。目标管理由管理学大师 Peter Drucker 提出，首先出现于他的著作《管理实践》（*The Practice of Management*）一书中，该书于1954 年出版。目标管理是使经理的工作变被动为主动的一个很好的手段，实施目标管理不但有利于员工更加明确高效地工作，更是为未来的绩效考核制定了目标和考核标准，使考核更加科学化、规范化，更能保证考核的公开、公平与公正。

制定目标看似一件简单的事情，每个人都有过制定目标的经历，但是如果上升到技术的层面，管理者必须学习并掌握 SMART 原则。

第二步：原则内容说明

所谓 SMART 原则，即是：

（1）目标必须是具体的（Specific）。

（2）目标必须是可以衡量的（Measurable）。

（3）目标必须是可以达到的（Attainable）。

（4）目标必须和其他目标具有相关性（Relevant）。

（5）目标必须具有明确的截止期限（Time-based）。

有的又如此解释此原则：

S 代表具体（Specific），指绩效考核要切中特定的工作指标，不能笼统；

M 代表可度量（Measurable），指绩效指标是数量化或者行为化的，验证这些绩效指标的数据或者信息是可以获得的；

A 代表可实现（Attainable），指绩效指标在付出努力的情况下可以实现，避免设立过高或过低的目标；

R 代表现实性（Realistic），指绩效指标是实实在在的，可以证明和观察；

T 代表有时限（Time bound），注重完成绩效指标的特定期限。

文字说明之后，用 PPT 进行图标演示说明，如图 1 所示。

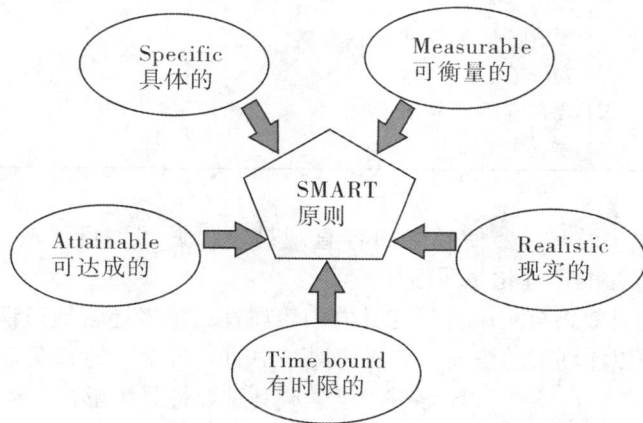

图 1　目标管理 SMART 原则图

第三步：原则应用分析

根据目标管理的 SMART 原则，制订实现计划目标的具体要求，计划应体现五个特征：

（1）S-Specific：目标明确的，不能笼统含糊。

（2）M-Measurable：可度量/量化。

（3）A-Attainable：可达成的。

（4）R-Realistic：现实性的，目标是实实在在的。

（5）T-Time bound：时间限制，完成目标的期限。

依据 SMART 原则制订工作计划的具体例子呈现，如表 3 所示。

表 3　SMART 原则制订工作计划要求表

内容部分	表达要求	举例说明
计划目标	在什么时间内	如：从下月开始，由人力资源部门负责制订培训计划，要求员工的培训时间从 2 小时/月增加到 4 小时/月，提升员工实操技能。年底实施考核，检验培训效果
	通过什么行为	
	达到什么结果	
	用什么标准衡量	
计划措施	将组织整体目标落实为部门目标	如：某一部门负责什么内容，要在什么时间内完成
	将部门的行动目标落实为个人的工作任务	如：某一员工的职责是什么，负责什么，要在什么时间完成什么任务
	将内部与外部的客户需要落实为员工个人的工作目标	如：通过内部调查与访谈方式，调查客户需求，并将客户需求转化为服务目标，在什么时间范围内完成任务目标
计划要求	要以事为主 要清晰明确 要可考核 要有监督 要以实用为主	

管理工具图表化说明，要使教学内容直观易懂，强调一目了然，杜绝含混不清，有助于教学对象认知的条理化、明晰性。

为了使学生能有效领会实用管理工具的内容属性，笔者还常通过课堂实例演示方法来达到目的。下面以深圳大学校训"三自精神"中的"自立"的实现途径为例进行说明。

在笔者看来，"三自精神"教育中，仅强调其重要性是不够的，强调重要性是思想政治教师或教育行政工作者的任务，作为管理学科教师，将"三自精神"扩展成自我管理的实现工具，可能与职位身份更为吻合。"三自精神"中的"自立"，从自我管理角度看，其实现途径是什么？

职业生涯的"自立"，是自我设计与自我实现的过程。笔者将"自立"的实现途径设计为三个维度（或步骤）：一是自我认知；二是理性计算；三是价值导入。

关于自我认知。即需要充分考虑自己的客观条件，从个人的基本事实与条件出发，进行合理的自我定位。

关于理性计算。理性选择有两个含义：一是成本收益比最小化，最小的成本获取最大的收益；二是收集最多的信息进行最优方案的选择。"自立"要进行综合的考量，并进行自我利益最优化的选择。

关于价值导入。价值导入是基于社会公众认可道德伦理基础上的考虑。

一般人认为，合理的自我认知到自我定位，"基于客观条件（情况）"与"理性计算"这两个维度或步骤就可以了，但笔者认为，没有第三个维度或步骤的"价值导入"，"自立"中的自我选择将是危险的选择。

管理教学中，借用熟知的案例讲解，有助于简明析解管理工具，让授课对象快速领会，并掌握管理工具的应用方法。

（二）创新应用"管理之渔"

创新应用"管理之渔"，就是要在管理工具的教学中，学会对管理工具的创新性使用。

众多耳熟能详的管理工具，管理者常常采用，但也常常出现实践失败，如近年来，管理软件 ERP 实施失败的报道就颇多。管理工具不尽人意的原因何在？作为管理学教师，可以在分析失败原因的基础上，改进教学方法与途径，探讨创新管理工具的应用方法。

管理工具大多来自于西方，应用不尽人意的问题，笔者认为主要有两点原因：

一是一部分流行的管理工具过于繁复，推行操作起来比较麻烦。管理大师德鲁克说："一种工具，并不一定越大就越好。能够以最小的努力、最小的复杂性和最小的动力做好工作的工具，就是最好的工具。"因而，选择工具，不要被其庞大的看似高深的系统所迷惑，要看透功能本质，依据自身需求来选择。也许最简单的那个才是我们真正需要的。

二是大多数管理工具来自西方，文化存在差异，工具使用必然出现水土不服。陈天桥先生认为："一条领带虽小，但要是不合适，可能就要跟着换衬衫、换皮鞋。我不想为了一条领带把一身衣服都换掉。"管理工具就如企业的领带，只有符合企业的战略、文化、规模等，才能取得预期的效果。

如海尔的"日事日毕、日清日高"方法，与海尔绝对服从的企业文化相匹配，不是任何组织都可以采用的。因而，从实际出发，因地制宜，因时制宜，选对工具，用对工具，才可做好管理。

再以德鲁克思想应用为例。现代管理之父德鲁克的思想博大精深，关于如何成为一个卓有成效的管理者，他的教导有一种直指人心的力量。把德鲁克思想作为行动指南、管理工具的实践者很多，甚至还有人把德鲁克的思想与信息技术相结合，研发出了高科技管理工具。德鲁克同时也说过，"管理不是一门科学而是一种实践"。管理工具应与组织文化、管理理念相匹配，因而，学习、应用德鲁克思想，也需要把它与中国的文化相结合，与组织的实际情况相匹配，因地制宜，去繁就简，选择、改造真正适合于我们自己的"德鲁克思想"。

针对管理工具应用失败的现象，笔者认为，管理学教师的教学使命应从重视理论解释向重视理论应用，以及重视管理工具的创新应用转变。

创新课堂教学方法，创新应用管理工具，笔者重视如下操作过程：借用实例演示—提出问题—布置作业让学生充分领会，并提出应用方案。下面以标杆管理法的学

69

习为例，进行说明。

施乐公司的罗伯特·开普，是标杆管理的先驱和最著名的倡导者。他将标杆管理活动划分为 5 个阶段，每阶段有 2 到 3 个步骤。笔者课堂演示标杆管理的基本方法后，布置小组作业，要求学生将标杆管理法应用于单位绩效实现的案例分析。

其中一组学生的案例分析作业，结合某一单位或部门的实际情况，运用标杆管理法进行有效的绩效改进应用分析，将标杆管理的实施步骤细化为 7 个步骤，有一定的实践应用价值。下面将这一案例应用分析的结果列示出来，如表 4 所示。

表 4　标杆管理法的绩效解决方案实施步骤

步骤	实施策略
一	选择标杆：榜样单位或部门
二	差异对比：分模块要素，逐一进行对比分析
三	目标确定：实现总目标与分目标、全过程目标与分阶段目标
四	寻找方案：项目差距与实现对策寻找
五	过程实施：对解决方案每一项目进行第一责任人的认定、时间进度的确定、激励措施的跟进
六	全面评估：评估鉴定实施后的项目效果、人员绩效表现
七	修正调校：根据评价结果，再修正调校绩效方案，进行下一轮管理

来源：《公共部门与私人部门人力管理比较》课程作业报告

上述案例分析结果表明，管理教育中，通过教学中的案例演示、作业训练，学生能对管理工具有较好的领会，而且可能创新性地应用于具体实践。所以，管理学教师在管理教育教学中，应通过有效的教学手段，启发或教育学生领会管理工具，并创新应用管理工具。

（三）创新管理之"授渔"

管理教学中，不但要教给学生"渔"，而且要注重"授渔"。如何"授渔"，实际就是教学方法与形式的选择问题。选择最适合学生掌握管理工具的教学方法很关键。就管理工具的授课方法而言，笔者经验性地认为，将案例教学融合进问题导向、商议启发的教学方法，教学效果可能比较理想。下面以"选课管理"教学过程为例进行说明演示。

我设计了一个身边的管理案例进行管理教学，过程如下：

第一步：问题提出："从教学资源视角说明学校为什么要开设慕课（MOOC）？"

第二步：介绍案例内容。内容分述如下：

1. "爆棚"的选修课

管理学院的 L 老师向全校本科生开设管理学原理选修课，开始时，选修的学生设定 60 人。L 老师授课能将理论联系实践，语言生动风趣，深入浅出，课程非常受欢迎，选修管理学原理课程的学生逐年增加，从最初的 60 人到 90 人、120 人、300 人、500

人……每学期选课人数逐渐增多的过程中，教务处一般通过调整教室的方式（从小教室到中教室，再到阶梯教室）来应对学生选课人数逐渐增长的状况。

2. 选课资源限制

选课受到以下资源限制：

一是教室限制。学校最大的教室只能容纳150人，选修人数超过150人后，学校便无法通过调整教室的方式来满足学生选课要求。这种情况下，教务处与该选课教师协商，一学期多次开课。

二是教师时间精力限制。由于科研或其他教学任务繁重，受欢迎的选课教师难以承担更多的教学任务。因此，如果更多学生选课，教务处只好采取限制选课的方式，规定只接受一定数额学生的选课申请。

3. 选课管理困境

面对学校限选规定，不少没有选上课的学生因为兴趣与学习知识的需求，仍然前去教室旁听，以至于教室常常人满为患——为抢到一个座位，19：00的课，学生常常17：00左右就到教室，并常常因为座位问题发生纠纷，影响课堂秩序。选修课程的学生纷纷通过校长信箱或其他途径投诉，要求学校保护自己的正当权益。最后，学校通过给选修学生发放选课证的办法予以控制。尽管如此，选上课的同学没有位置、没有选上课的同学继续通过各种方式进入旁听的情况仍然存在，想选选不上、选上了不一定听得到课的现象，终究没有能够得到切实解决。

4. 选课管理创新解决

学校推行慕课（MOOC）的途径解决学生选课问题，首先将选课热门老师开设的课程拍摄成慕课视频，让学生网上听课与学习，彻底解决听课资源的限制问题。

5. 案例的课件演示

教师将上述案例过程，运用PPT的图示方法，围绕"学校为什么要开设慕课（MOOC）"的问题，制作成案例推演图。演示如下：

第一步：选课资源出现困境，用"选课资源困境推演图"演示，如图2所示。

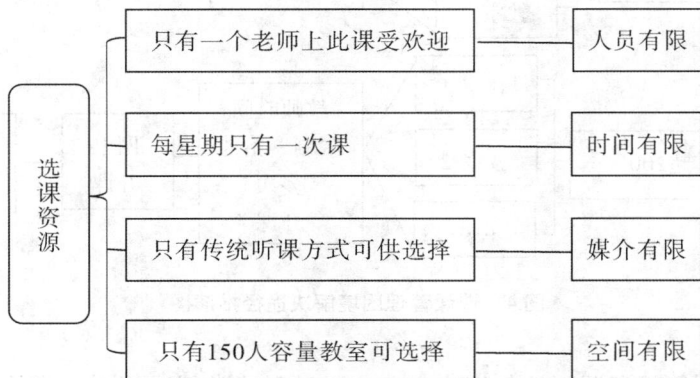

图2　选课资源困境推演图

第二步：选课管理需要协调，用"选课管理协调推演图"演示，如图3所示。

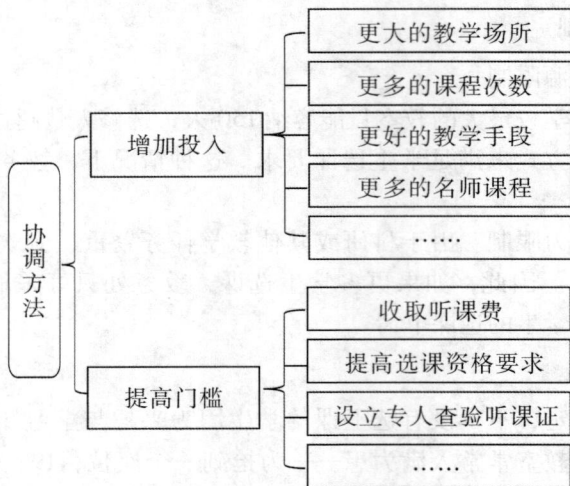

图3 选课管理协调推演图

第三步：选课管理困境需要寻求解决途径，通过推演，可找出解决途径，如图4所示。

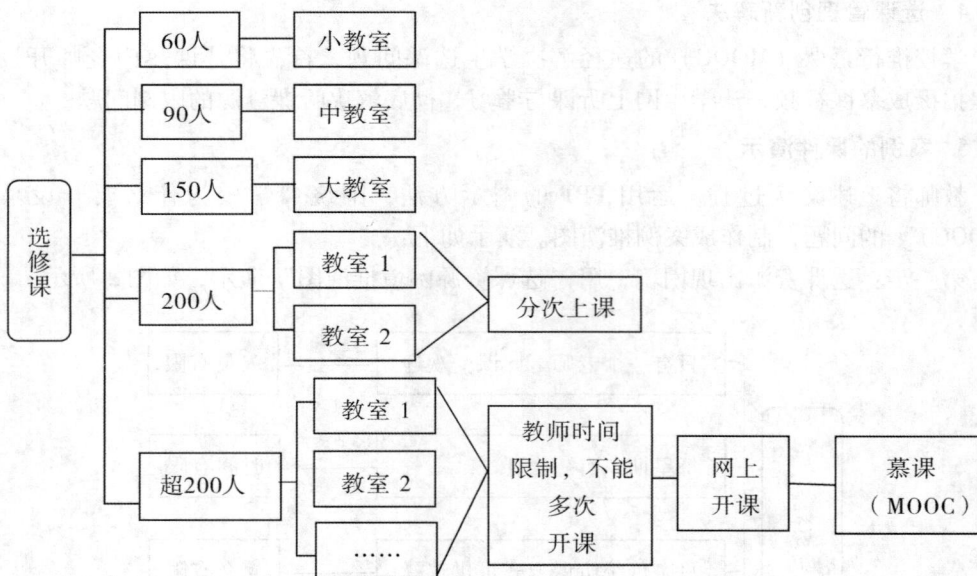

图4 选课管理困境解决途径推演图

大学的选课管理资源困境与解决方法，通过上述类似决策树思维的框图演示，让学生明白了学校有关部门有效解决有限教学资源与不断增长的学习需求之间的矛盾的过程，实际是对管理工具——决策树工具的一种有效应用过程的演示，能让学生不但明白学校的一个教学管理过程，同时也学习领会了决策树管理工具的具体含义。

上述案例演示表明，教授管理工具内容，不但要借助多种形式有效析解管理工具，而且要借用现实常见案例，不断改进教学过程与形式，让学生有效体验与领会，最终得以有效掌握运用管理工具。所谓创新管理教育的"授渔"教学，不过如此。

管理教育教学培训成果转化探讨

苏方国　高慧如

（管理学院人力资源管理系）

【摘　要】本文基于建构主义理论的知识观、教学观、学习观、师生角色的定位等，深入探讨目前在管理教育教学培训成果转化中存在的问题，并针对其存在的问题，结合学者在教学改革方面的相关研究，进一步提出建构主义在管理教育教学培训成果转化中的应用过程，为管理教育教学改革提供建议。

【关键词】建构主义　管理教育　培训成果转化

一、引言

目前，我国的管理教育仍然以讲授教学为主。这忽视了发挥学生的主观能动性，不利于培养学生的批判性思维、发散性思维和创造性思维，不利于培养具有创新精神和实践能力的人才。随着经济和社会的日益发展，传统的管理教育已经培养不出兼具专业素养与工作能力的人才，其教学目标与人才市场的需求不相契合。因此，管理教育的教学改革具有一定的迫切性与重要性。

在管理教育教学过程中，教师相当于培训师，学生是受训者。管理教育教学中教师对学生的培养最终是要为社会输送优秀的管理人才，学生在接受教师培训的过程中，培训成果转化的好坏最终会影响其培训效果。培训效果评估中柯式四层次模型（Kirkpatrick Model）提出的培训效果包括反应层、学习层、行为层、结果层四个层次。在研究培训效果层次时提出培训成果转化（Training Transfer）问题，培训项目设计、培训接受者特征和工作环境特征三个因素会影响培训成果的转化。Baldwin　Ford（2012）将培训成果转化定义为培训接受者有效地将在培训环境中学习获得的知识、技术和态度应用到工作中的程度。在管理教育教学过程中，学生是管理教育培训成果转化中的主体，而教师是培训成果转化的引导者，管理教育教学的成功在于教师对学生教学培训成果的转化。

此外，随着教学改革的进一步深入，建构主义教学理念受到了国内外学者的关注，基于建构主义视角探讨管理教育教学改革非常重要。建构主义（Constructivism）最早于20世纪60年代由瑞士心理学家皮亚杰（Piaget）提出。1985年皮亚杰又深入研究了认知结构转变的过程，认为个体的学习是同化（Assimilation）、顺应（Accommodation）的认知建构过程和平衡—不平衡—新的平衡认知发展过程的统一。袁维新（2007）指出建构主义理论来源主要包括皮亚杰的结构与建构观、维果茨基的心理发展理论以及布鲁纳的认识建构论，强调学习是基于学生原有的知识和经验的建构，主张教学的价值体现在"对学生科学素养的培养"，坚持在教学过程中通过"情境对话"来建构知识，以学生的发展为依据科学评价教学质量。这也体现在培训效果评估的柯式四层次模型包括的反应层、学习层、行为层、结果层中。自20世纪60年代至今，建构主义理论进一步完善，可以应用于教学中来提高教育水平。这一理论符合学生的培养目标，对改进我国高校管理教育教学具有重要的理论指导意义。因此，本文基于建构主义理论来探讨管理教育教学培训成果的转化，希望为管理教育教学改革提出建议。

二、建构主义理论

袁维新（2003）的研究表明，建构主义教学理论以学习者为中心，强调教学过程对学生创造性思维能力的培养，注重培养学生分析问题和解决问题的能力。建构主义包含的教学思想主要反映在知识观、教学观、学习观、师生角色、学习环境等方面。建构主义知识观强调知识与学习的情境性，主张把学生置于创设的情境中，通过提出问题和解决问题，促使学生自主探索并建构新知识。建构主义教学观以学生为中心，教学是在"情景对话中建构知识的活动"，课堂教学是师生共同参与建构新知识的过程（王湘玲等，2003）。区别于以"教"为中心和强调知识传授的传统教学，建构主义学习观则强调以"学"为中心和知识的转化。关于师生角色的定位，在传统管理教育教学中，教师是知识传授者，学生是被动知识接受者，师生之间是"权威—依存"关系，师生互动较少。而建构主义教学思想则认为教师是组织者、合作者、引导者，学生是知识的主动建构者、主动探索者，师生之间是"双主体的互动对话"的关系，师生互动较多。传统教学沉闷的课堂氛围、以结果为导向的定性和单一的教学评价，导致管理教育教学的培训成果转化较慢。建构主义指导下的学习环境则较为活跃，注重多媒体技术和互联网应用，而教学评价是以过程为导向，定性与定量相结合，其培训成果转化较快。由于建构主义所要求的学习环境得到了当代最新信息技术的支持，使得建构主义理论逐渐与教学实践结合，从而成为国内外深化教学改革的指导思想。

传统教学与基于建构主义的教学的对比表

	传统教学	基于建构主义的教学
教学目标	学生掌握学科基本概念、原理，记忆知识	学生理解掌握知识，懂得应用，提高学生独立思考的能力和职业综合素质，强调知识的重新建构
模式	记忆再现型教学	理解思维型教学
主体	教师	教师、学生
中心	以"教"为中心	以"学"为中心
教学形式	讲授为主	多元化教学方式，如协作学习、自主学习的交互性学习模式、情境学习等
学习观	知识的传授	知识的转化

（续上表）

	传统教学	基于建构主义的教学
知识观	客观的、静止的	主观的、动态的
课程观	固定的课本内容	全面的内容
教学资源	单一，以课本为主	丰富、开放，多媒体、互联网等资源相结合
学习环境	由教师、学生、课本组成 课堂气氛沉闷、封闭	多媒体技术和互联网应用 课堂气氛活跃、开放
学生角色	被动知识接受者	知识的主动建构者、主动探索者
教师角色	知识传授者	组织者、合作者、引导者
师生关系	权威—依存	双主体的互动对话
师生互动	少	多
自主学习	缺乏	频繁
学习深度	浅	深
知识理解	弱	强
教学评价	结果导向，定性评价方式 单一	过程导向，定性与定量相结合
培训成果转化	低效	高效

资料来源：根据相关文献整理。

三、传统管理教育教学中存在的问题

在传统的管理教育教学中，教育理念固化且落后，以照本宣科的体系化理论讲授为主，忽视了对学生批判思维和综合素质的培养，其教学培训成果转化不是很理想。如下图所示，培训项目设计、培训接受者特征和工作环境三个因素会影响培训成果的转化。培训项目设计主要包括学习的原则、培训的程序和培训的内容。培训接受者特征包括培训者对培训重要性的认识、自我效能感、参与度、成就需求等。工作环境主要包括学习环境与工作环境的相似程度、上司支持、组织文化等方面。总的来看，传统管理教育教学在培训项目设计、培训接受者特征和工作环境等环节都出现了一些问题，主要有以下几个方面：

（一）课程设置与人才培养目标脱节，人才培养与人才市场需求脱节

管理教育的本质是传授管理知识，培养更多具有创新精神与商业技能的管理人才。袁维新（2003）建构主义知识观认为知识的建构依赖于学生自身的经验背景，单一的专业课程学习会导致学生知识面狭窄。传统的管理教育教学课程设置与人才培养目标脱节，基础课以必修课形式为主，选修课程相对较少，无法满足基本管理理论之外的人才市场需求。此外，忽视了职场必备技能的重要性，如公文写作、办公软件应用、公开演讲技能、人际沟通技能、商务礼仪等。

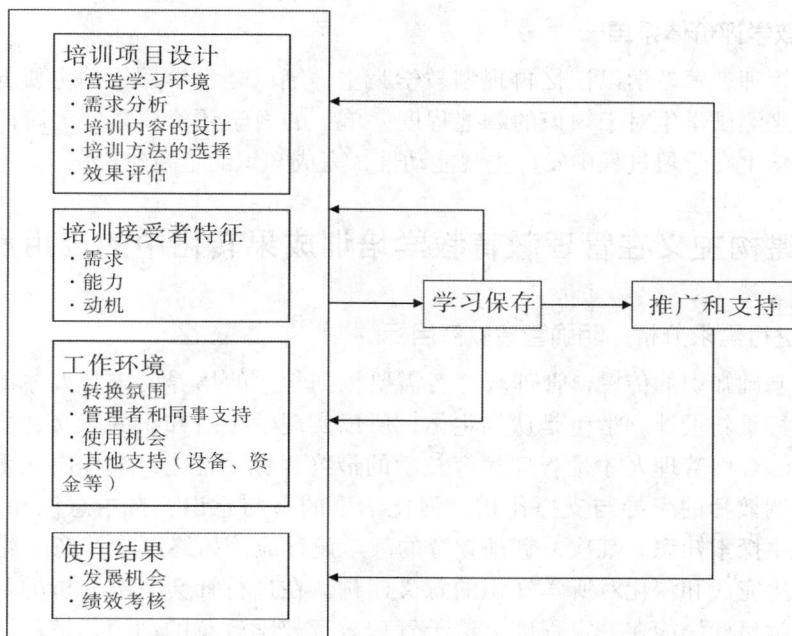

培训成果转化过程模型图

（二）以讲授为主的教学模式固化

在建构主义理论中，个体的主动性在建构认知结构过程中起关键作用。目前的管理教育教学还是以课堂讲授为主，教学方式单一，教学模式固化且落后，学生是知识的被动接受者，缺乏主动的信息加工、知识构建与探索。传统的管理教育教学模式使得学生缺乏参与性，忽视对学生思维能力的培养，不利于培养社会需要的综合性人才。

（三）缺乏支持培训成果转化的环境氛围

1. 忽视情境教学

从建构主义教学观来看，在教学过程中要注重教学情境的创设，除了授课内容以外，还需要将学生的亲自体验、问题的提出及解决和师生互动贯穿整个教学过程。在实践中不断激活已有知识和经验，找到解决问题的方案，从而实现新旧知识的融合，建构自身知识的体系（袁维新，2003）。然而，目前的管理教育教学形式单一，忽视了情境的重要性，致使学生学习兴趣下降，从而无法实现知识的重新建构。

2. 缺乏教师支持

建构主义者强调支架式（Scaffolding）教学。支架式教学是通过教师的引导把管理调控学习的任务逐渐由教师转移给学生，最后撤去支架，使学生掌握和内化那些能使其从事更高认知活动的技能（陈琦等，1996）。目前的管理教育教学中教师以讲授为主，未能对探索的方向和问题进行更深层次的支持与引导，导致学生无法进一步建构知识以促使培训成果转化。

77

（四）教学评价体系单一

当前的管理教育教学以记忆再现型教学为主，笔试是教学评价的主要方式，通过试卷的设计来测试学生对于知识的掌握程度。单一的教学评价体系缺乏阶段性与动态性，无法让学生在学习过程中发挥主观能动性，完成知识的重新建构。

四、建构主义在管理教育教学培训成果转化中的应用操作

（一）进行需求分析，明确管理教育目标

基于对基础知识的传授，管理教育者需要根据学生的培养要求与人才市场需求对教学目标进行重新设计。学生是认知主体，所以实现学生对知识的意义建构、培养社会所需要的综合性管理人才是管理教育教学的最终目标。首先，学校应该重新定义师生关系，强调教师的引导与支撑作用，强化学生的参与意识、自主意识和主体意识，促使学生自主探索知识。其次，管理教育的教学设计应该始终围绕"意义建构"而展开，促使学生完成和深化对所学知识的意义建构。在进行社会需求分析的基础上明确管理教育教学目标，能在一定程度上给予管理教育教学改革的动力，带动培训成果的转化。

（二）课程再设计

管理教育教学的课程设置应该结合现实社会中人才市场的需求来设置多元化的课程，体现特色。主干课程与选修课程有所区分，侧重于不同的管理教育教学目标。在选修课程的设计中，可以充分与学生互动，根据人才市场需求与学生对于知识的渴求来设计课程。基于建构主义视角的课程再设计能让学生有充分的自主选择权，以兴趣与职业发展为导向进行选择，促进管理教育教学培训成果的转化。经过重新设计的课程可以以专业为单位进行管理教育教学的试点教学试验，得到验证之后在学院范围内进行大力推行。随后，根据实际情况可以适时灵活调整教学方案和课程设置，增强教学的弹性以实现管理教育教学培训成果转化的良性循环。

（三）教学方式多元化，营造良好的学习环境

学习环境是支持学生进行学习的场所，建构主义强调对学习环境的设计。在良好的学习环境中学生可以借助各种工具和信息资源进行学习，如书籍、影音资源、多媒体课件以及互联网等。同时，基于建构主义的教学设计强调发挥学习者在学习过程中的主动性与建构性，重视情景与协作在教学中的重要作用（丰玉芳，2006）。这种多元化的教学方式在激发学生学习兴趣的同时也可以促进培训成果的转化。

1. 创设情境，倡导情景式体验教学

传统的课堂讲授缺乏实际情境所具有的生动性、丰富性，阻碍学习者对知识的意义建构。建构主义强调"情境"对意义建构的重要作用，情境营造的氛围直接影响管理教育教学培训成果的转化。张建伟、陈琦（1996）认为，利用多媒体进行的计算机辅助教学可以提供与现实更加类似的问题情境，达到完成真实性任务的目的。因此，

在明确和细化教学目标的基础上，借助多媒体和互联网技术设计一个与学生知识水平与认知能力相匹配的真实情境，可以增强学生的学习兴趣，让学生带着问题出发，引导学生结合所学知识自主学习新知识。同时，给学生提供一个认识和解决管理问题的模拟演练机会，训练学生管理职业的思维能力和技能。在管理教育教学改革中，通过创设情境进行情景式体验教学，并以此为契机和动力，激发学生的求知欲望，帮助学生在整合原有认知结构的基础上形成新的认知结构，产生质的变化。同时，可以建立实践基地，促使管理教育开展实践教学。

2. 协作、竞争式学习

建构主义认为强调协作学习对知识意义的建构有关键性作用。钟启泉（2017）研究提出几个人同时讨论的蜂音教学、拼组成员把自己学习的课题教给其他成员的拼组教学、通过教授他者促进自己理解的互惠学习、围绕特定课题进行调查的项目学习和通过体验性活动进行能动的知识建构的体验性学习。管理教育可以倡导任务式、互动式教学，通过赋予学生明确的角色与责任，设计不同的问题让学生以小组合作形式讨论学习，教师在此过程的重要环节进行合理引导。在协作学习的环境中，彼此交流可以产生内部的认知冲突，实现群体思维与智慧的共享和认知结构的转变。

3. 以学生为中心，教师给予支持

建构主义强调以学生为中心，教师支持和引导学生取代直接向学生传授和灌输知识，教师对于学生的支持直接影响管理教育教学培训成果的转化。在管理教育教学中，教师可以提出适当的问题以引导学生进行思考和讨论，对学习过程进行全程指导、评价和调控，达成最佳的教学效果。此外，在学生主动探索过程中，对于信息资源的获取和有效利用等问题，教师可以通过QQ、微信等网络平台提供支持。管理教育教学培训成果转化的主体是学生，教师需要及时对学生的积极表现给予认可与奖励。教学与激励相结合可以发挥其建构知识的积极性，促使培训成果的转化。

（四）优化教学资源

建构主义强调利用各种信息资源来支持学生的自主学习和协作式探索。管理教育者需要突破传统教学资源的限制，充分利用多媒体与互联网等信息资源、网络教学资源、教学评价机制等优化教学资源，建立案例库、机器人知识库、多媒体课件库、网络共享课程、网站资源、软件库等来促进资源的交叉利用，实现资源共享，进一步促进学生知识的自主建构与培训成果的转化。

（五）量化课程考核

根据柯式四层次模型提出的培训效果评估，评估标准分别是学员反应、学习成果、行为改进和工作成效，主要衡量学员满意度、知识、技能、行为方式等方面的收获、工作中的行为改进和取得的经营业绩。同样在管理教育教学培训中，在不同程度上量化评估管理教育培训成果非常重要。学生学习过程中的形成性评价与检验学生是否完成教学目标的总结性评价相结合，赋予不同的权重可以量化评估学生自主知识建构与培训效果。虞旌晖（2005）认为，完善培训管理体系尤其是培训评估体系可以促进培训成果转化，要对员工结束培训回到工作岗位之后的行为进行一段时间的跟踪评价，

确认员工是否发生了积极的行为改变。同理，教师在进行管理教育教学的同时，也可以在课后采取一系列的方法跟踪评价学生的学习成果，通过课后报告、商业模拟实战演练、技能考核等途径加强管理教育教学后的评估考核与跟踪指导，及时发现并解决问题。

综上所述，知识结构就是某一学科领域的基本观念，它不仅包括掌握一般原理，而且还包括思维与学习方法。当代管理教育教学应该强调知识结构建构的重要性。管理教育者要在需求分析的基础上，明确管理教育教学目标，进一步完成课程和教学方式的再设计。此外，管理教育者需要创设情境，倡导情景式体验教学，支持协作学习，通过教师积极引导来营造良好的学习环境。通过优化教学资源和量化课程考核进一步完成管理教育教学的改革。基于建构主义视角促使管理教育教学培训成果的转化是一个系统性的动态过程，管理教育者必须把握好每个重要环节才能使学生完成知识的重新建构，帮助学生实现从学生生涯到职业生涯的成功转型，从而培养出更多综合素质较强的创新型管理人才。管理教育教学具有多样性，培训成果的转化任重道远，需要教师、学生等相关人士的共同努力。

参考文献

［1］袁维新．科学教学概论——建构主义观点．徐州：中国矿业大学出版社，2007．

［2］袁维新．概念转变学习：一种基于建构主义的科学教学模式．外国教育研究，2003，30（6）．

［3］高明，周东华，盛立．"建构主义"教学理念对研究生课程建设的启示——以控制科学与工程学科为例．山东科技大学学报（社会科学版），2017，19（1）．

［4］丰玉芳．建构主义学习设计六要素在英语教学中的应用．外语与外语教学，2006（6）．

［5］余胜泉，杨晓娟，何克抗．基于建构主义的教学设计模式．电化教育研究，2000（12）．

［6］赵炜，何国田．基于建构主义的机器人辅助教学设计模式研究．电化教育研究，2017（5）．

［7］王湘玲，宁春岩．从传统教学观到建构主义教学观——两种教学观指导下的英语教学对比研究．外语与外语教学，2003（6）．

［8］张建伟．从传统教学观到建构性教学观究．教育研究与实践，1999（3）．

［9］钟启泉．从认知科学视角看两种教学范式的分野．教育理论研究，2017（2）．

［10］陈琦，张建伟．从认知主义到建构主义．北京师范大学学报（社会科学版），1996（4）．

［11］陈琦，张建伟．建构主义与教学改革．教育研究与实践，1998（3）．

［12］雷蒙德·诺伊．雇员培训与开发．徐芳，邵晨，译．6版．北京：中国人民大学出版社，2015．

［13］虞旌晖．促进培训成果转化的途径．业内观察，2005（1）．

［14］李永忠．公共管理学科信息化教学改革：理论基础、实践基础与模式构建．成都大学学报（社会科学版），2017（1）．

［15］孙涛．基于知识型员工的企业培训成果转化问题探析．管理学刊，2011，24（6）．

［16］BALDWIN TT，FORD JK，BLUME BD. Transfer of training 1988—2008：an updated review and agenda for future research. New York：John Wiley & Sons Ltd，2012.

第三编

创新勇气：体现行动探索

基于校企价值协同的大学教学创新模式的研究与实践

刘 军

（管理学院人力资源管理系）

【摘 要】教学改革不是表层做文章，而是"难点分析—理念确立—行为导向—教学推进—逻辑完善—理念进阶"的循环过程。本文以深圳大学管理类专业为例，基于多年来开放、合作、共享的校企价值协同模式的改革研究与教学创新实践，阐述校企价值协同模式实现教学创新的认识、成效与体会。

【关键词】价值协同 教学创新课堂模式 管理类专业

一、缘起

实践证明，在当今科技经济全球化环境下，以开放、合作、共享模式实现创新，是保证与有效提升创新效率的重要途径。作为与社会经济发展直接接轨、担负着重要生产要素——人才与知识"生产"的大学教育，基于成长导向，以校企价值协同模式实现教学创新，显然也正是大学教育效率有效提升的重要之途。

本文以深圳大学管理类专业为例，基于多年来开放、合作、共享的校企价值协同模式的改革研究与教学创新实践，阐述校企价值协同模式实现教学创新的认识、成效与体会。

二、问题提出

从现实的大学管理类专业教学体系来看，基本上还是沿用过去传统的专业办学模式：依据办学经验，设置由浅入深的、分前后左右逻辑的、理论与实践结合的必（选）修专业课程，选择任课教师并设计制订课程教学大纲，教师课堂授课并引导学生学习。但这种模式越来越表现出不足：

（1）作为学习主体的学生在刚开始专业课程学习时，可以说对专业逻辑并无半点认知，基本呈白纸状，获得的专业信息与认识都是来自教师的传授。显然，这里的教育效率取决于教师的专业水平这单一因素，教师的专业资质成了关键。但谁来保证教师的专业水平一直能够动态紧跟实践中专业越来越快的进步与提升，从而居专业之高，临引领学习之下呢？面对此问题，我们遗憾地看到不少学校无外乎出具了这样两种应对方式：一是维持现状的应付，学生反正信息不对称，而此时的无忧恰是学生后期专业学习、撰写论文时的巨大成本，也是毕业后进入职场纠结于"学到的比用到的过时"需花时间适应获差评的远距成因；二是退而织网式的号称"宽口径厚基础"，即与其紧跟不上，不如不跟，而加大基础课课时减少专业课课时。岂不知，"宽口径厚基础"并不适用于所有的学生，最后成了一厢情愿的学习"低效率"。由此可见，从这个位置开始的专业教与学，两个主体的效率该是多么低下。

（2）专业课堂上教师表达的纯理论逻辑，学生能听得懂（一定要碰上表达能力较好的教师），但记不牢，更谈不上深刻。专业课程内容本质上是实践逻辑的东西，若课堂上既无可视性，又为远距离，对于想象力并不那么丰富、管理实践背景空白的学生来说，其课堂学习无异于"盲人摸象"，教师与学生好像都找不到感觉。

（3）进入专业学习的中期，课堂上教师准备了"丰富"的实践案例，试图把学生带进一个专业情境里，但因为纸面上静止案例的抽象信息不完整，而学生又不具备多条件的假设能力，课堂下及课堂上分析起来往往半生不熟，体悟效果不佳。

（4）专业学习的后期多为专业训练，传统的专业课程训练模式多是进行有"实践模型资料"预备的课程大作业练习，学生在教师给定的假想边界条件内参考范文，运用学过的专业理论，去做一个自己也不知真假的大作业练习，往往在工作实践中才发现当初的大作业练习与实践的距离不小。

（5）专业毕业前，照例学生要写毕业论文，但此时他们的专业素养并不厚实，只能是"赶鸭子上架"。研究的主题大部分是教师提供，学生大多构建不了主题，毕业论文多数只能在届复一届的师生不断"纠结"中结束。

以上五个不足看似是教师的原因、教材的原因，其实根本的原因在于体制，是传统大学在专业教学运行上办学封闭的必然结果。这样的办学结果会在学生进入工作系统后，因自身专业工作的低效而用再适应、再学习的时间成本来补偿。

综上所述，如何消除大学专业学习课堂与专业实践之间的"离差"，让学生能够在专业学习中由感而知，通过学习、体悟、训练、研究，实现学习内化效率的提升，显然已不是小事，而是具有社会意义与价值的大事。

三、基于校企价值协同的育人创新课堂模式总体架构

价值协同是网络经济的概念。所谓价值协同，就是指通过协调两个或两个以上主体的不同资源，按照不同的分工和某种约定的流程，一起完成同一目标，达成超过原主体单个行为的价值总和。

根据前述分析，本文从以下五个步骤做基于校企价值协同的育人创新课堂模式研究（如图1）。

（一）基于校企价值协同的专业感知学习

专业教学的第一步是专业感知学习，"无感不知、由感而知"更是专业教学的首要路径，渗透到专业教学的始终。对专业感知的实现，教师采用了很多种方式，如授课前让学生预习教材、阅读相关专业书籍，或依靠老师授课时的专业"具象化"描述和"已知→未知"的比拟推理。这实属可贵，但多为非体制性安排，并无确定性的效果保证。专业感知教学是整个教学创新模式的先导着力点，针对专业特点，笔者提出并实践了基于校企价值协同的专业见习课堂和感知教学模式与架构。

首先，通过分析筛选，将具备某种鲜明管理实践特征的企业识别为"模型企业"，

```
                          ┌─────────────┐        ┌──────────────────────┐
                    ┌─────│ 专业感知学习 │────────│ 校企协同见习课堂模式   │
                    │     └─────────────┘        └──────────────────────┘
  基  ┌──┐          │     ┌─────────────┐        ┌──────────────────────────┐
  于  │  │          ├─────│ 专业辨识学习 │────────│ 校企协同"特别1+2课堂"模式 │
  校  │  │          │     └─────────────┘        └──────────────────────────┘
  企  │  │          │     ┌─────────────┐        ┌──────────────────────────┐
  协  │  │          ├─────│ 专业体悟学习 │────────│ 校企协同移动案例课堂模式   │
  同  │  │          │     └─────────────┘        └──────────────────────────┘
  的  │  │──────────│     ┌─────────────┐        ┌──────────────────────────┐
  创  │  │          ├─────│ 专业训练学习 │────────│ 校企协同专业设计课堂模式   │
  新  │  │          │     └─────────────┘        └──────────────────────────┘
  课  │  │          │     ┌─────────────┐        ┌──────────────────────────┐
  堂  │  │          └─────│ 专业研究学习 │────────│ 校企协同问题研究课堂模式   │
  模  │  │                └─────────────┘        └──────────────────────────┘
  式
  研
  究
```

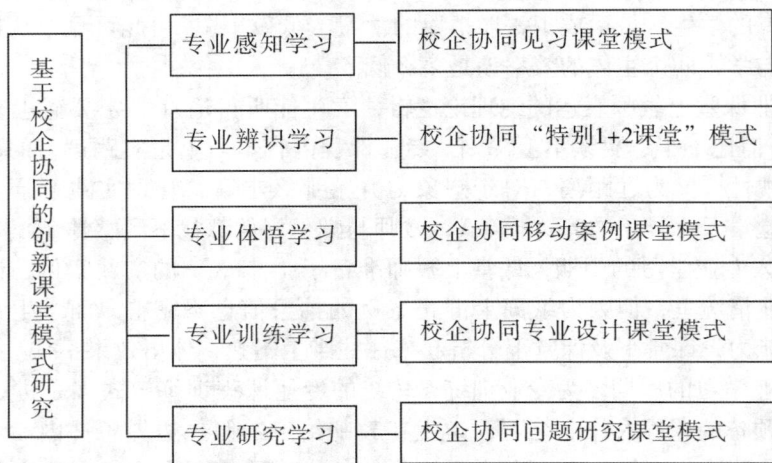

图 1　校企价值协同大学教学创新课堂模式总体架构

如在战略、营销、人力资源、运作、信息系统、商业模式等方面管理实践优秀的企业；其次，设计不同专业学位课程，针对"模型企业"进入"见习课堂"的内容与流程（如参访、听讲座、互动等）、实现目标、要求进行分类，并将其作为重要的教学文件；教师根据教学需要安排，让学生获得"临场"专业感知和体验实践意义。

几轮的实践效果表明，感知教学模式预置的管理情境印象，为随后学生进行某一门专业课程的学习，提供了与教师一样的一定程度的共同话语和一定高度的理解平台。过去专业课程课堂上教师煞费苦心的比拟、挖空心思的逻辑推导变得有了支撑。

（二）基于校企价值协同的专业辨识学习

专业教学的第二步是专业课堂学习，其效果几乎都要仰仗好的专业教师的功夫（实践的宽度、理论的深度、表达的难易度），学生们被动的学习模式更需依赖好的教师"教书"之外的"育人"。但在实际教学中，这样好的教师并不多，所以专业课程的教学，其实操特征、具象特征，在很多情况下变成了课堂上枯燥无味的逻辑"说教"；兴趣是"最好的老师"，但兴趣形成的不确定性使得"最好的老师"经常缺位，专业课程的教学效果不佳就成为必然。专业辨识教学是整个教学创新模式的基本着力点。我们针对专业教学特点，研究并实践了基于校企价值协同模式的"特别1＋2课堂"辨识教学模式。

"特别1＋2课堂"辨识教学，即由一位专任教师，两位经过甄选的不同产业背景、具备较为丰富实战经验的企业高层管理者，共同面对学生进行专业研讨课教学。其流程为：首先，由教师开场，阐述本次研讨课主题，介绍来宾；然后，由两位高管用较短的时间，分别介绍本企业在管理实践中的做法、依据及效果。教师在每位高管讲完后即刻就其管理逻辑、情景边界做点评；接着，邀请高管面对面与学生互动，教师做引导、点评；最后，教师做总结。全过程将专业理性与实践智慧、经验作课堂呈现与对接，让学生将理论普遍规律连接到不同情境专业实践的边界意义辨识中，获得对管理专业知识与理论的深刻认识。

不同专业课程根据需要来灵活设计"特别 1 + 2 课堂"辨识教学模式，包括"特别 1 + 2 课堂"在专业课程教学中的位置与频次的设计、课堂环节与程序的设计、企业高层管理者的甄选、课堂的控制及完成等。

（三）基于校企价值协同的专业体悟学习

专业学习的第三步是专业体悟学习。"学而不思则罔，思而不学则殆"是专业学习的重中之重。传统课堂上教师也很重视学生专业内涵的深入理解，实现专业知识的内化与体悟，基本路径大都通过"案例教学法"来实现，但由于案例实践的时效性、情境性及与专业课程内容的不完全一致性，使得案例使用边界产生了极大的局限；另外，案例的书面静态特征降低了案例精彩的存在感，也降低了学生的动态感知度，学生缺乏主动性思考也就成为必然。

专业学习中的专业体悟学习作为专业课程创新课堂的关键着力点，针对专业特点，笔者提出设计并几轮实践了"移动案例课堂"模式。即与在管理上具有比较典型优势特征的企业建立合作关系，通过企业概况了解、典型案例提取、"移动案例课堂"5 步环节（现场专业实践聆听、分组分项主题研讨、分组分项主题观点反馈、企业回应、教师总结点评），做近距离、互动式、具体有形的"活"的案例分析，并课后归纳整理书面分析报告提交企业，实现实践情境与理论的关联思考，学生专业的临场获得感饱满，课程知识体悟式的融会贯通也最终形成。

这里，笔者体会到教学实践中的关键环节是专业典型优势特征企业的选择与"移动案例课堂"逻辑流程的遵守。而对于企业来说，此过程中的全程参与，特别是企业供研讨的专业主题的选择（尽可能为需要改善的管理问题）、学生们非利益相关的求真式分项主题研讨及观点表述、教师基于管理逻辑的点评及"移动案例课堂"后的分析报告，都对企业产生价值。笔者在教学实践就经历了"学校主动"到"企业主动"的过程。

（四）基于校企价值协同的专业训练学习

专业学习的第四步是专业训练学习。训练学习的本质是通过学习者的亲力亲为，把浮于表层的已知专业知识进一步植根于内在自我素质之中的学习过程。现专业训练学习基本依靠教师的意识与偏好，如有的教师会在课程中设置调研、设计等专业训练环节，但多为偏重理论假设情境的演练，加之碎片化的非规定性安排，并无确定性的运作保障，因此并不能生成专业的整体训练功效。本环节是整个项目研究的根本着力点，针对专业特点，研究并实践了基于校企价值协同的专业设计课堂模式。

通过选择具有极强专业特征，并有专业设计需求的企业，设计不同专业课程针对企业作专业设计的流程（如调研、分析问题、设计解决方案、征求企业意见、专业设计的课堂答辩等），实现目标要求。让学生通过"实战"设计训练获得专业深化。

教学实践表明，此专业训练模式选择的载体企业意愿也极高，因为在教师的指导下，不论从专业设计的选题，还是解决方案、专业设计的结果，都是企业所需要的低成本价值。

（五）基于校企价值协同的专业研究学习

专业学习的最高境界是专业的研究式学习。当学生具备了较为厚实的专业素养，则可以进入"问题导向"的研究学习模式，通过对企业的"现状研究、问题发现、问题分析、问题解决"的过程，实现专业学习的升华。现专业研究学习的实现，主要靠毕业前的毕业论文或毕业设计，由于前述的四步专业学习的不到位，导师与学生耗费大量精力纠结于研究主题的价值判断与选择、研究结论与实践的一致性等。本学习模式安排在专业毕业前，针对企业问题的专业研究，既对学生的专业素养提升有利，也对企业低投入的问题解决有利。此为管理类专业创新课堂质量提升的着力点，针对专业特点，研究并实践了基于校企价值协同的专业研究课堂模式。

具有专业问题研究需求的企业，我们将之定义为"发展中企业"，如层出不穷的快速成长的中小微企业，他们积累了很多的管理类专业问题亟待解决，需要做专业研究流程（如嵌入式调研、问题实证研究、针对性策略方案构建、与企业互动研讨、研究答辩等）以实现目标要求。学生通过紧贴管理实践研究获得了专业的"知识整合、能力整合、思维整合"综合训练与提升。

以上五个基于校企价值协同的育人创新课堂模式研究与实践步骤，归纳、总结、分析的协同价值网络如图2。

价值行为　价值流程 价值路径	价值发现	价值生产	价值传递	价值实现
	基于信息，获取相关主体动态价值数据	基于参与主体的定位，各类资源的投入	通过资源和信息输出，完成价值传递	以价值增值方式，形成主体新的价值
感知见习课堂	模型企业识别	制度与资源配套	见习课堂	感知和体验
特别1+2课堂	企业高管甄选	合理流程	智慧经验课堂对接	理论认知深刻
体悟移动课堂	典型企业选择	典型案例提取	有形案例分析	课程知识融会贯通
训练设计课堂	设计需求企业选取	专业设计流程构建	专业解决方案	专业深化
问题研究课堂	企业问题发现	企业问题分析	企业问题解决	知识能力思维提升

图2　校企价值协同育人创新课堂模式的价值网络分析

五、结语与展望

教学改革不是表层做文章，而是"难点分析—理念确立—行为导向—教学推进—逻辑完善—理念进阶"的循环过程。

本文研究与实践的5个方面内容，即专业见习课堂、特别1+2课堂、移动案例课堂、专业设计课堂、专业研究课堂，较为突出地针对过去大学专业教学及改革中的一些重点和难点问题。虽然教学实践中是单项切入，但它们之间的关联性、交融性，即呈网状逻辑结构是显然的。同时，由于基于校企价值协同的关系建立，内容丰富而复杂、相互交融并逻辑相关，笔者虽有一些实践的试验对照，但仍需要在更大规模、更长时间教学实践样本上比对，以期不断形成更完善的逻辑系统，实现更大的教学价值。

"创业酶"人才素能培养体系构建

——以深圳大学管理学科为例

李 丽 马卫红 崔世娟 黄凯珊 李 彤

（管理学院）

【摘　要】珠三角以高新技术知识密集型创业为特征，深圳大学管理学科创业型人才的培养聚焦这一地域特征，着重培养能在创业中起到催化作用、提高创业效率的人才。本文提出"创业酶"人才概念，解读其内涵，并以管理学院为例，以创业人才素能培养体系建设为核心，着重讨论该创业型人才培养的方案设计的理论与系统构建，力求以一种新的视角思考高校管理学科创业人才培养的定位与实践。

【关键词】创业酶　素能　创业人才　体系构建

随着创新驱动发展，大众创业、万众创新国家发展战略的推进，社会对创新创业人才培养日益关注，进而成为各组织筛选录用人才的重要考核要素。构建创新创业人才培养系统，关注重点是大学创业人才培养生态建设。这已成为新时代高校教育的新课题。很多高校成立了创业学院，很多机构积极行动建设创业孵化园，各级政府、教育机构不断出台鼓励创业政策，尤其侧重于基础设施和硬件环境的打造，一时间创业教育呈现出欣欣向荣的局面。

一、高校创业教育再认识

在教育部及人才需求的推动下，大学纷纷开展创新创业人才培养专项教育，深圳大学是较早开展创业教育的大学。尤其是管理学院，更是把创业教育落实到人才培养方案中。我们认为创业教育是一种素质能力的培养，主攻几项技能是不可持久的，要深刻领会人才培养的本质，以发展成长为目标，构建人才培养体系。

1. 创业人才培育系统的关注点

创业生态系统运行的活力和可持续发展是基于"人"的因素，而不单是它不断完善的硬件设施。当前高校的创新创业教育生态系统虽然是为了培养人而打造的，但容易陷入形式，忽视了对"人"的关注而把更多的关注点放在了生态圈的宏伟建设上。

2. 高校创业教育的重点

创业教育的对象是大学生。他们绝大多数并不是真正的创业者，而是未来具有创业潜质的学习者，他们将来会成为创业推手和事业推手。创业环境的复杂性和综合性，要求高校把培养人才的核心点放在素（素质）和能（能力）上，包括人文精神、专业素养、创业思维等，而不是单纯的技能技巧训练。

3. 创业企业的时代特征未凸显

未来推动创业发展的主流是高科技创业，尤其是在以深圳为代表的珠三角地区。分析区域的创业企业特征可以看到，这一轮创业主体集中呈现出知识技术密集型的时代特征。

4. 管理学科专业创业人才培养的定位与作用

高校存在两大类创业教育：一类是专业技术类的创业教育，另一类是管理类的创业教育。管理类创业人才不同于专业技术类人才，前者不拥有电子学或新材料等有形技术，他们掌握的是有关组织管理与运营的知识，是一套使想法变为行动的无形"技术"，这类创业人才在创业过程中主要起到催化作用。因此，管理学科各专业创业人才的培养要突出管理学的特性。

二、"创业酶"人才素能培养系统构建

人才培养是复杂的系统工程，不仅要有课程体系载体，还需要各种资源协同支撑，再加上明确的人才培养目标与人才培养定位，才能构建出适当对应的人才培养系统。

1. 高校人才培养中的特殊群体——创业人才

在高等教育中最后能够真正成为创业者的是极少部分的学生，因此可以肯定这是一群有着特殊气质的学生。但这并不能影响我们对学生创新创业素能的培养。狭义的创业是创办企业，广义的创业就是用创新创业精神创造自己的美好事业。无论是哪一种解读，我们都希望创业教育能帮助学生找到自己的特长，成长为更好的自己。因此，教育需要深入了解需求，了解社会发展动态，引领新思维。教育方案制定者需要观察以往的活动、组织中各维度下的人才驱动机理，洞察关键要素，找准人才培养定位。

2. "创业酶"人才内涵与解读

所谓"创业酶"，是指在创业生态系统中起到催化作用，能提高创业效率，促进创业成功的人才素养。具有这种素养的人善于捕捉和利用机会，勇于行动，敢于承受必要的风险，在实践中学习迭代，能创造新的价值，进而实现自己创业或促进创业团队成长的目标。具有"酶"特性的人才，可以推动技术创新、新产品开发、新服务创造、新市场开拓，可以自身造就企业、成为企业家，也可以成就合作伙伴的企业、使别人成为企业家。简言之，"创业酶"人才在创业实践中能发挥两种功能：使未创业者具有创业的动力；使已创业者提高创业的效率。

3. "创业酶"人才素能培养方案

"创业酶"人才素能培养方案分为人才培养体制内设计（课程体系）、实践体系、平台构建、外部资源整合、保障体系六部分。回答了"为了谁""做什么""怎么做""什么周期""什么系统"的问题。（见图1）

（1）Who："创业酶"人才素能培养的主体。

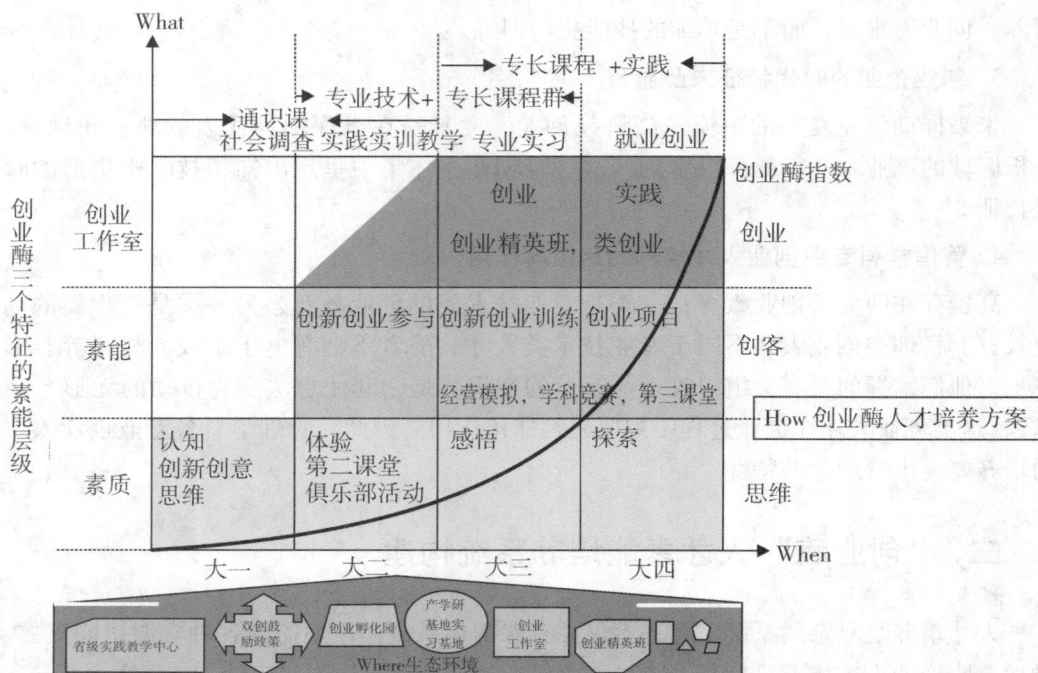

图1 "创业酶"人才素能培养系统示意图

深圳大学有90%的毕业生留在珠三角地区，而学生进入创业或参与创业的企业主要是知识型创业，因此，创业的成功不再取决于单纯的资源要素，而是取决于烘托产品的各类价值要素的组合，包括核心技术。这种时代特征更需要具有管理素养的人才。管理类人才掌握的知识不同于电子学、遗传学或是新材料这类"技术"，他们掌握的是另一种"新技术"，是将知识全新地应用到工作中去，使态度、价值观最终让行为发生改变的一种专有的知识，是关于组织的知识。它有管理学的特性，是一种系统化的创新。

在当前的共享时代，管理类创业人才在创业生态和创业有机体中能够起到类似于生物体中"酶"的作用，他们能够触发创业、提升创业效率，促成具有成长性的组织或机构。因此，管理创业教育也应致力于这类创业人才的培养，即"创业酶"人才培养。

（2）What："创业酶"人才素能培养的核心。

创业人才不都是天生的，而是可以通过后天培养的。"酶"特征的创业者有别于以技术创新为核心的创业者，他们是商业机会识别者，是催化剂、整合者。通过他们，好点子、好创意和新技术的商业化可以达成。因此，"创业酶"人才素能培养主要包括：①知识核心。正如管理大师彼得·德鲁克所说，"创新需要知识，常常需要大量的独创性"，创新需要既专业又广泛的知识。②行为导向。主要通过他们的观察判断、决策、合作沟通、学习、实践、专注等方面的能力来体现。③市场导向。他们能够利用和调动内外资源，促进目标实现，学会系统地寻找创新机遇，学会判断成功的机遇或失败的风险。

（3）How：落实"创业酶"人才素能培养的方法。

怎样将愿景化为现实？这是个管理控制的问题。首先，要建立师资队伍，在培养方案的各个节点配备资源。其次，以主题性工作为载体，建立学习成长过程中的项目团队，以里程碑计划为评测考核点。最后，遵循知识、认知、技能、素养、能力形成的规律，结合体制内学历教育的特点，最大限度地整合协同内外部资源，实现培养方案目标。

（4）When："创业酶"人才素能培养的生命周期。

时间与时机的把握是需要研究的另一问题。高校学历教育中的创业人才培养，是长效人才工程，是修炼内功，它有别于培训机构的短快技巧训练，因此教学要与现有体制融合，使创业不荒废学业。首先是时间的融合，即在适当的时间做该做的事，强调的是什么时候做。其次是认知规律的融合，认知是有规律的，素质能力的提升需要通过知识的学习并相应实践循序渐进。嵌入体制就是在高校的 1～4 年的时间表中发挥资源、平台、指导、规避风险的优势，给学生以时间整合校园资源，提高各种"创业酶"修养与专业技能，使创业人才的学业创业和谐统一。

表1 "创业酶"人才素能培养方案时间与逻辑表

规律	"创业酶"人才特征	素能培养方案		大一	大二	大三	大四
认知	1. 催化能力 （1）发起创业 （2）组织团队 （3）推进创业进程 （4）激发团队使愿景变为行动	通识课程群	解读知识点、小案例	▓			
			课内微创新活动，增强互动	▓			
			创新基地参访	▓▓	▓		
体验	2. 整合能力 （1）发挥专业之长 （2）沟通交流 （3）获取利用资源 （4）有效运行及管理，促进目标实现	专业技能课程群、创业专长课程群	创业课程学习，提出创新思维假设		▓▓	▓	
			半命题创新，完成策划文案		▓		
			鼓励立项		▓▓	▓	▓
感悟	3. 识别力 较系统地分析趋势，把握机会，识别风险，判断或选择解决方案	技能训练活动、创业模拟竞赛活动群	整合创业知识体系		▓▓	▓	
			选择创业活动及方向			▓▓	
			参与创业项目			▓	
实践与成果		创业企业运营工作室、俱乐部、创客空间	创业精英班（6届）			▓	▓
			8大学科竞赛（10年）		▓	▓	▓
			进入创业工作室、创业产业孵化园、创业部落（百余人）				▓

（5）Where："创业酶"人才素能培养的条件、平台和保障。

建设创新创业综合体验式平台是推进大学生素质教育和就业的新思路，也是从实战和实训角度培养创新创业人才的新模式。通过由政府、高校和企业联动提供体验场景，高校以及业界具有丰富实践经验和扎实理论的双型教师进行指导，通过团队建设、情景模拟、角色扮演、实践体验、总结提高等活动，让大学生真实体验和感受创业的全过程。创新创业综合体验式平台建设主要围绕5个子平台开展活动：创新创业管理平台、创新创业部落平台、创新创业竞赛平台、创新创业群英会平台、创新创业实战平台。它们共同构成了立体的创新创业综合体验式平台。

三、"创业酶"人才素能培养的影响与启示

对创新创业人才培养的探索与尝试也是一种创业，在系统构建与实施中，师生不断总结、提炼、反思、迭代、再行动，并取得了一些成效，有了一些可参考的体会。

1. 培养创新创业思维，有效达成学生创新创业素能提升

深圳大学管理学院在"创业酶"人才素能培养系统建设过程中，立足"创业酶"特性，侧重学生创新创业思维的培养；依据教学规律以及创业阶段特征，系统设计并提供素能培育系列课程、创新创意思维培养课程、创业思维系列课程、创新创业训练项目、创业精英班等项目；在"创业酶"人才素能培养中注重理论、实践的系统结合，进入培养系统的学生在创业方面的素质能力表现突出，拟成立多家公司并在创业大赛中获得多个奖项。

2. 创新创业教育，引起兄弟院校广泛关注

深圳大学管理类专业的创业教育独具特色，教育系统人才培养覆盖全校70%专业，选课学生中参与创业项目人数占50%。

深圳大学管理学院在"创业酶"人才素能培养系统建设过程中，也得到了学校各级部门的大力支持，其设计思路、方案在全国高校创业交流中引起广泛关注。5年来共有150多所兄弟院校在创业教育改革方面与深圳大学管理学院进行交流。

3. "创业酶"人才初步得到社会肯定，社会资源踊跃参与双创教育

深圳大学管理学院为地方经济建设提供优秀学生，"创业酶"人才在创新创业思维中的出色表现被各种媒体关注、报道。

据不完全统计，近5年来学院与企业共建长期实习基地20余个，接受企业邀约项目10余项。教师实践中开发研究案例20余项，部分实习基地被评为省级教学实习基地。企业积极通过校企共建实习基地、设立奖学金等方式参与"创业酶"人才素能培养计划，如"腾讯创业基金""好日子创业基金""南玻奖学金"等持续鼓励和资助学生侧重创业实践训练，并取得了良好效果。

基于学术研究的大学生九大能力提升

周志民　张良波　龚倩文
（管理学院市场营销系）

【摘　要】快速发展的社会需求和日益激烈的竞争趋势对大学生的能力培养提出了新的要求。对大学生而言，学术研究是一个非常好的能力训练过程。通过参与学术研究和撰写学术论文，大学生们能够训练九个方面的能力，包括洞察力、学习力、创造力、逻辑力、表达力、执行力、抗压力、持续力和协作力。

【关键词】学术研究　能力培养　提升路径

一、引言

在知识经济时代，创新驱动的快速发展模式使得社会对人才的能力要求日益高企；同时，每年近 700 万的大学生毕业，造成了巨大的就业竞争压力。在新形势下，只有顺应时代潮流，拥有全方位能力的人方能出彩，获得社会的青睐。学术研究本是一个不断创新、不断探索的活动，在提出问题、分析问题、解决问题的过程中要求具备一定的思考深度、逻辑性和创新性。将这种科研活动运用到大学生的能力培养当中，有助于培养大学生严谨的逻辑思维能力、全面看问题的能力及敢于表达自我观点的能力。本文首先提出新形势下大学生需要具备的九种能力，之后指出学术研究将如何帮助大学生提升这九大能力。本文的观点将为大学生能力的提升提供新的思路和路径。

二、九大能力释义

为了应对快速发展的社会需求和日益激烈的就业压力，大学生需要积极修炼内功，努力提升各种能力，从而最终提高自己的综合实力。通过长期观察，笔者认为以下九种能力对大学生非常重要。

1. **洞察力**（Insight Capacity）

这是一种发现并挖掘机会的敏感性。这种敏感性是大学生在具备扎实的专业知识以及长期的经验积累后能快速应用的知识体验。人们对事物本质的认识程度往往取决于其洞察能力的高低。肖川和胡乐乐（2006）认为学生在日积月累中培养起来的洞察力能够为他们提供一种审视事物、学理、学问的直觉。具备洞察力的学生往往能够在海量信息中沙里淘金，迅速感知事物本质，发现并挖掘机会。

2. **学习力**（Learning Capacity）

这是快速将知识资源转为知识资本的能力。未来学家埃德加·沙因说过："未来的文盲不再是不认识字的人，而是没有学会怎样学习的人。"一个人的学习过程，说到底是不断接受外界信息的过程，也是人脑不断升级换代的过程（张雪娇，2010）。他山之石，可以攻玉，学习力强的人，可以在更短的时间内向他人学到更多有用的知识和技能，同时将别人的知识资源转化为自己的知识资本，从而快速提高自己的竞争力。清楚自己的学习动机和目标、掌握恰当的学习方法是培养自我学习力的基本途径。掌握学习力的人，必然在学习过程中善于制订学习计划，善于进行时间管理，从而实现高效率的学习。

3. 创造力（Creativity Ingenuity）

这是提出新想法、发现和创造新事物的能力。创新驱动成为当今中国的国家战略，社会的进步需要层出不穷的创新来推动。在这样的背景下，创造力成为一个人最难能可贵的能力。创造力之所以有别于其他能力，是因为它的独创性和新颖性，具体表现为创新思维和探索精神。每个人身上都有创造力，而非少数特殊人才的专利，创造力可以开发（白晓玉，2016）。激发大学生的求知欲和好奇心、发展大学生的求异思维和联想能力有利于大学生创造力的培养。

4. 逻辑力（Logical Capability）

这是确定的、有条理的、有根据的推理能力。思维素质在人的综合素质当中处于基本甚或首要的地位，而逻辑思维素质又在思维素质中居于基本甚或首要的地位（张建军，2012）。此观点突出了逻辑力的重要地位，大学的根本要义是人才培养，而逻辑能力的培养是不可或缺的一环。逻辑力也可以理解为正确、合理的思考能力，逻辑的核心是知识和经验，因此深刻理解与灵活运用知识是培养逻辑力的关键。逻辑推理需要深厚的知识积累，这样才能给下一步推理提供依据。逻辑理性不仅有助于学生学习科学知识，形成求真讲理的思维品格，也有助于其形成理性思考的生活习惯。

5. 表达力（Ability of Expression）

这是良好的口头及书面表达能力。语言是工具也是资源，重视语言表达力的培养是社会各界对人才培养的共识。在现代社会，个体需要通过不断参与社会活动来实现自我价值和社会发展，而语言表达力是社会参与的重要工具。通常，语言表达力包括口头表达力和书面表达力：口头表达力可理解为口才，若口才不佳，即使满腹经纶，也是有口难言；书面表达力是一个人综合素质的重要内涵之一，在学习、工作、生活等各个领域都要用到内容充实、条理清晰、合乎逻辑的书面表达。

6. 执行力（Execution）

这是将想法付诸实践的能力。执行力强调"实"，天下大事必作于细，古今之事必成于实，讲究言践于行、知行合一。一件事情的成功不仅要靠精妙的创造力，还要靠脚踏实地的执行力。然而，人们往往过于重视创造力而忽视了执行环节的重要性，导致只想不做、知易行难的局面。个人能力是执行力高低的基础，而积极进取的态度和强烈的责任意识是执行力实现的关键。进取心影响执行效果的好坏，而责任心决定执行力度的大小。

7. 抗压力（Stress Tolerance）

这是遭遇逆境永不放弃的能力。激烈竞争的社会环境、自我定位的茫然、学习过程中的困难等都给当代大学生带来不同层次的心理压力，有人放弃、有人抑郁、有人沉沦，因此，必须培养良好的抗压能力才能完善大学生的健康人格。历史上，柳宗元被一贬再贬，直至永州司马，仕途落魄。然而其在逆境中心怀坦然、寄情山水，最终成为一代文学巨匠。"不经历风雨，怎么见彩虹"，重视对当代大学生的挫折教育，对其人格素养的塑造、健康心理状态的形成都具有重要意义。

8. 持续力（Durability）

这是专注和坚持的能力。《纽约客》作家马尔科姆·葛拉威尔在《异类》一书中指出："人们眼中的天才之所以卓越非凡，并非天资超人一等，而是付出了持续不断的努力。一万小时的锤炼是任何人从平凡变成世界级大师的必要条件。"这就是著名的"一万小时定律"。现实往往事与愿违，或因失去动力，或因身心疲惫，很多人的学习和工作表现为"三分钟热度"，中途放弃者大有人在。不能专注，无法成为专家；不能坚持，无法成为里手。在知识经济时代，持续发展的前提是终身学习，只有不断坚持和专注，不变初衷，方可卓越。

9. 协作力（Cooperation Ability）

这是团队合作、互帮互助的能力。当今社会的发展越来越"高精尖"，过去那种"单枪匹马干革命"的时代已经过去，现在越来越需要专业分工和团队作业。大学生作为未来社会的中坚力量，在学习期间具有成熟的团队意识和团队能力，一是可以适应未来社会分工与协调需求，将个体融入团队，发挥合力的作用；二是可以获得良好的性格塑造，在多维度团队中适应与他人交流，在合作中获得自身的成长和进步。

三、学术研究对九大能力的提升

蔡元培先生曾说："所谓大学者，非仅为多数学生按时授课，造成一毕业生之资格而已也，实以是为共同研究学术之机关。"毋庸置疑，学生在大学的学习，毕业文凭只是其一，在学习和研究过程中培养和提升多样化能力才是关键。眭依凡（2001）指出，参与研究工作获得研究能力的训练对学生十分必要。记住所学的知识并不是最重要的，重要的是获得独立的判断力和思考力，以及发展一套科学的思维框架。

1. 学术研究对洞察力的提升

大学生的洞察力在研究选题的过程中能够得到提升。选题是做学术研究的第一步，也是最关键的一步。一般来说，学生可以通过对现实的观察、大量文献的阅读等过程，发现并挖掘出有价值的研究选题。在对现实的观察过程中，需要运用理性概括出问题的实质，发现现象背后所隐藏着的有价值的研究点；文献是深入探讨学术的必要资源，在浩如烟海的文献中能够迅速而准确地找到对自己研究有帮助的文献资料，同时通过文献阅读提炼出有价值的研究选题，也是提升大学生洞察力的一个重要途径。

97

2. 学术研究对学习力的提升

对于一个从未做过研究的大学生，如何快速提高自己的科研水平？答案是靠学习力。在学术研究中，大学生在做文献综述、学习研究方法和论文写作方法的过程中能够明显提高学习力。比如，某一研究领域有哪些理论观点？通过做文献综述，学生可以很快掌握某一个领域的理论观点，学习力得到提升；又比如如何使用研究方法？通过仔细研读论文当中的研究方法，进而尝试使用这些研究方法来进行初步研究，可以帮助学生很快掌握研究方法；再比如如何搭建论文写作框架？不少经典范文提供了模板，关键在于学生自己是否能够领会其中的逻辑。经过学术训练，学生可以很快进入自己不熟悉的领域，知识体系完成"升级换代"，从而增强学习的自信心。

3. 学术研究对创造力的提升

一篇论文之所以能够发表，是因为论文中的创造力。理论创新是学术研究的生命。大学生要想发表论文，首先要思考的就是如何提出创新的想法。广告大师詹姆斯·韦伯·扬指出，创意就是"旧元素，新组合"，对于学术研究同样如此。研究若想有所创新，不仅需要扎实的理论基础和对学术前沿的密切关注，还需要培养思维的创造性和活跃度。打好基础，多多尝试组合，寻找最优创新点，是通过学术研究训练创造力的一条有效路径。

4. 学术研究对逻辑力的提升

经过科学、严格的逻辑思维训练，可以充分有效地提升大学生的逻辑思维能力（张萍，2016）。大学生的逻辑力在寻找论据的过程中得以提高。在研究过程中，有了新的论点以后，更需要有逻辑清晰、思维缜密、说服力强的论据对论点进行支撑论证。日本战略大师大前研一指出了从论据到论点的过程："不论多么庞大的资料、多么复杂的议题，我们都可以将其分类整理，然后从某些资料中找出证据导出结论，再把这个结论当作寻找下一个证据的数据——这种层层积累的方法，就是金字塔结构。而位于金字塔顶端的那一块唯一的石头，就是我们要的唯一结论。"对论据进行观察、比较、分析、综合、抽象、概括、判断和推理，就是在训练逻辑力。而训练逻辑力的最基本的方法就是不断地问"为什么"：为什么选这个题目？为什么提出这个假设？为什么用这种研究方法？为什么要写这部分内容？……当回答完"为什么"，我们的逻辑力就得到了很大的提升。

5. 学术研究对表达力的提升

表达力分为文字表达力和字面表达力，在一篇论文从写作到汇报的过程中，这两种表达力都会得到锻炼和提升。写作能力集中表现为语言组织能力和逻辑思维能力（侯占香，2016），口头表达能力亦然。把自己论文的思想、论点和意图用文字、语言清晰而明确地表达出来，并善于让他人理解、体会和掌握，就是在研究过程中锻炼表达力。在现实生活当中，有些人会说不会写，有些人会写不会说，真正能说会写的人不多。如何让读者或听众明白是表达力的根本要求。尽管表达力的水平一部分由先天决定，但后天的训练也相当重要。对表达力的训练，一方面要多读文献，做到心中有数；另一方面要多练口才，做到口吐莲花。

6. 学术研究对执行力的提升

做研究，要有想法，更要有行动，否则，好的想法永远不会见之于世。大学生参与学术研究的过程也是一个把想法付诸实践的过程。比如，一旦有了想法，就必须立即收集文献和数据开展研究，并且必须不断写作，还要不断投稿。这些过程都可以训练大学生的执行力。执行力强的学生，可能在大学本科期间就发表了数篇论文；而执行力不强的学生，可能找老师沟通多次也没有具体落地，最后往往不了了之。套用耐克的广告语，执行力就是要"Just Do It"（想做就做）。

7. 学术研究对抗压力的提升

由于高质量期刊的论文录用率很低，再加上现在的论文投稿量激增，因此论文被期刊退稿的情况时有发生，即使是教授也经常遭遇，更不用说学术功底尚浅的大学生了。此时，对论文的重新修改、反复琢磨，再次投稿，直到文章发表是一个非常考验抗压力的过程。当论文投稿无果时，如果学生能以一种淡定的心态来面对、以认真的态度来修改的话，他们的抗压能力将会得到大幅提高。人生难得都尽如人意，要把每一次被拒绝看成一笔财富，因为精彩总在前方。

8. 学术研究对持续力的提升

大学生的持续力会在持续钻研的过程中得以增强。学术研究是一项漫长且艰苦的长期行为，想要有所建树，就需要持续钻研的信念。研究很难一步到位，要达到成功的巅峰需要持续的努力。大学生本来就对某一领域的研究不熟悉，唯有持续聚焦在某个问题的研究上才有成功的可能。而且，一个好的学者从来就不是"打一枪换一个地方"，而是持之以恒扎根在某个学术领域，成为该领域的专家。大学生要想在某个专业领域有所作为，也必须沉浸在该领域的学习和研究中，不可轻易放弃或改变。

9. 学术研究对协作力的提升

由于研究的难度和个人的局限，学术研究往往是团队协作，只有跟其他成员保持良好沟通与合作，才能做出有价值的研究，发表较高水平的论文。有价值的学术研究通常是团队协作的产物：一方面，各人长处不同，有人擅长构思，有人擅长方法，有人擅长写作，需要取长补短；另一方面，各个成员的知识背景不同，对同一事物的认知深度不同，易产生分歧，需要有效沟通、化解分歧。为了保持长期合作，需要学会宽容、懂得礼让，这样才能推出高质量的科研成果。

四、结语

当前新形势下，社会对大学生的能力提出了更高要求，而学术研究是大学生提升能力的重要途径。对于大学生而言，学术研究的目的可能不在于提出什么观点，而在于训练了自己的各种能力。通过学术研究，大学生的九种能力得以提升，不仅能够为有志于将来在学术领域有所建树的人打下学术研究的基础，也有助于大学生在将来工作、创业等方面更好地发挥自己的才能，获得个人成长并服务于社会。因此，对学术研究感兴趣的大学生应该把握在校期间的机会和资源，尽可能地参与学术研究，使自

99

己的九大能力得以提升。

参考文献

［1］白晓玉．基于创造力理论的大学生创造力培养探析．才智，2016（25）．

［2］侯占香．新媒体时代大学生语言表达能力亟待提高．市场研究，2016（3）．

［3］眭依凡．大学校长的教育理念与治校．上海：华东师范大学，2001．

［4］肖川，胡乐乐．论研究生学术能力的培养．学位与研究生教育，2006（9）．

［5］张建军．关于全面实现"逻辑教学现代化"的几点认识．西南大学学报（社会科学版），2012，38（4）．

［6］张萍．创新人才培养视域下大学生逻辑思维能力培养路径探究．黑龙江高教研究，2016（1）．

［7］张雪娇．大学生的学习力及提升途径．教育评论，2010（1）．

创新创业教育的审视：政策与实践的背离[*]

潘燕萍

（管理学院工商管理系）

【摘　要】人工智能仿佛要把人类逐步挤出市场。在此背景下，创新创业教育具有深远的战略意义。政府一直大力推动创新创业教育的普及，然而，许多创业实践者甚至教师都对高校的创新创业教育持否定态度。本文尝试对举国上下开展得如火如荼的创新创业教育的教育现状、教育意义以及教育评价进行反思，提出创新创业教育应立足于长远的人才培养；从教育使命与开展方式等方面进行深刻反思，让学生真正体会到创新创业教育之实，而不是创新创业教育之名。

【关键词】创新创业教育　教育现状　教育意义　教育评价

一、引言

技术的进步推动新兴行业的产生，同时也残酷地淘汰陈旧的行业。2016 年，AlphaGo 以 4∶1 击败韩国棋王李世石的事实迫使大众真正开始认真地思考人工智能对人类未来生活方式可能带来的影响。事实上，这种影响现正以星星之火可以燎原之势渗入到生活的各方面。Frey & Osborne（2013）发表了《就业的未来》，指出在未来 20 年，美国 47% 的工作有很大的可能被计算机取代，例如到 2033 年，律师助手大概有 94%、导游 91%、面包师 89% 的概率会失业。麦肯锡全球研究所指出到 2055 年为止全球将会有 50% 的工作被替代。利用麦肯锡全球研究所的数据，日本经济新闻社与 *The Financial Times* 共同计算出 820 种职务中的各项工作未来有多少可能被机器人替代，例如大学教师有 15.8%，管理者 22.5%。

尤瓦尔·赫拉利在《未来简史》中提出了未来 50 年后可能出现"无用阶级"，意指没有任何经济、政治或艺术价值，对社会的繁荣、力量和荣耀也没有任何贡献的人群，人工智能要把人类挤出就业市场。[②] 然而，人工智能替代不了人类的创造力。人工智能不是上帝赐予人类的礼物，而是人类自身通过发挥创新潜能开辟与创造的。因此，可以认为具有创新能力的人正淘汰着故步自封的人。

在这个大背景下，创新创业教育毋庸置疑具有深远的战略意义。然而，一方面政府正大力推动创新创业教育的普及，另一方面许多创业实践者甚至教师都对高校的创新创业教育持否定态度，认为"创业不能教"。究竟创新创业教育在多大程度上可以影

　＊　本文系国家自然科学基金青年科学基金项目"'长尾'小微企业的成长障碍研究：基于机会—资源—能力视角"（71502114）、教育部留学回国人员科研启动基金"基于'动态企业家能力'的科技型中小企业生存成长机制的实证研究"、广东省哲学社会科学"十二五"规划"小微文化企业的成长困境研究"（GD14XGL32）。

　②　尤瓦尔·赫拉利. 未来简史：从智人到神人. 林俊宏，译. 北京：中信出版社，2017，293.

响创业行为？为什么如火如荼开展的创新创业教育不断受到质疑？下面从我国创新创业教育的现状、创新创业教育意义的反思以及创新创业教育的评价三个方面进行探讨。

二、创新创业教育的现状

从 1999 年 1 月国务院批准教育部发布《面向 21 世界教育振兴行动计划》，一直到 2012 年 8 月教育部颁发《普通本科学校创业教育教学基本要求（试行）》的十多年里，政府一直在探索性地、渐进地推行高校创新创业教育，并从 2012 年起，从政策上要求并支持创新创业教育纳入学校改革发展规划和学校人才培养体系之中。施永川（2013）、李伟铭等（2013）回顾了我国高校教育的十年发展过程。施永川（2013）把这发展历程分为基于创业实践的照搬模仿期、基于创业课程引进与改革的探索期、基于人才培养的创业模式的探索期、创新创业理念突破的成熟期[①]。李伟铭等（2013）则从教育内容的角度，认为我国创业教育经历了由创业竞赛至创业教育、由师资培训至学生培养、由课堂教学向多种模式转变、由知识传授向素质教育的转变四个发展阶段[②]。经过了这十多年政府的探求与学者的论证，我国面临的课题不再是 why——是否应该要在高等院校开展创新创业教育，而是 how——如何推进创新创业教育[③]。

自 2014 年李克强总理首次提出"大众创业，万众创新"后，2015 年国务院推出《关于深化高等学校创新创业教育改革的实施意见》，创新创业教育迅速地在我国各高等院校普及，甚至在全国掀起了创新创业教育"运动"。

下表总结了 2014 年至 2017 年我国创新创业教育相关的 17 个政策。从教育执行来看，这些政策要求有条件的大学创立创业学院，"从 2016 年起所有高校都要设置创新创业教育课程，对全体学生开发开设创新创业教育必修课和选修课，纳入学分管理"，明确了高职高专、本科、研究生创新创业教育目标要求，把创新精神、创业意识和创新创业能力作为评价人才培养质量的重要指标。从鼓励创业对象来看，这些政策鼓励大学生创业，农民工返乡创业，归国留学人员创业，同时也支持和鼓励科研人员、事业单位专业技术人员兼职创新或者在职创办企业、离岗创新创业等。从实施来看，要求高校开展课程设置、师资培训、教学方法、学籍管理等系统性的改革，同时从创新创业的优惠政策、场地和资金投入、支持服务等方面，结合校内外资源，构建教育、实训与实践的教育生态系统。从整体来看，可以说，我国的创新创业政策指导思想已从"选修"过渡到"必修"，同时，从基于就业的创新创业教育逐步向基于创新的创新创业教育迈进。

---

① 施永川. 我国高校创业教育十年发展历程研究. 中国高教研究，2013（4）：69 – 73.

② 李伟铭，黎春燕，杜晓华. 我国高校创业教育十年：演进、问题与体系建设. 教育研究，2013（6）：42 – 51.

③ 潘燕萍，王军. 高等院校创业教育的模式及成果评价研究：以深圳大学为例. 中国科技产业，2014（7）：42 – 45.

2014 年以来有关创新创业的相关政策

发布时间	内容
2014 年 5 月 13 日	《国务院办公厅关于做好 2014 年全国普通高等学校毕业生就业创业工作的通知》（国办发〔2014〕22 号）
2014 年 11 月 26 日	《国务院关于创新重点领域投融资机制鼓励社会投资的指导意见》（国发〔2014〕60 号）
2015 年 3 月 11 日	《国务院办公厅关于发展众创空间 推进大众创新创业的指导意见》（国办发〔2015〕9 号）
2015 年 3 月 26 日	《中共中央　国务院关于深化体制机制改革加快实施创新驱动发展战略的若干意见》
2015 年 5 月 1 日	《国务院关于进一步做好新形势下就业创业工作的意见》（国发〔2015〕23 号）
2015 年 5 月 13 日	《国务院办公厅关于深化高等学校创新创业教育改革的实施意见》（国办发〔2015〕36 号
2015 年 6 月 16 日	《国务院关于大力推进大众创业万众创新若干政策措施的意见》（国发〔2015〕32 号）
2015 年 6 月 20 日	《国务院办公厅关于印发进一步做好新形势下就业创业工作重点任务分工方案的通知》（国办函〔2015〕47 号）
2015 年 6 月 21 日	《国务院办公厅关于支持农民工等人员返乡创业意见》（国办发〔2015〕47 号）
2015 年 9 月 26 日	《国务院关于加快构建大众创业万众创新支撑平台的指导意见》（国发〔2015〕53 号）
2015 年 12 月 1 日	《教育部关于做好 2016 届全国普通高等学校毕业生就业创业工作的通知》（教学〔2015〕12 号）
2016 年 5 月 12 日	《国务院办公厅关于建设大众创业万众创新示范基地的实施意见》（国办发〔2016〕35 号）
2016 年 11 月 2 日	《教育部关于做好 2017 届全国普通高等学校毕业生就业创业工作的通知》（教学〔2016〕11 号）
2016 年 11 月 29 日	《国务院办公厅关于支持返乡下乡人员创业创新促进农村一二三产业融合发展的意见》（国办发〔2016〕84 号）
2017 年 3 月 23 日	《人力资源社会保障部关于支持和鼓励事业单位专业技术人员创新创业的指导意见》（人社部规〔2017〕4 号）
2017 年 6 月 21 日	《国务院办公厅关于建设第二批大众创业万众创新示范基地的实施意见》（国办发〔2017〕54 号）

103

（续上表）

发布时间	内容
2017 年 7 月 27 日	《国务院关于强化实施创新驱动发展战略进一步推进大众创业万众创新深入发展的意见》（国发〔2017〕37 号）

资料来源：笔者整理而成。

另外中国的创新创业教育一直都是由政府自上而下强势推进，而非基于市场需求，亦非立足于人格修养的层面来设计。从积极意义上看，创新创业教育能以破竹之势迅速地在我国各高等院校普及，促进集体性学习，并"形成科学先进、广泛认同、具有中国特色的创新创业教育理念，形成一批可复制可推广的制度成果"[1]。从消极的层面来看，创新创业教育在实践推广上问题百出。例如，高校之间教学实力与资源的差距使得创新创业教育的认知、教学质量与成果相差甚远。许多高校的课程内容陈旧[2]，"小老板型的教育"大行其道，出现了"大学生跟农民工抢饭碗"的现象。有些课程甚至误导大学生把创业等同于有利可图的投机主义。这些问题使得人们质疑创新创业教育的存在意义和存在方式。

三、创新创业教育意义的反思

今天，基本上没有人会质疑创新创业教育的重要性；然而，不少人却会质疑创新创业教育究竟在多大程度上能左右创业行为。组织的管理者无须学过管理学，创业者无须修过创业学——也能获得成功。这也许是实践性较强的管理教育在业界中普遍存在的认识误区。事实上，修习创业相关课程对成为成功创业者来说既不是必要条件，也不是充分条件。

《造福世界的管理教育》指出，当今企业已经成为世界问题的一部分，而不是解决方案的构成要素。世界不仅需要可持续经济，而且需要可持续企业。因此管理教育应在教育愿景、教育对象、教学方法等问题上做出根本性变革。商学院的管理教育不仅仅需要面向一小部分社会精英，还应在造福人类的共同价值观下培养利益共同体的所有参与者，包括中小企业的员工、公共部门、非营利机构、社会企业等组织的领导者，甚至初高中生等。在教学方法上，"讲坛圣贤"与案例研究法反映的是一种认知性的培养智能方法，这种方法可能仅在稳定的系统中是合乎情理的，但是却无法适用于波动性的情境。可以根据"学习—实践—反思"的逻辑，使用培养个人技能的实验式学习环境、实践式学习环境、亲历体验式学习、以价值观为基础的学习以及与学生共同创建培养计划等方法。[3]

---

① 参见《国务院办公厅关于深化高等学校创新创业教育改革的实施意见》（国办发〔2015〕36 号）。

② 例如，尽管国内外的学术研究均已指出创业者与管理者的特质并没有明显的区别，成功的创业者并不是天生的（潘燕萍，2016），但是据笔者了解，部分教材、课程仍然将"谁是创业者"的"创业者的特质"部分作为教学的重点。

③ 凯特琳·穆夫，等. 造福世界的管理教育. 周祖成，徐淑英，译校. 北京：北京大学出版社，2014.

创新创业教育属于管理教育的范畴，也应在使命与开展方式上进行深刻反思。与其说这是大众对创新创业教育意义的质疑，不如说是对现行创新创业教育的使命与开展形式的拷问。埃德蒙·菲尔普斯在《大繁荣》一书中通过总结西方国家的发展经验，指出国家的繁荣兴盛终究源自民众对创新过程的普遍参与，中国经济如需维持稳定增长，需要焕发创新所需要的活力①。多灾多难的以色列拥有世界上最高密度的高科技新兴企业，依靠的正是大众创新创业的力量②。

科技创新不一定造福人类社会。浮夸的投机主义终将祸害人类社会。创新创业教育必须立足于造福人类的普世价值观之上。同时，从创业实践的层面来反思创新创业教育的意义也许会提供一种新的视角。众所周知，在创新创业领域中，成功仅仅是小概率事件，失败却是大概率。根据国家工商总局企业注册局、信息中心颁布的《全国内资企业生存时间分析报告2013》，在2008—2012年的五年中退出市场的企业平均年寿命仅为6.09年，而寿命在5年以内的接近六成。可见，我国多数企业不具有"可持续发展性"，这种问题可以从创业DNA中寻找根本性的原因。

失败是知识增长的重要来源。创业是在高度不确定的环境下，克服资源约束创造价值的过程。在某个情境下成功创业者做了什么，很可能在另一个未知情境下起着相反的作用。重视且正视失败，宽容失败，学习失败经验，是创新创业教育的应有之义。因此，笔者认为在创新创业教育中，与成功案例中别人做了什么相比，失败案例中别人做错了什么更重要；与创业所需的知识传授相比，创新创业思维的训练更重要；与传授性的方法相比，体验式、反思式的教学更为重要。

四、创新创业教育的评价

由政府自上而下大力推动的创新创业教育模式由于需要进行定期的考核与评估，往往倾向于使用功利性与短期性的教学成果评价指标如大学生参加商业计划书的多少、创业模拟竞赛等活动的获奖情况、创业率的高低、项目的成功与否等。③ 高校的奖励设计、高校创新创业排名评价，基本上还是沿用了生产企业中运作良好的按件计酬思路来衡量。

特色班级的设办是创新创教育的常见模式。有些院校的特色班级已经难以维系，有些仍在学生绩点与实践成果的衡量标准中徘徊。这些特色班级也摆脱不了"获奖情况""创业率"等考核与评估的枷锁。对于报名加入这些班级的学生来说，与"希望

①　埃德蒙·菲尔普斯. 大繁荣：大众创新如何带来国家繁荣. 余江，译. 北京：中信出版社，2013.

②　丹·塞诺，索尔·辛格. 创业的国度：以色列经济奇迹的启示. 王跃红，韩君宜，译. 北京：中信出版社，2016.

③　潘燕萍. 从"自上而下"向"创业本质"的回归：以日本的创新创业教育为例. 高教探索，2016（8）：49－55.

获得创新创业能力的提升"相比，更重视"认识志同道合的朋友"的圈子作用①。事实上，许多学生参加各种创业项目比赛的目的不在于把创意想法转化成真正满足客户需求的商品或服务，而在于获奖项背后的激励，如奖金、学分或考研的推免资格。毋庸置疑，在参与比赛过程中学生的多种能力在不同程度上会得到历练，但是以此作为衡量创新创业教育的质量亦难免失真。

在政府自上而下推动的同时，早期也有大学尝试开展适合本校的创新创业教育模式。这些基于市场需求或者学生人格培养需求而开设的项目大多数不是由"教育 KPI"驱动②。例如，浙江大学管理学院在 1999 年创立了"创新创业强化班"，但本科毕业创业比例并没有超过 3%。然而，这些学生通过在国内外继续攻读硕士、博士课程后，基于创新驱动开展创业，在 18 年后，在近 1 000 名学生中已创造了 5 家上市公司。可见，只有立足于创新创业人才培养理念，才可能真正孵化出成果。本科四年的教育只是创新创业人才培养与成长的其中一个阶段，而不是最后阶段。高校更需要思考的是让学生真正体会到创新创业教育之实，而不是创新创业教育之名。

五、结论

经济学家熊皮特形容创新为一种"混沌的状态"，只有在百家争鸣的碰撞和百舸争流的激荡下才能让看似毫无相关的生产要素汇聚成"新结合"，酝酿出破坏性的创新。笔者认为开展创新创业教育，我们首先要承认求知过程中人类的无知，承认教育的有限性。创新，是对未知的试错与探求；创业，是开辟造福未来之新业。因此，创新创业教育更需要自由和开放的思想市场③。得当的创新创业教育不一定能够提高创新创业的成功率，但是也许能让潜在的创业者减少一些导致失败的行为。得当的创新创业教育无须立竿见影地促进创业率，更重要的是点燃学生心中对新事物探求的激情、对试行错误的宽容、对人类幸福且有尊严的生活的向往。

在人工智能正改变着世界的大环境下，创新创业教育目标不应局限于就业或者财富创造。被科技引领的世界不一定会通往幸福自由的道路。我们培养出来的创新创业人才应该能帮助我们的学生不会简单地被淘汰，让我们的学生能够在工作中寻找生命的价值，从而使由我们的学生引领的世界人类生活会更加幸福。在这样的前提下，创新创业教育更具特殊的意义。

---

① 这是基于笔者分析 2015—2017 年深圳大学管理学院创业精英班的报名志向的结果。这在一定程度上与 MBA 教育的问题如出一辙。对于毫无实践经验的学生如何教授创业？如何提升连续创业者的创新创业能力？如何帮助毫无创业经验的学生寻找创业领域中存在的科学问题？如何让学生真正体会到创新创业教育之实，而不是创新创业教育之名？这些问题都是值得在创新创业教育开展中深思与解决的。

② 深圳大学管理学院 2010 年成立的创业精英班也初步出现小部分毕业生走上创业道路的情况。深圳是创业之都，创业精英班也正尝试通过立足于深圳创新创业大环境探索人才培养模式。

③ 罗纳德·哈里·科斯，王宁. 变革中国：市场经济的中国之路. 徐尧，李哲民，译. 北京：中信出版社，2015：250–260.

基于合作学习理论的高校
创新型人才培养的行动研究[*]

罗汉洋[1] 李小玲[2]

（[1]深圳大学管理学院管理科学系；[2]深圳市华侨城中学高中部）

【摘 要】在当前的知识经济时代，高素质的人力资源是科技和知识创新的主体，是经济发展的决定力量。高等教育是知识经济时代人力资源开发的主要承担者和实施者。笔者在深圳大学创新研究短课《电子商务热点问题的实证研究方法论》的教学改革实践的过程中，基于人力资源开发的团队合作学习理论，对高校如何培养创新型人才进行了积极的尝试和探索。研究表明，在创新研究短课的教学中实施以学生为主体的小组合作探究教学模式，能够改进学生学习的方式和方法，通过让学生在互动交流和团队协作中对知识进行自主建构，能够培养学生对知识的运用与迁移能力、与他人进行沟通与协作的能力，并且能够使学生的创新能力和分析解决实际问题的能力都得到提升。本研究设计的小组合作探究教学模式，将为国内高校的创新创业教育和基于人力资源开发的创新型人才培养提供一定的借鉴意义和参考价值。

【关键词】合作学习 创新型人才培养 教学模式 行动研究

在当前的知识经济时代，高素质的人力资源是科技和知识创新的主体，是经济发展的决定力量。高等教育是知识经济时代人力资源开发的主要承担者和实施者。我国高等教育的任务是培养具有创新精神和实践能力的高级专门人才，发展科学技术文化，促进社会主义现代化建设。因此，创新型人才培养是我国高等教育的一项重要职能，是我国高校高素质人力资源开发的重要内容。

一、研究背景

2013 年 4 月 15 日，深圳大学为探索创新创业型人才培养新模式，营造探究式学习和自主学习氛围，激发学生创新思维，培育学生创新精神和实践能力，充分体现深圳大学办学特色，决定建设本科创新研究短课。4 月 26 日，公布首批确立的 50 门创新研究短课，其中，科研项目短课 24 门，专题研讨短课 26 门。作为一所特区大学、窗口大学和实验大学，深圳大学在国内率先提出并开始创新研究短课的探索和实践。2013 年 10 月 22 日，深圳大学将创新研究短课的类别进行了扩充，增设了专技实践短课和学院特色短课。2016 年 1 月，深圳大学确立了第四批 119 门创新研究短课，其中，科研项

* 本研究得到深圳市教育科学规划课题的立项资助（项目编号：ybzz16003）以及深圳大学教学改革研究基金的资助（项目编号：JG2016016）。

目短课 42 门，专题研讨短课 43 门，专技实践短课 23 门，学院特色短课 11 门。

近几年深圳在促进高等教育的发展方面持续加大投入。目前，深圳已建成 12 所高校，分别是深圳大学、南方科技大学、香港中文大学（深圳）、哈尔滨工业大学（深圳）、深圳职业技术学院、深圳信息职业技术学院、北京大学深圳研究生院、清华大学深圳研究生院、清华—伯克利深圳学院、暨南大学深圳旅游学院等，另外还有至少 11 所正在筹建或者洽谈。2015 年 5 月，深圳市对自身的城市定位重新进行了定义：建成现代化国际化创新型城市。创新型城市的建设离不开创新型人才的培养，而正在崛起的深圳高校应义不容辞地承担起培养创新型人才的重任。

目前，深圳大学的创新研究短课正在如火如荼地开展。不过，本应与短课教学同步进行的教学研究工作和创新型人才培养模式研究却严重滞后。从近年来国内获得国家级和省部级资助立项的教学研究课题中，几乎找不到对创新研究短课的教学模式、教学策略、教学方法和教学评价以及相应的创新型人才培养模式进行系统研究的课题。

笔者从 2013 年 4 月首轮开始，连续 5 年开设了创新研究短课《电子商务热点问题的实证研究方法论》，一直致力于相关的教学改革研究，试图为上述滞后现象的改变尽一点绵薄之力。

二、理论基础

（一）人力资源开发的概念

人力资源开发（HRD：Human Resource Development）的概念由美国学者 Nadler 提出，是指一个企业或组织团体在组织团体现有的人力资源基础上，依据企业战略目标、组织结构变化，对人力资源进行调查、分析、规划、调整，从而提高组织或团体现有的人力资源管理水平，使人力资源管理效率更高，为团体（组织）创造更大的价值。美国训练与发展协会（ASTD：American Society for Training and Development）认为，人力资源开发需整合训练与发展、职业发展与组织发展，以增进个人和组织的效率。Gilley 等认为，人力资源开发为组织安排的有计划的学习活动，经由提升绩效与个人成长，以改善工作内容、个人与组织。

（二）团体合作学习的理论

团体合作学习的主要理论基础是群体动力理论和多元智能理论。

群体动力理论认为，群体是成员之间的互赖性可以变化的动力群体。群体有三个要素：一是活动，二是相互影响，三是情绪。在这三项要素中，活动是指人们在日常工作、生活中的一切行为；相互影响是指人们在组织中相互发生作用的行为；情绪是人们内在的、看不见的生理活动，如态度、情感、意见等。活动、相互影响和情绪不是各自孤立的，而是密切相关的，其中一项变动，会使其他要素发生改变。群体中各个成员的活动、相互影响和情绪的综合就构成群体行为。

多元智能理论是由哈佛大学认知心理学家加德纳（Howard Gardner）于 20 世纪 80 年代提出的。该理论认为，智能是人在特定情景中解决问题并有所创造的能力。每个人都拥有八种主要智能：语言智能、逻辑数理智能、空间智能、运动智能、音乐智能、人际交往智能、内省智能、自然观察智能。每个人都拥有这几种智能，并都有一定的层次，每个人的各智能之间的发展又是不平衡的，因而不同的人往往表现出不同的优势和特长，将这些具有不同能力优势的学生组合在一起，不仅能提高小组活动的效率，更有助于每个组员的全面发展。

（三）创新型人才的培养

创新型人才是指具有创新精神和创新能力的人才，通常表现出灵活、开放、好奇的个性，具有精力充沛、坚持不懈、注意力集中、想象力丰富以及富于冒险精神等特征。

眭依凡通过提出并回答"培养创新型人才为什么很重要""我们大学在培养创新型人才吗""大学如何培养创新型人才"三个问题，讨论了大学培养创新型人才的重要性和紧迫性，分析了当前大学培养创新型人才存在的问题，然后结合美国研究型大学的成功经验，提出了我国高校培养创新型人才的对策。如采用科学的培养模式：教学制度方面，鼓励有兴趣的本科生参与科学研究；教育模式及方法方面，采用小型研讨班的形式，培养学生的学习积极性、主动性及其批判性思维、创造性习惯和精神。

钱国英等认为，培养创新型人才是高等教育的重要使命，合作性学习将大班理论授课与小组讨论、自主学习与合作性学习有机结合，重视在教学过程中强化创新能力的培养和综合素质的提高，把学生的认知过程从接受知识的初级阶段向认识、反思、产生新知识的高级阶段推进，把学生的思维方式从崇拜知识向挑战知识的创新型模式转变，有效实现创新型人才的培养目标。

三、基于创新研究短课的创新型人才培养模式

（一）创新研究短课

关于创新研究短课，目前尚无公认的定义。深圳大学首倡的创新研究短课，是一类为探索创新创业型人才培养新模式、营造探究式学习和自主学习氛围、激发学生创新思维、培育学生创新精神和实践能力的短课程，通常设置为 1 个学分，18 课时，6 周或 9 周完成课堂教学。

深圳大学设立的创新研究短课最初包括科研项目短课和专题研讨短课。前者是指，教师将科研项目带入课堂，转化为课程教学。以科研项目为载体，把科研项目蕴含的科学问题、研究内容、涉及的基本理论、先进技术和研究方法与手段融入课程教学中，传授学生从事研究、创新的方法和技巧。后者是指，由教师拟定与本学科、专业相关的学术主题或科学问题，并布置学生在课下查阅资料和文献，进行理论学习和研讨准备；课堂上由教师组织学生围绕该主题或问题进行研讨，并对分析问题和解决问题的方法进行训练。

笔者近五年来一直负责深圳大学创新研究短课《电子商务热点问题的实证研究方法论》的教学工作。该课程要求学生以调研小组为单位，对当前电子商务热点问题，

如信任、隐私、安全、物流、支付等，进行规范的实证研究。在教学过程中，引导学生通过有效的团队合作学习和充分的交流讨论，全面而深入地理解和掌握实证研究中的各个环节：文献阅读与综述、模型构建与假设提出、问卷设计与实际调研、数据收集与整理、数据的信度和效度分析、模型验证与假设检验、研究结果分析、管理启示挖掘，最后指导学生撰写研究报告、对小组调研报告进行课堂汇报。笔者在该短课的教学实践中，对高校创新型人才的培养模式进行了初步的探索。

（二）教学制度的改革

2015 年 9 月，深圳大学决定从 2015 级新生开始实施学分制收学费，与以往的按学年收学费或者按学期收学费不同，学分制学费由课程学分学费和专业学费两部分组成。课程学分学费每学分 100 元；专业学费根据各专业培养成本、专业特色和学科差异核算。学分制收学费的基本原则是：学生在标准学制内正常完成规定的毕业最低学分应缴纳的学分制学费总额不超过原学年制学费总额。这样，学业优秀的学生可能会少一些学费，因为有各种学分奖励，而且修满学分可以提前毕业；经常"挂科"的学生则有可能增加一些学费，因为重修学分要重新缴纳学分学费。在标准学制内，当学期所修课程的平均学分绩点排名在学生所在主修专业 5% 以内的学生，下一学期奖励 4 学分的课程学分学费；在 5% 至 10% 以内的学生，下学期奖励 3 学分的课程学分学费。深大还制定了《创新学分奖励办法》，对具有创新实践成果的学生奖励学分，并免收课程学分学费。创新学分是指全日制本科生在校期间，根据自己的特长和爱好从事学科竞赛、科研创新、创业等实践活动所取得的第一作者单位为深圳大学的优秀成果，经认定后被授予的奖励学分。如：笔者指导的一位本科生在创新研究短课调研报告的基础上，撰写了一篇学术论文，被 EI 检索，获得了 2 分的创新学分。并且，创新研究短课本身也计 1 学分，开课教师所在学院的学生所获学分可折抵专业选修学分，非开课教师所在学院的学生所获学分可折抵综合选修学分。

深圳大学上述学分制的改革措施，激发了一部分学有余力的学生的创新潜能。

（三）教学模式改革的行动研究

教学模式可以定义为在一定教学思想或教学理论指导下建立起来的较为稳定的教学活动结构框架和活动程序。作为结构框架，突出了教学模式从宏观上把握教学活动整体及各要素之间内部的关系和功能；作为活动程序，则突出了教学模式的有序性和可操作性。

教学模式的稳定需要一个形成过程。笔者在创新研究短课《电子商务热点问题的实证研究方法论》的教学改革实践中，对其基于团队合作学习的教学模式的形成过程进行了行动研究。

行动研究是一个周而复始的循环过程，每次行动研究都包括计划、行动、观察和反思四个环节，如图 1 所示。经过若干次循环，最终达到研究目标。

1. 第一轮行动研究

笔者在 2015 年上半年的创新研究短课的教学过程中，对基于团队合作学习的教学模式开展了第一轮行动研究。

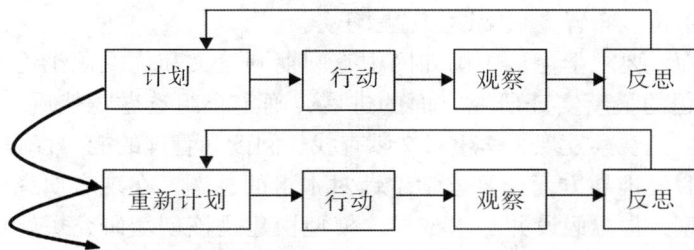

图1 行动研究的螺旋循环模式图

（1）计划。

在计划阶段，对创新研究短课《电子商务中热点问题的实证研究方法论》的教学模式进行了整体构思。

教学内容方面，遵循实证研究的一般范式，将课程内容进行模块化设置，包括以下九个模块：

A. 通过研究实例讲解实证研究的基本范式；

B. 文献阅读与综述；

C. 模型构建、假设提出及推导；

D. 问卷设计；

E. 问卷调查、数据收集与整理；

F. 数据的信度和效度分析；

G. 模型验证与假设检验；

H. 研究结果分析、管理启示挖掘；

I. 研究报告的课堂汇报。

本创新研究短课共18学时，每周2学时，按上述顺序依次完成其中的一个模块，连上9周。

教学方法方面，针对创新型人才的培养目标，基于人力资源开发的团队合作学习理论，确定采用小组合作学习的方法。为此，计划将申报本短课的26名学生分成了6个小组，其中有4个小组每组4人，另有2个小组每组5人。

教学评价方面，成绩考核方式采取课堂表现与调研报告相结合的方式，其中课堂表现占总评成绩的30%，调研报告占70%。课堂表现主要考察学生的课堂发言及讨论情况；调研报告主要考核学生对实证研究方法的运用程度、对电子商务热点问题的解析能力以及团队协作的能力，主要从研究的规范化程度、文献梳理的系统性、研究模型的创新性、数据收集的可靠性、数据分析的深入度、研究结论的可信度等方面进行评价。

（2）行动与观察。

研究范式讲解方面，用一个完整的实例，告诉学生如何一步一步地开展实证研究。观察发现，学生对实证研究的方法很感兴趣，尤其对SPSS的数据分析和LISREL路径图的绘制非常关注。该模块也是学生的试听课，没人退出。然后，要求学生自行分组，自由搭配，每组2~4人，最多5人。结果，实际分组情况与上述分组计划完全一致。

最后，以小组为单位，布置文献阅读和选题任务。

文献阅读方面，要求学生从中国知网中查阅期刊论文和优秀硕士论文，了解当前电子商务热点问题的最新实证研究方面的进展，确定小组选题。然后，聚焦于选题，深入阅读相关文献。观察发现，学生对文献查找、阅读和管理的能力普遍较弱。

模型构建和假设推导方面，要求学生针对本组的选题，在现有研究的基础上，构建自己的研究模型，提出假设并加以推导。模型构建是该创新研究短课培养学生创新意识和创新能力的关键环节。构建的研究模型，虽然要以现有的研究为基础，但不能是现有模型的简单重复，而要体现出与现有模型的差别，体现出自己的创新点。观察发现，6组中有3组构建的模型与现有模型的差别体现不够，有2组有所体现，还有一组构建的模型较有新意，但很难找到相应的文献支持，容易受到质疑和攻击。假设推导方面，大部分学生不能引经据典，用现有的文献来支持和推导自己的假设。

问卷设计方面，一般主张直接采用现有的成熟问卷，这些问卷已经经过了多次实证研究的检验。当然也要结合自己的研究情境，对现有问卷进行适当的改造。

问卷调查和数据收集方面，要求学生运用自己的社会关系网络，发挥自己的情商，尽可能发动自己的亲朋好友、同学熟人甚至父母辈的社交圈，参与问卷调查。观察发现，学生能够运用互联网以及现有的一些问卷调查平台开展网上问卷调查，并借助微信群、QQ群等社交网络扩展调研的范围。

模型验证和假设检验方面，要求学生运用 LISREL 等结构方程模型，画出路径图和模型验证图。

研究结果的分析讨论和管理启示的挖掘，需要小组经过充分的交流讨论，从一定的理论视角对研究结果进行分析讨论，并结合研究结果，创新性地提出相应的管理建议。观察发现，该模块需要学生具有较强的理论联系实际的能力，需要学生的创新思维。

研究报告的撰写和课堂汇报方面，更是检阅各组通过团队协作、合作学习和深入探究分析与解决实际问题的能力。

（3）反思。

第一，分组方面，采取了"自行分组、自由搭配"的策略，虽然组内成员的关系比较融洽，但也存在一些问题，如：有些组成员全为男生或女生、组间差别较大（个别组整体能力明显偏弱）、组内成员的互补性不够等，这对创新潜力的激发与挖掘产生了一定的负面作用。后续的行动研究中应该采用"组内异质、组间同质"的策略加以分组。多元智能理论倡导将具有不同能力优势的学生组合在一起，不仅能提高团队活动的效率，更有助于每个成员的全面发展。如果一个小组内，有的成员擅长口头表达，有的擅长书面表达，有的擅长人际互动和社会交往，有的擅长数据收集及分析等，那么这些具有不同能力优势的小组成员可以进行优势互补，通过合作学习，迸发出创新思维的火花。

第二，文献阅读方面，由于需要较大的阅读量，而小组成员若不能较好地分工，可能会产生较大的困惑。围绕选题，按主题的几个方面进行文献的分工阅读，然后再进行组内交流，也许会收到更好的效果。文献管理方面，组员对文献文档的梳理、存储、共享及运用不规范，最终导致调研报告中参考文献和标注信息的不规范和缺失。在后续的行动研究中，可教给学生使用文献管理工具软件，如 ENDNOTE 等对文献进行规范管理。

第三，模型构建方面，小组构建的模型要想与现有模型相比有所创新并非易事。扎实的文献阅读是关键，否则连自己提出的模型是否有新意都无法确定。创新模型的构建，需要小组成员之间的明确分工和密切合作，需要通过阅读大量文献对相关主题的研究现状及前沿进展有了相当把握后，再进行充分的交流沟通，才有可能完成。求异思维是一种宝贵的创造性思维，鼓励学生对现有研究成果进行质疑和批判性吸收。此外，为了寻求创新的突破口，可考虑指导学生在中介作用和调节效应方面进行切入。

第四，研究结果的分析讨论和管理启示的挖掘方面，需要集思广益、群策群力，深入分析现象背后的深层次原因，并针对研究结果，结合研究情境，提出能够体现创新意识的观点看法和管理建议。实证研究报告的撰写对本科生来说也是一个不小的挑战，需要小组成员分工合作。每位成员需承担其中某部分的写作任务，各位成员完成后的部分又需组合成一篇完整的报告。要做到整篇报告思路清晰、逻辑连贯、衔接自然、结构严谨、内容充实、观点明确，需要小组成员进行卓有成效的合作学习和共同努力。

第五，教学评价方面，采取了小组成员相同得分的方式，以体现这是团队共同努力的成果。但这也存在某些问题，如：小组统一得分，有平均主义之嫌，看似公平，实则不平，因为对于小组内的积极主动、表现优异者与消极应付、表现平平者给予同样的分数，实际上是不公平的。为此，可考虑在给小组研究报告一个统一得分的基础上，通过平时表现和平时成绩的差异化，实现最终总评成绩的差异化；或者对于小组共同提交的研究报告，也可以根据小组成员的分工情况、工作量大小及贡献程度，给每位成员一个差异化的得分。

2. 第二轮行动研究

在对第一轮行动研究进行深入反思的基础上，修订了第二轮行动研究的行动计划，然后进行再行动、再观察、再反思，最终形成比较稳定的基于团队合作学习的教学模式。现将相比第一轮行动研究的改进之处简述如下。

（1）计划。

在计划阶段，笔者对创新研究短课的教学模式重新进行了整体构思。教学内容方面，考虑到每个模块的知识和技能需要一个消化吸收和能力形成的缓冲过程，因此在每个模块的授课后设置了一周的缓冲期。为此，对原有的九个模块进行了优化组合，设置为以下六大模块：

A. 实证研究范式讲解、文献阅读与综述；

B. 模型构建与假设提出及推导；

C. 问卷设计与调查、数据收集与整理；

D. 数据的信度和效度分析及模型验证与假设检验；

E. 研究结果分析、管理启示挖掘；

F. 研究报告的课堂汇报。

上述每个模块 3 学时，共 18 学时，每两周上一个模块（其中一周上课，另一周缓冲休息）。

招募学生方面，第一轮行动研究中的学生人数为 26 人，偏多，不利于深入探讨。在第二轮行动研究中，设置了人数限制，仅招募了 16 人。根据"组内异质、组间同质"的原则，分为四个课题小组，每组成员按照性别、能力和个性（通过开课前的在线测试进行初步了解）进行合理搭配，使得组内成员具有一定的互补性，组间整体水平基本一致，这样有利于营造适合合作学习和创新思维的团队氛围。

（2）行动、观察与反思。

针对第一轮行动研究中的反思情况，采取了相应的改进性行动，并对行为过程及时进行观察，对出现的问题进行反思。群体动力理论认为，群体是成员之间互赖性可以变化的动力群体，而各成员的活动、相互影响和情绪的综合就构成群体行为。因此，在实证研究的整个过程中，引导各课题小组成员的积极探索、相互协作和正面情绪，从而形成积极向上、奋发进取和团结合作的团体行为，有利于学生创新潜能的激发、创新意识与创新能力的培养。此外，对实证研究的某些环节也进行了改进。如：文献阅读方面，指导学生按照主题的不同方面进行分工阅读，然后进行小组交流讨论；文献管理方面，引导学生熟练使用文献管理工具软件（如 ENDNOTE）；模型构建方面，鼓励学生在批判性吸收现有研究成果的基础上，构建比现有模型有一定改进的新模型，并以中介作用和调节效应为突破口寻找创新点；教学评价方面，采取差异化的评价策略，鼓励有创新精神的优秀学生脱颖而出，并带动整个小组的课题研究和协同创新。

上述两轮行动研究中的行动方案经过一定时间的磨砺和检验后，可融入一定的教学模式当中。笔者在创新研究短课《电子商务热点问题的实证研究方法论》的教学改革实践中，已摸索出一种基于团队学习理论的有利于培养学生创新能力的小组合作探究型教学模式，如图 2 所示。

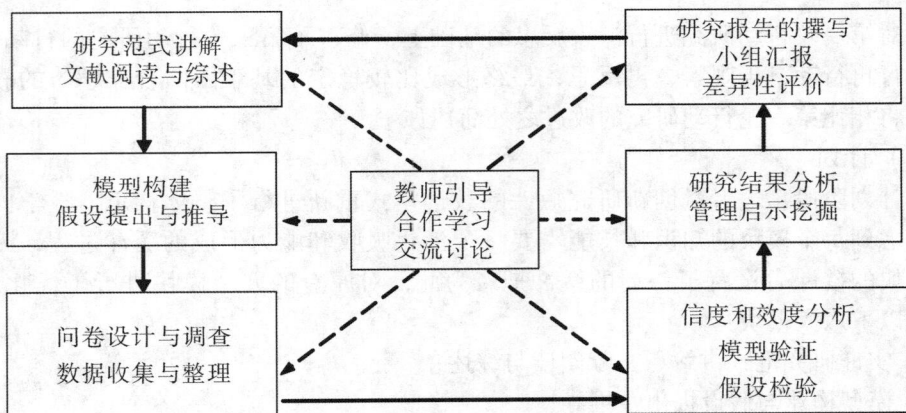

图 2 研究课题导向的小组合作探究型教学模式

四、小结

在当前的知识经济时代，高素质的人力资源是科技和知识创新的主体，是经济发展的决定力量。高等教育是知识经济时代人力资源开发的主要承担者和实施者。深圳大学为探索创新创业型人才培养新模式，营造合作学习和自主学习氛围，激发学生创新思维，培育学生创新精神和实践能力，充分体现深圳大学办学特色，近四年来陆续建设本科创新研究短课100多门。笔者在从事该校创新研究短课《电子商务热点问题的实证研究方法论》的教学改革实践的过程中，基于人力资源开发的团队合作学习理论，对高校如何培养创新型人才进行了积极的尝试和探索。理论基础方面，本研究运用了团队合作学习中的群体动力理论和多元智能理论，前者认为群体是成员之间互赖性可以变化的动力群体，而各成员的活动、相互影响和情绪的综合就构成群体行为；后者倡导将具有不同能力优势的学生组合在一起，不仅能提高团队活动的效率，更有助于每个成员的全面发展。研究方法方面，采用行动研究法：首先，通过笔者创新研究短课的切身教学实践，从中发现问题；其次，制订出进一步行动的具体计划，进行短课教学试验行动，将设想与计划付诸实现；最后，观察行动的结果并进行反思，将行动得出的教学模式进行推广应用，并对应用结果进行总结评价。研究表明，在创新研究短课的教学中实施以学生为主体的团队合作探究教学模式，能够改进学生学习的方式和方法，通过让学生在互动交流和团队协作中对知识进行自主建构，能够培养学生对知识的运用与迁移能力、与他人进行沟通与协作的能力，并且能够使学生的创新能力和分析解决实际问题的能力都得到提升。本研究设计的团队合作探究教学模式，将给国内高校的创新创业教育和基于人力资源开发的创新型人才培养提供一定的借鉴意义和参考价值。

参考文献

[1] NADLER L, WIGGS G D, SMITH S. Managing human resource development. R & D Management, 1988, 18 (3).

[2] HILLIGAS J, VAN W E, BARR J, et al. The ASTD reference guide to professional human resource development roles and competencies . HRD Press, 1992.

[3] GILLEY J W, MAYCUNICH A. Organizational learning, performance, and change: an introduction to strategic human resource development. Perseus, 2000.

[4] LEWIN K. Frontiers in group dynamics. Human Relations, 1947, 1 (1).

[5] GARDNER H. Frames of mind: the theory of multiple intelligences. Quarterly Review of Biology, 1985, 4 (3).

[6] 眭依凡. 大学：如何培养创新型人才——兼谈美国著名大学的成功经验. 北京青年工作研究, 2006 (12).

[7] 钱国英，白非，徐立清. 注重创新型人才的能力培养探索合作性学习的教学

方式．中国大学教学，2007（8）．

[8] 余文森，刘家访，洪明．现代教学论基础教程．长春：东北师范大学出版社，2007．

综合体验式的创新创业实践平台建设思考*

黄凯珊

（现代管理教学实验中心）

【摘　要】在"大众创业、万众创新"号召的指引下，国家、社会及企业对于创新创业人才的需求不断增加。深圳大学依靠"粤港澳大湾区"的政策优势和环境优势，地处特区，是全国高校中最早开展创新创业教育的大学之一。而作为培养创业者、企业家的管理学院，更是把创新创业教育落实到了人才培养体系中。在这样的背景下，管理学院提出了建设综合体验式的创新创业实践平台，力求进一步加强对管理学院学生的创新创业能力及素养的体系化培养。

【关键词】创新创业　体验式实践平台

2015年年底，教育部印发的《关于做好2016届全国普通高等学校毕业生就业创业工作的通知》指出，对有创业意愿的学生，开设创业指导及实训类课程；对已开展创业实践的学生，进行企业经营管理类培训；要广泛举办各类创新创业大赛，支持高校学生成立创新创业协会、创业俱乐部等社团，举办创新创业讲座论坛等。在"大众创业、万众创新"的时代背景下，高校为大学生打造创新创业教育平台，让他们在校学习期间充分体验和感受创新创业，对他们今后以职业或事业为目标的创新创业实践至关重要。

根据《深圳大学关于进一步加强创新创业教育工作的若干意见》文件精神，为进一步推进我校学生的创新创业教育工作，我校将开展"大学生创新教育发展计划"项目。该项目以学院为单位建设，针对专业发展特点和产业技术潮流设计本学院特色的创新创业教育体系方案，可把创新创业课程体系建设、大学生科技活动、创新创业教育发展平台等"打包"在一起，通过整合社会资源，实现科研与教学融合，专业与产业融合，为学生提供具有鲜明特色的创新创业教育整体方案，形成一院一方案，一院一品牌，一院一特色。因此，管理学院以此为契机，为学生打造全新的创新创业综合体验式平台，从实战和实训角度培养创新创业人才，进一步加强对管理学院学生的创新创业能力及素养的体系化培养，进而推进我校高质量的创新创业教育。

一、综合体验式的创新创业实践平台内涵

创新创业综合体验式平台以激发学生创新创业主体性为核心，以广东省经济管理

---

*　项目资助：深圳大学"大学生创新教育发展计划"项目：创新创业综合体验式平台建设；2016年度广东省高等教育教学改革项目：基于模拟实训的综合体验模式研究；广东省创新创业教育课程建设项目：创业决策模拟。

117

教学示范中心为依托，融合政府、高校、企业、公益组织资源，强调综合体验与实战，通过团队建设、情景模拟、角色扮演、实践体验、总结提高等活动，让大学生真实体验和感受创业的全过程，使大学生在亲身体验及实战中迸发创新创业意识、掌握创新创业知识、提升创新创业技能、锻造创新创业品质。为此，创新创业综合体验式平台建设侧重以下工作：①构建创新创业管理平台；②搭建创新创业部落平台；③强化创新创业竞赛平台；④组建创新创业群英会平台；⑤共建创新创业实战平台。（如下图所示）

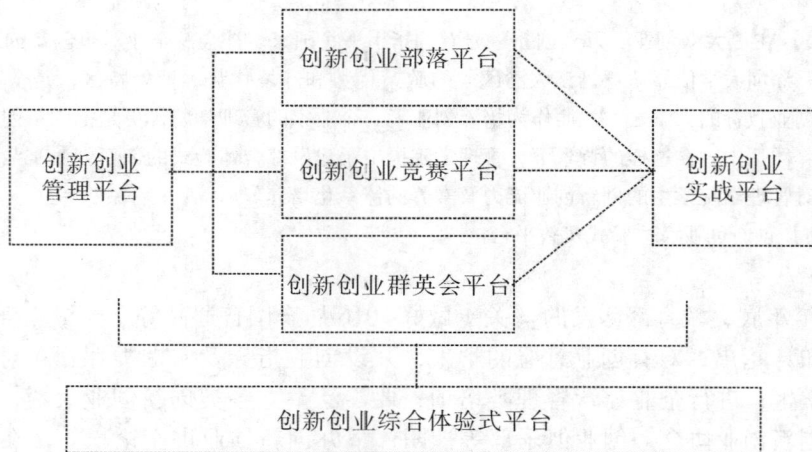

创新创业综合体验式平台图

二、构建创新创业管理平台

（1）落实学校相关政策，充分、全面地活用资源。学校已颁布《深圳大学关于进一步加强创新创业教育工作的若干意见》，给予创新创业实践活动充分的政策支持，管理学院将据此落实相关创新创业实践平台的筹建。

（2）制定本院规则，激发创新创业实践活力。管理学院将根据学校的指导精神，从学院实际出发，在原有实践经验的基础上进一步理顺创新创业实践指导规则，"引进来，走出去"，有效激发创新创业实践活力。一方面，邀请企业家、优秀校友、创业者等校外导师走进校园；另一方面，让我们的专职教师走向企业、走向社会，掌握最新动向，获得实战经验，有效带动学生穿梭于理论与实践之间。

（3）构建创新创业服务机制，以信息咨询助力创业。建立创新创业服务小组，提供创业全程指导服务，及时提供政策咨询。同时，畅通校企沟通渠道，建立在校和离校生创业信息跟踪系统，收集反馈信息，建立数据库，为开展创新创业教育和实践提供重要参考。

三、搭建创新创业部落平台

（1）整合学院学生社团资源，引导成立创新创业部落。管理学院丰富多彩的社团活动已经成为学生第二课堂的重要组成部分。利用管理类专业社团广泛性、自主性、个性化等特点，发挥学生自主作用，整合院内组织，搭建一个以学生创新创业为基础的部落组织。具体操作可以以管理学院的 ERP 俱乐部、创业精英班、创业管理协会、公益创客协会等组织为基础，建立联盟；以实验室为基地，成立部落。这样，创新创业综合体验式平台就有了组织载体。

（2）借助创新创业部落，整合引入不同学科专业社团。创新创业实践要以专业基础为背景，专业背景知识与管理类知识的结合更有利于迸发内涵式创意。因此，创新创业部落将广泛吸收和接纳不同学科的专业性社团，期待这些社团进驻部落，产生多元化的创意、创客、创业交流，促进创新创业实践互动。

（3）锻造部落内涵，促进社团化融合。通过部落资源开展商业比赛、创业讲座、创业沙龙、创业项目等创新创业实践活动，使原本来自不同社团的学生群体不断交流接触，让他们自发形成一些创作团队，并形成彼此间新的合作与分工。结合各自的专业特点，发挥各自优势，使学生原社团的边界逐渐淡化，直至消除，并组成新的团队更好地融入创新创业部落，从而获得内涵式创新创业体验。

四、强化创新创业竞赛平台

（1）整合赛事资源，提升竞赛质量。以管理学院实验中心为主体，进一步强化已开展的诸如互联网＋大学生创新创业大赛、挑战杯、尖烽时刻商业模拟挑战赛、企业经营模拟沙盘大赛、管理决策模拟大赛、学创杯创业大赛、营销好点子大赛、创新杯大赛、电子商务创新应用大赛及"时政精英"挑战赛、深创杯大赛等竞赛活动，扩大参与学生规模，提高竞赛质量，增强赛事影响力。创新创业赛事帮助学生实现理论联系实践，创业设想与创业实践的结合。在竞赛过程中参赛者在模拟创业环境下体验团结协作，综合运用管理、营销、财务等多方面知识，正确决策、科学管理、规范生产、有效营销，进行组织模拟运营，从而提升学生的创新创业能力。

（2）组建竞赛培训团，提供竞赛信息与服务。创新创业竞赛既需要师生的热情投入，也需要专业的培训。在管理学院已有竞赛指导队伍的基础上，本项目将探索组建竞赛培训团，专门为创新创业各类竞赛提供专业化的培训。培训团将由专业教师和历届参赛优秀选手组成，高标准、严要求，为参加各类大赛的团队提供培训。同时，培训团将有自己的线上服务平台，内容包括交流论坛、历届赛事信息、选手感想、赛事培训预约等模块。

（3）开展竞赛年度展览，有效激励创新创业竞赛活动。为激发学生积极参与创新创业竞赛活动，本项目将借助创新创业部落的组织载体，开展竞赛年度展览，陈列获得重要影响的竞赛团队成果，并邀请相关团队进行现场展示，增强体验感和参与感。

五、组建创新创业群英会平台

（1）多方协同，组建创新创业群英会平台。以管理学院为发起方，借助创新创业部落、MBA 校友会等组织资源，汇聚社会各界创新人才，邀请包括企业管理者、创业人士、优秀校友、富有管理经验的政府官员、公益事业负责人等走进校园，打造创意、创新、创客、创业、创投人才的交流契机，构筑创新创业群英会平台。

（2）有效整合，创设群英会微信公众号。为了能够让更多优秀人才了解群英会组织，本项目将打造一个服务于群英会、有思想、有内涵的微信公众号，并定期线上推送相关活动信息或分享创新创业内容。同时，建立群英会微信群和群英会成员信息数据库，让大家可以有一个互相了解、沟通、分享的平台。

（3）用心打造，定期举办 MIE-talk 活动。MIE 是管理创新企业家（Management Innovation Entrepreneurship）的缩写，MIE-talk 意即管理创新创业交流。我们希望通过群英会平台定期举办 MIE-talk，更好地加强成员间的可持续性的互动，让学生从中获得更有价值的信息，开阔视野，逐步形成创新创业思维。一年大约举办 6 到 8 期 MIE-talk 论坛，每期邀请群英会内不同的嘉宾，分享经验，交流心得，共同打造一场创新创业交流的盛宴。

六、共建创新创业实战平台

（1）共建实验室，拓展跨专业实训。实验室是高等学校进行实践教学和从事科学研究的重要场所，在培养创新型人才和发展科学技术中具有重要的地位和作用。管理学院实验中心在 2012 年获批为"广东省高等学校实验教学示范中心"，利用这一优势，与相关行业企业共同建设实验室，实现无缝对接，建立相互渗透、相互依存的创新实践平台。同时，由于管理类学科的发展特点，传统的理论教学很难让学生去体验管理真谛。通过管理类跨专业综合实训环节的建设及拓展，以实践教学为突破口完善创新人才培养模式、突破时空的局限、缩短人才的培养周期，从而提高学生的专业知识应用能力、业务处理能力、交际沟通能力、组织协调能力、综合素质与创新能力。

（2）利用现代技术，开展"云创业"。"云创业"平台是已建立的一种大学生网络空间创业实践平台。该平台依托大学生开展创业实践活动而创建，是当前大学生易于接受的一种新型的创业教育模式和电子商务运行模式。这里提到的"云创业"，不同于现实中的大学生自主创业，它是运用完备的"云资源"，使大学生快速及时地获取相关创业的信息，整合可利用的教育和信息资源，在海量的信息中网罗到适合的计划或项目，较低风险地开启自己的创业之路。借助全国大学生"云创业"平台，实现教育资源和创业资源的共享，一所高校可与其他高校或企事业单位建立合作关系，为学生提供创业教育、创业机会和实训就业基地。

（3）借助特区资源，加强创新创业基地联盟。借助深大地处特区的优势资源，与社会、企业及政府紧密接触，与多样化的创新创业孵化器、创新创业基地形成联盟，有效地完成资源整合，共同培养创新创业人才。加强大学生创新创业基地平台建设，建立大学生创业实习基地、创业体验基地、创业孵化基地等。管理学院已建立了 32 个实习基地，并跟多个社会创新空间、创业孵化器等有密切的交流合作。我院也鼓励学生结合学业参观企业、访问企业家、开展人才需求调查等，积极鼓励学生到企业去，通过项目实战、项目孵化等方式，真正走进创新创业的真实社会。

七、结语

创新创业教育已经成为我国高等教育改革和发展的新趋势。在创新创业成为国家战略的背景下，在高校中开展创新创业教育要追求知行合一，在加强理论教育的同时，更要注重实践平台的建设，让学生在实践中提升创新创业的能力。我院提出的综合体验式的创新创业实践平台建设，是以国务院办公厅《关于深化高等学校创新创业教育改革的实施意见》为纲领，以《深圳大学关于进一步加强创新创业教育工作的若干意见》为指导，根据我院自身专业特点，整合各类创新资源和育人要素，结合创新驱动国家战略和地方经济社会发展需要，进行针对专业发展和产业特色的顶层设计，将创新教育融入人才培养全过程，形成具有鲜明特色的学生创新创业教育计划。综合体验式的创新创业实践平台，是新形势下的创新创业教育人才培养模式，其实施的好坏将影响着创新创业教育人才培养效果。因此，这一平台的建设需要我们积极转变教育理念，理论联系实践，融会贯通，相互促进，任重而道远地努力建立并逐渐完善系统的体验式平台，以期培养出更多更好的创新创业人才。

参考文献

［1］张忠臣，刘安庆 . 体验式创业教育人才培养模式建设研究 . 工会论坛，2011（1）.

［2］李震 . 经济管理类实验教学新体系构建 . 实验室研究与探索，2014（33）.

［3］黄凯珊，王小汀 . 商业模拟运营竞赛与实践教学相结合的培养模式探讨//李丽 . 基于应用型人才培养的高校教学改革探索与实践：深圳大学管理学院研究论文集（5）. 广州：暨南大学出版社，2013.

［4］黄凯珊 . 大众创新下的商业模拟实训探索//马卫红 . 我们重负的责任：深圳大学管理学院教学研究论文集（6）. 广州：暨南大学出版社，2015.

基于创业教学的创业模拟类课程建设思考[*]

崔世娟　陈丽敏

（管理学院工商管理系）

【摘　要】目前，我国高等教育已由精英教育向大众教育转变。高校创业教学课程的改革与创新急需紧跟"大众创业、万众创新"的发展趋势。本文将基于创业教学的角度，从创业模拟类课程的培养目标、特点及内容、课程建设思路和建设方案等方面探讨创业模拟类课程的教学改革与创新，以推动创新型、创业型人才的有效培养。

【关键词】课程建设　创业模拟类课程　创业教学

一、创业模拟类课程的培养目标

在 2014 年 9 月的夏季达沃斯论坛上，李克强总理提出要在 960 万平方公里土地上掀起"大众创业""草根创业"的新浪潮，形成"万众创新""人人创新"的新势态；2015 年的政府工作报告明确指出推动"大众创业、万众创新"。当前，"大众创业、万众创新"的理念正日益深入人心。在经济发展新常态的背景下，企业的发展越来越需要创新型、创业型人才。在国家相关政策的引导下，高校也持续开展创新创业教育。

创业模拟类课程是创新创业教育的重要组成部分，创业模拟类课程针对创业行为和活动，重点组织学生以小组的形式通过商业模拟软件对企业研发、生产、销售和运营等商业问题进行模拟实战，组织师生进行案例研讨，并邀请行业专业人士共同研讨产业的发展特点、发展模式、商业模式等问题，创建"以学生为主，教师为辅"的教学氛围，充分锻炼学生的自主学习能力、团结合作能力、创新战略思维能力、组织管理能力、分析问题能力和解决问题能力。创业模拟类课程着重培养学生的创新意识和创新精神，避免目前创新创业教育大多以面向小部分人为主的"精英式"教学的问题（孟庆楠，2017）。

二、创业模拟类课程的特点及内容

（一）创业模拟类课程的特点

一般来说，创业模拟类课程是指在教师指导下，学生模拟扮演某一企业角色或在

* 基金项目：广东省教学成果奖（高等教育）培育项目：基于商业模拟实战的创新创业教育模式探索；广东省高等学校教学团队建设项目：创业模拟；广东省创新创业教育课程建设项目：创业决策模拟；研究生教育创新计划项目教改项目：研究生商业模拟类课程教学效果评价研究；广东省高等教育教学改革项目：基于模拟实训的综合体验模式研究。

教师创设的一种情景中，把现实中的情境微缩到模拟课堂，并运用专用的教学器具进行模拟讲演的一种非传统模式的教学方法。与单纯的传统及实践类教学课程相比，创业模拟类课程具备如下特点：

（1）体验性。通过创业模拟类课程的开设，构建集情景依赖、模拟仿真、实战体验为一体的教学环境，为学生基本实践技能的培养与个性化的发展提供孕育的摇篮。让学生体验商业运营的"酸、甜、苦、辣"等滋味，感悟做人做事的道理。

（2）自主性。该类课程通过把单纯的理论教学转变为形象互动的模拟实践教学，让学生动手、动脑、动口，使学生不再是"容器"，而是创造者，是学习的主人。这充分体现了"学生学为主，教师教为辅"的全新教学方式。

（3）实践性。多位学者认为目前我国的创新创业教育存在理论与实践脱节的问题（尚晓燕，2017；李洪修，高珊珊，2017；卓泽林，赵中建；2016；刘景毅，2015；陈昕，2015）。随着企业对具有实操经验的学生的需求的逐渐加大，高校逐步注重对学生的实践操作能力的培养。而商业模拟实践类课程实现了从理论到实践的过渡，是将创业教育过程导向创业过程的创新性的教学方法（胡瑞，2015），被称作"动态的案例"，将是解决该理论与实践的矛盾冲突的有效途径之一。

（4）创新性。创业模拟类课程充分体现了理论与实践相结合的特点，是避免理论与实践的脱节的一种创新性教学方法。同时通过将现实中的商业运作微缩成真实性较强的商业模拟软件中，让学生获得了将理论知识转化为实践能力的机会。

（5）竞争合作并存性。企业运作的良性发展离不开各尽其职且团结合作的团队。因而，创业模拟类课程通过组织学生创建公司团队，让学生自己充分发挥其专业知识来经营公司，同时也要时刻迎接来自其他公司的商业竞争，建立正确的商业决策，以使公司获得利润最大化，从而锻炼学生的团结合作能力和发现、解决危机问题的能力。

（二）创业模拟类课程的内容

课程将针对学生在产业中的创业行为和活动，重点对企业研发、生产、销售等问题进行模拟并实战，并通过师生进行案例讨论，或与相关产业从业人员进行探讨及研讨，共同分析产业的发展特点、发展模式、商业模式等问题。

教学内容运用体验式教学方式，通过体验、反思、综合分析并再体验的螺旋式上升的学习方法，对创业情景中的各种因素如宏观环境、竞争对手、研发、生产、销售、财务等战略进行分析和决策，以通过模拟实战的形式提升学生的战略思维以及整合企业经营、管理思路。

在教学过程中，3～4名学生按照不同职能组成小组，创立公司，让参与者以CEO、CMO、CFO、COO以及CTO等角色领略并理解在多变而且竞争激烈的市场环境中公司运营的复杂性。这种模拟教学方式具有实操性、竞争性、对抗性、互动性及真实性。课程采用商业模拟系统，每一阶段结束后，所有公司的决策进入模拟系统运行，各公司随后获得决策结果。各公司通过权衡、博弈并且综合市场信息及自身经营情况进行下一阶段的决策，如此往复，学生会看到自己及竞争对手每轮对决的绩效。最后回合以某一指标来决定公司绩效的优劣。

课程通过以上内容的教学，使学生掌握创业企业的特点和发展模式，为学生创业提供理论基础、实操训练以及知识上的帮助和准备。

三、创业模拟类课程建设思路

刘利丹（2017）认为传统创业教育主要是通过施教者的言传身教，使被教育者在身心方面得到教育，其中尤为突出了教学过程简化、内容单一、学习者主体意识缺失、课程缺乏吸引力和生动性的不足之处。传统的创业模拟类课程的教学全过程以教授的备课、传授理论知识和考核学生的理论知识为主，学生则以接受理论知识为主，缺乏实践能力的培养与锻炼，师生之间的沟通交流也仅局限于每一课程的进行时和即将迎来课程结课考试前两个阶段（如图1所示）。

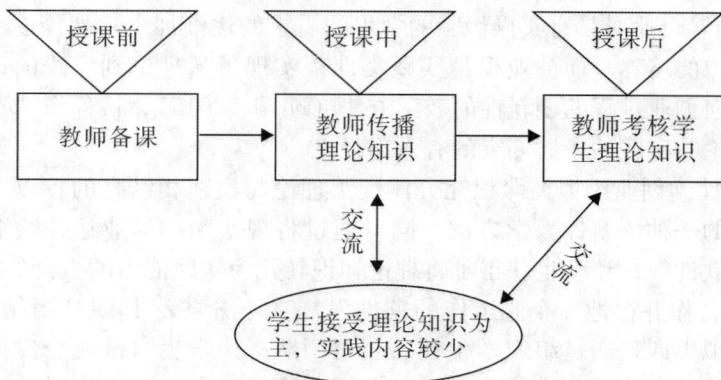

图1　传统创业模拟类课程教学过程

本文认为，实践性是创业模拟类课程的典型特征。创业模拟类课程从授课前、授课时、授课后都应紧紧围绕学生这一主体开展，而教师则是辅助指导的角色，从而对以往的创业教学授课过程均以教师为主的教学方法和思路进行创新性构建。因此，创业模拟类课程应以"学生为主，教师为辅"为教学思路，充分锻炼学生的自主学习能力、团结合作能力、创新战略思维能力、组织管理能力、分析解决问题能力和沟通解决问题能力。

创业模拟类课程在传授理论知识的基础上，应着重培养学生的动手、动脑、动口等实践能力，指导学生如何模拟组建、运营、管理公司，同时加强师生之间在课程开始前、进行时和完成后的交流讨论，以此来构建"学生为主，教师为辅"的创业模拟类课程，从整个授课过程全面提升学生的主体学习地位，提高学生的自主学习能力和团队合作能力，培养学生的创新意识和创新精神，使学生从实践中领悟企业家精神和企业家创新性的战略思维（如图2所示）。

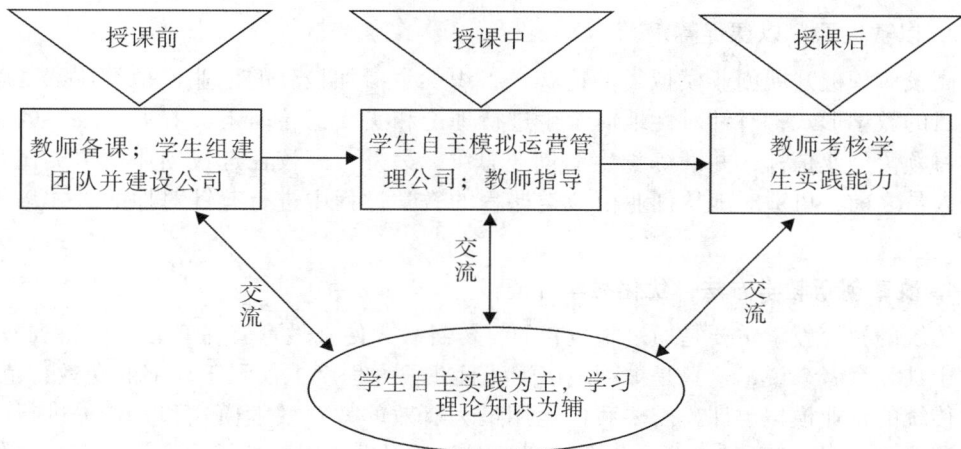

图 2 本文的创业模拟类教学课程建设思路

四、创业模拟类课程建设的思考

开发并完善创业课程内容体系应做到"因材施教"，根据不同专业、不同需求的学生对课程内容进行适当整合与调整，帮助学生在创业教育课程中获得自己真正需要的知识（孟庆楠，2017）。因此，根据创业模拟类课程的体验性、自主性、实践性、创新性和竞争合作并存性的特点，结合我国创新创业教育的实际情况，我们提出关于创业模拟类课程的以下思考：

1. 促进高校之间的创业模拟类课程建设的交流合作

我国高校的创新创业教育开始于 20 世纪 90 年代末期，起步较晚，但目前大学生创新创业教育已经受到社会和政府的高度重视，中央和地方政府也不断推出各种优惠政策，鼓励和支持大学生自主创业（刘景毅，2015）。"双创"理念的提出更是推动了各高校开展的创新创业教育的发展。因此，开设创业模拟类课程的各高校之间可加强课程建设和发展的交流学习，尤其要积极学习美国、英国等国外较早开始创新创业教育的国际高校的创业模拟类课程建设的优点。

2. 加强校企合作，进一步提升学生的实践能力

目前，有关创新创业教育的研究表明，我国的创新创业教育存在理论知识与实践脱节的问题，而加强高校与企业之间的"双向"合作是实现创业模拟类课程的实践环节最为有效的方法。一方面，学校与当地的企业合作，定期组织学生进入企业观摩和浸入式学习，让学生亲身体验企业的生产运营管理等实际情境，将在一定程度上提升学生将理论知识运用于实践操作的能力以及分析解决问题的能力；另一方面，学校也可将学生的创新性、创意性的好想法与企业达成一定的合作，从而实现学校与企业的智力和资源的"双向"流动，以此构建学校与企业之间的互利共赢合作体系。

3. 以赛促课，以课促赛

高校应积极开展创业模拟类的比赛，组织学生参加校外的创业模拟类比赛，以专项项目的教学形式，有针对性地对学生进行理论和实践指导，让学生从"做"的过程中学习领悟创业精神，并锻炼学生的创业思维。另外，高校在选拔创业模拟类比赛的参赛人员之前，可适时地从创业模拟类课程的教学过程中进行有针对性的人才培养和选拔。

4. 改革创新教学方法，优化教学环境

传统的教育教学主要是通过施教者的言传身教，使被教育者在身心方面得到教育。而对于被教育者来说，这只是被动地接受，且在很大程度上仅限于局部的受教育范围，因此传统的创业模拟类课程需要我们运用最为有效的教育教学模式和方式去进行改革和转型（刘利丹，2017）。开展创业模拟类课程，引进运用微缩模拟商业运营环境的模拟操作系统，教学过程由学生"主导"、教师"辅导"，提升创业模拟类课程教学的"大众化"、情境化、生动性和吸引性。

5. 加强兼具理论知识与实践经历的师资队伍的建设

有研究表明，高校创新创业教育除了存在学生层面的理论与实践脱节的问题的同时，不少参与创新创业教育的教师也存在理论与实践脱节的问题（尚晓燕，李洪修，高珊珊，2017）。高校首先应加强对校内理论型教师的实践能力的培养，有条件的高校可向教师提供实践机会，加强校企合作交流；其次，高校也应融合来自校内各学科、各部门的师资力量，促进创新创业教育团队的多样性，以引导学生学习领悟不同学科的知识，充分利用综合知识培养创新精神和创新思维；最后，高校应邀请来自企业一线且具有典型特征的企业工作人员到创业模拟课程课堂与学生进行交流讨论。

6. 完善创业模拟类课程建设保障机制

高校应根据自身的实际情况，因地制宜地构建全校性的、跨学科的创业模拟类课程体系，同时保障创业模拟类课程的创新、可持续开展的规章制度。

参考文献

[1] 孟庆楠. 高校创业教育课程体系构建研究. 才智，2017（18）.

[2] 尚晓燕. 从虚拟公司到创业公司的工商管理实践课程建设思路探析. 西部素质教育，2017（6）.

[3] 李洪修，高珊珊. 美国大学创业课程建设的耦合机制分析——基于校企合作的视角. 中国高校科技，2017（8）.

[4] 卓泽林，赵中建. 高水平大学创新创业教育生态系统建设及启示. 教育发展研究，2016（3）.

[5] 刘景毅. 高校大学生创业教育施教现状与优化策略. 新课程研究（中旬刊），2015（6）.

[6] 陈昕. 基于高校创业课程设置与教学的若干思考. 科技创业月刊，2015（6）.

［7］胡瑞．高水平大学创业教育发展策略——以剑桥大学为例．复旦教育论坛，2015（2）．

［8］刘利丹．互联网环境下高校创业课程改革．绍兴文理学院学报（教育版），2017（1）．

探索商业模拟实训对大学生的作用与效果

——以商道系统为例[*]

黄凯珊　吴国辉　陈钦城　卢绣帆

（现代管理教学实验中心）

【摘　要】本文以团队参赛者的视角，围绕商业模拟实训展开，介绍了商道（PREMKING）系统，探讨了竞赛系统获胜的六项关键要素，并以战略视野提出竞赛中的两大主流运营决策策略。同时，团队以2017"创新创业"全国管理决策模拟大赛（以下简称"商道"大赛）总决赛为背景分享了赛事过程中的心路历程，最终总结出举办商道竞赛对大学生学习商科知识的作用。

【关键词】管理　商业模拟实训　商道平台

一、商业模拟实训

1. 商业模拟实训的概念

商业模拟实训是以数字化货币和产品为媒介，模拟真实商业环境和商业行为的新型教育模式。在高校教学过程中，学生通过商业模拟技术，按照企业角色"身临其境"地体验自身在企业岗位中的职责和作用，并根据自身角色和其他角色协调作业，共同针对模拟运营过程中出现的问题进行分析和评估，以做出有效的应对决策，加深对掌握的知识的理解和运用，并提高发现问题、分析问题、解决问题的能力。

2. 商业模拟实训在国内外的发展状况

商业模拟最早出现于西方发达国家，经过长期的发展，国外关于商业模拟的研究相当广泛，成立了多家商业模拟学术组织，进行商业模拟研究的交流。同时，模拟实训作为一种重要的教学方式，在国际知名院校已被广泛应用于教学。以沃顿商学院为首的多所高校已完成了二十多门商业模拟实训课程，并在多方位教学领域中广泛应用。

我国初期的商业模拟应用大部分直接引自国外现成系统，但由于模拟实训系统不适用于国内经济背景，故很多高校开始自主研发模拟实训系统。直至近年来，在国内高校中，商业模拟教学开始推广应用，部分高校甚至开始设立模拟教学实验室等高信息化教学实验室，以增强模拟教学效果。在高校实验室中，用友、金蝶、派金等企业软件的应用较为普及。

---

　　* 项目资助：2016年度广东省高等教育教学改革项目：基于模拟实训的综合体验模式研究；广东省创新创业教育课程建设项目：创业决策模拟；广东省教学成果奖（高等教育）培育项目：基于商业模拟实战的创新创业教育模式探索。

商业模拟实训借助计算机技术和信息处理技术，模拟真实而复杂的企业经营环境，在验证企业策略的同时，也大大降低了尝试成本，对企业运营模拟有着极为重要的意义。

二、商道系统概况

商道（PREMKING）是由上海派金信息科技有限公司研发，为高等教学和企业培训服务的一款电子化的商战模拟仿真系统。平台由客户端和网页两部分组成，学员在客户端上进行决策提交，教师通过网页端对学生的模拟结果进行处理。

在商道系统中，三个学生组成一个小组，扮演一家上市的生产制造型企业的负责人，在预测市场预期和竞争对手的战略选择后，做出多个决策输入，程序会立即显示出模拟结果，学生可以在规定时间内进行多次模拟决策，做出自己满意的模拟结果。

在所有学生提交了一期的决策数据后，所有人将得到本公司在这一年的经营成绩报告，报告包括：公司财务报表，产品成本盈亏平衡分析和一系列有关生产、销售、存货、运输、市场的分析；同时也会收到关于行业和对手情况的三个报告。所有这些报告是学生制订下一年度公司经营计划的重要依据。

1. 商道系统平台的分类

商道系统由三个平台组成，分别是茶馆论道、商道竞赛系统和商道教学系统。其中用户数量最多的为茶馆论道系统，主要为学生自学、热身、演练所用，系统参数无法调节，公司破产不减市场需求；商道竞争系统为全国大赛准备，仅在大赛期间开放，后台参数全部无法调节，公司破产将会减少市场需求；商道教学系统为校内开课教学使用，后台参数教室可以全部调节，根据教学需要决定是否增减需求。

2. 商道系统的操作方式

以茶馆论道系统为例，学生需要注册茶馆账号并且安装客户端，教师需要在茶馆论道系统上设定每一期的决策处理时间，以最后一年的累计成绩作为最终结果，在模拟市场之中，每个小组需要分工明确、目标一致才能在激烈的竞争中脱颖而出。一般情况下，累计利润最高的企业得分最高。

3. 商道系统的模拟要素

在商道系统中，小组成员接手的是一家有着 1 亿元销售额的全国性企业。公司在长三角的工厂拥有每年 100 万件"E-go"的生产能力，环渤海工厂则具备了年产 300 万件的生产能力。设立在长江三角洲、环渤海地区和珠江三角洲的仓库来保证这三个全国最大的市场的产品供应。公司在上海证券交易所上市，小组成员接手时公司的股价达到 15 元/股，流通股为 600 万股。小组成员将全权负责公司产品的销售价格、产品质量、客户服务、销售渠道，最终系统将通过销售收入、税后利润、投资回报率、债券等级、股价和战略评分这六大指标给各组的成绩列出排名。

4. 商道系统的运作状况

以商道系统作为竞赛平台的全国管理决策模拟大赛，由教育部高等学校工商管理类专业教学指导委员会指导，全国管理决策模拟大赛组委会主办。大赛旨在推动高校经管类实验教学改革，强化实践教学环节，促进学生的能力培养，使学生在实践中深入掌握和运用企业经营管理及决策知识，剖析企业运作过程，提高创业与就业的实践能力，进一步提高本科教学的质量。该赛事自 2009 年首次举办，全国近 800 所高校超过 50 万人积极响应。2017 年大赛自 2016 年 9 月启动，据统计，全国 700 多所高校3 100多支学生团队踊跃参与。

三、商道竞赛理念

目前的商道系统主要分为流程型和决策型两大类。流程型系统侧重于每一步的正确性，更加注重过程，比如用友商战系统，学生必须操纵公司每一季度的运营方向，甚至可以说一步操作上的失误就能断送全局；而决策型系统只需要学生对系统进行宏观把握，从战略的眼光统筹全局，一期的决策可以多次调试，从而避免了操作上的失误，把更多精力投入到战略和战术选择上。接下来笔者将主要介绍商道中的两大流派以及六大评分指标。

1. 两大流派的战术选择

商道系统经过长时间的发展，目前演化出两大主要的打法流派：一是主打高质量产品，简称高质，打法较为稳健，优点是库存压力小，财务状况较好，企业运营风险小；二是主打高款式产品，简称高款，打法较为冒险，优点是产能较大，对于市场的控制力更强，在供不应求的市场中适应能力较强。在两大流派下面还分出多种产能方案和营销方案，彼此之间组合更是能派生出数十种战术。目前，在商道比赛中，高质和高款这两大流派势均力敌，同一个行业中，只要选择同种流派的人越少，那么这种流派就更有优势，因为他们相较于人数较多的其他流派来说，有差异化的优势。在开局时选择一种流派之后一般不能转变打法，在商道比赛中，追求最优值才有可能胜出，中途易辙将无法和开局时选择同种流派的公司相竞争。

2. 六大评分指标的分析总结

六大评分指标占比不一，分别是：销售收入 15%、每股收益 20%、投资回报率25%、债券评级 10%、投资回报率 15%、战略评分 15%，共计 100%。

（1）销售收入：以最后一年（一般为六年）的总和计分，大产能开局的企业占优势，销售收入由产品定价和售出产品数量决定。由于定价越高，售出数量越少，企业必须在两者之间取得平衡，对于高质来说，在这部分比分上不占优势，因为产品定价较高，售出数量远远少于高款。尽管高价会售出很少的产品，但是只要库存压力较小，那么高价出售是划算的，因为企业以同样的成本，售出高价，意味着企业的利润率会更高。当然要考虑接下来几年的市场趋势，对于高款来说同理，但是高款对于价格十分敏感，微小的提价就会导致大量的囤货，所以侧重于数量会更有优势，应看重规模效应，薄利多销。

（2）每股收益：六年的总利润除以六年的发行总股数为每股收益，要想得到这部分分数，企业一是要做大总利润；二是要尽量少地发行股票。但是发行股票同样具有必要性，在前期股价较高的阶段发行股票可以帮助企业融资，保证资金流的平稳，同时提升企业的权益，避免在后期竞争激烈的情况下权益不足导致企业破产。当然假如市场接下来供不应求，一片大好，企业应该尽可能地回收股票，实现每股收益的最大化。总而言之，决策应该基于市场预期。

（3）投资回报率：计算公式为：ROI =（净利润 + 利息费用）/（债务及所有者权益总和 − 应付账款）。投资回报率的最主要的影响因数是产能、股票和利润，其次是现金和债务。同样的利润，产能越小意味着所有者权益越小，投资回报率越高。同样的利润，股票越少，投资回报率越高。最核心的还是利润，大产能企业在市场春天的时候，利润是可以远超小产能企业的。本身小厂的操作空间有限，在大市场中很难和大厂的盈利能力相抗衡，这也是大产能的高款相较于小产能的高质来说最大的优势。除此之外，为了提高投资回报率，还应该将现金、债务持有量降到最低，债务 + 所有者权益总和 = 总资产，而现金、债务是总资产的一部分。

（4）债券评级：系统只计算最后一年的债券评级，但是每一年的债券评级都影响贷款利息率，它的影响因数有三个：

①利息保障倍数：企业税前及息前盈余除以利息总额的比率。

②资产负债率 = 总债务（债券和短期贷款）/总资产。

③战略风险指数。

根据三大因素可以判断，只要债低，债券评级自然就高，如果企业债务太重可以考虑发股融资，但是发股会引起连锁反应，首先会增加股东资本，进而所有者权益增加，降低了投资回报率，发行股数的增加还会降低每股收益，所以这几个指标需要平衡取舍。

（5）股票市值：等于股数和股价的乘积。不同产能的企业对于这部分指标有不同的操作，对于小产能企业而言，资金压力小，发行股票数量少，所以利润必须比其他企业高，这样股价才能高，但是遇到市场供不应求时，甚至可能很多家企业的股价都暴涨到 999（商道股价上限），那么较低的股数就没有优势，反之，大产能企业资金压力大，发行股数较多，一般股价较低，但是市场春天时股价上涨的空间更大，这也说明了不同的战术在不同的市场情况下，待遇会大相径庭，所以必须一切从实际出发。

（6）战略评分：即后三期的平均分。战略评分主要评价一家企业的知名度，实行差异化战略的企业往往能拿到高分。比如产品质量高的企业能拿到高产品质量的分，但是市场份额的分数基本没有机会拿到，因为质量高会导致销量低，两方面都强求不仅给企业造成巨大的负担，更可能使这两部分的分数都难以保证，产能大的企业很难保证每一件产品都是高品质。所以在商道系统中，走某一方面的极致路线才有可能取胜。

3. 战略博弈与实战技巧

只有适应市场趋势的战略才是有意义的战略。要看清局势必须有一套成熟的分析方案，而计算市场供需比就是其中必要的一步，供需比 = [（全行业产能 + 预期扩产 − 破产公司产能）×1.12 + 预期库存 − 破产公司库存]/预期需求。供需比对于判断市场的供需形势最为直观，一般来说，供需比大于1.5，在接下来几年没有破产企业的情况下，将来的市场竞争会愈加激烈。供需比最好连续计算两年，把握整体的市场走势，这对于产能增减和销售方向的决定十分重要。其他分析市场的公式还有很多，在实操之前，通过 EXCEL 制作模型有助于战略的推演和辅助计算。

最新的商道八系加入了股票投资系统，这部分系统的资金不影响运营板块，但是企业的运营情况会反映到股价上。股票投资收益越高，这部分得分就越高，每家企业初始资金相同，可以投资自己或投资竞争对手的企业。投资板块的加入增强了系统的博弈强度，不仅要关注自己企业的发展，还要结合市场走势关注其他的企业。

四、决赛历程实录与学生团队感悟

1. 赛前集训

赛前集训的一周里，我们团队以每日一场团队快赛加上每周两场个人慢赛的训练强度进行训练。在快赛结束后，我们会对六年运营数据加以分析，并以书面形式总结归纳比赛，提出每个情况下更优的解决方案。在比赛期间有疑问时则优先队内讨论，再求助师兄师姐或商道道友。赛前的集训十分考验团队精神，队员自制力要高，目的性要强，要更注重团队合作，我们知道集训的目的在于提高全队综合实力。从中午12点到晚上9点，我们在快赛、慢赛、赛后总结之间不停重复。这一周里，我们的训练进行得并不顺利，系统排名总是在第六到第八之间徘徊，竞技状态不太稳定，这与我们定下的目标——保一争特（保一等奖争特等奖）还有一些差距。我们尝试了请师兄回来指导总结、最后一天停训调整状态的方法，任何一种方法的尝试，都是为了能让大家的心态更加平稳。集训期间大家的情绪都比较平稳，虽然期间也有低沉的时候，有拿不定最终经营方案（高款或高质）的时候，有犯低级错误的时候，但无论每场快慢赛结果如何，所幸我们都能坚持下来并有规律地训练。

2. 启程：深圳至浙江

本次全国总决赛在位于浙江嘉兴的同济大学浙江学院举办。在出发浙江之前，我们做了充足的准备，确定了集训的时间、出发行程和旅游及比赛物资，在这一过程中，我们深切地感受到了学校对这项比赛的支持，助理和老师不仅关注我们的训练条件，还特别关心我们行程中的安全问题，帮我们买好了保险和药物，甚至对于食物的喜好都非常详细地询问我们。正是在他们的帮助下，我们参加比赛的三人才能够专注于系统训练，满怀信心地踏上国赛的行程。21日我们从深圳出发，乘坐10小时高铁前往浙江嘉兴。

3. 嘉兴问道

7月份恰逢江南的伏旱天气，户外40度的高温着实让人感到不适，空气中蒸腾着的热气实在让这江南水乡风情尽失。所幸我们住的酒店环境很好，离比赛场地也近，有幸避开了骄阳的炙烤。我们提前一天到达嘉兴，那天晚上老师和我们几个学生一起吃了晚饭，大家都聊得非常开心，老师并没有过多提及比赛成绩，在出发之前他就说过此行最重要的还是我们几个可以有所收获，当然是冲着特等奖去，但拿不到也没关系。他并没有给我们太大的压力，我们想这对于我们最后拿到了总冠军有很大的帮助。在签到当天，我们来到了摩根大酒店签到，志愿者和当地的老师都非常热情地接待了我们，有一位工作人员还带我们到学校里面参观了一圈。作为比赛场地的同济大学浙江学院虽然面积不大，但是非常漂亮精致，学院中心宏伟高耸的图书馆极具现代化气息，着实让人惊艳，旁边是绵延着穿过整个学院的河流，水面上立着一座拱桥，和着水面倒影、岸边垂柳，俨然正是江南水乡之一隅，恬静优美令人忘却正身处燥热的夏天。在观摩完比赛场地之后我们便匆匆回酒店去了。之后，便开始准备第二天的系统比赛。

大赛分为系统和答辩两部分，96 支队伍分成 6 个行业，每个行业 16 支队伍的前两名参加答辩，由于是同行业的第一第二名对辩，所以第一名在答辩中的优势非常大，系统比赛可以说至关重要。

比赛前夜，我们三位选手仔细看完比赛规则并做了一次决赛前的总结，将之前打的比赛横向比较，总结出三种情况（撞款、撞质、中款中质）的基本打法，进行了数据分析，反复推演第二天打的策略，在心里演示比赛情形，当时就有了许多新的认识，我们也将新的认识运用到了比赛当中。国赛结束后再往回看，这次总结对我们那天的比赛提供了非常宝贵的经验，同时，对我们在赛前找回竞技状态的帮助也相当大。

22 日是开幕式和正式系统比赛，我们遇到了中款中质局面：没有撞质局面艰难，但也很难把控。我们按系统操盘、使用报表、最后拍板进行分工，每期大约 30 分钟结束，剩余 15 分钟检查是否有低级错误。我们意外地发现，国赛的竞技难度会比平时茶馆训练低一些。所以，放松心态，走好每一期，避免犯低级错误最重要。整个系统比赛在前中期顺风顺水，我们四期处理结果都是行业第一，但最后一期或许是有些大意，没有预料到供需比下降的幅度大过了预期，在前一年清空了库存，所以最后一期的决策非常紧张，生怕别人从后面追赶上来。所幸我们前期累计的利润足够大了，在紧张地查看比赛结果之后，我们还是以全行业第一的成绩成功晋级，进入了答辩环节。在这之前，深大已经五年没进入答辩了。这让我们激动不已。

4. 问鼎商道

当天晚上，时间非常紧迫，师生团队在得知行业排名第一后，开始进行全套模式的答辩准备。我们三个选手都没有答辩的经验，甚至在出发集训前都没想到能进入这个环节，但是好在有黄老师，他为我们搭建了一个框架，捋顺了整体思路，让我们的准备进程效率高了不少。他还在微信群找来了以往参加过大赛的师兄们，在他们的帮助下，我们一起分析数据，寻找案例，设置攻防。他们提出的观点很多都让我们眼前一亮，解了燃眉之急，黄老师的论点也非常有说服力，和我们同行的助理也参与到了答辩的准备过程中，她们负责制作图表和寻找现实案例的工作，帮我们节省了许多时间。大家齐心协力的情景现在我们都不能忘怀，一个学校能在大赛中取得成绩绝不仅仅是靠某几个人的努力。直至凌晨 3 点钟，答辩需要的 PPT 文件、演讲内容文稿、辩论内容才准备完毕。在 7 点起床的时候，我们还收到了师兄对于 PPT 的修改意见，就是他关于华为公司的案例分析，我们在场上运用了 3 次，成为反击对手的用力论据。

比赛那天早上我们几个都是精神饱满的，在到场之后，黄老师还和我们每一个人商量了答辩内容，不断地完善措辞。8 点 30 分，决赛的第二阶段准时开始。我们面临的对手很强，不论是在系统还是辩论上，他们开场就很有气势，赢得掌声阵阵，他们所显露出的敌意让我们内心忐忑。在双方的对辩过程中，他们非常敏锐地察觉到了我们最后一年供不应求的战略失误，对此一次又一次地对我们进行抨击，简直势如猛虎，不断地发动进攻。所幸我们准备充分，对其攻击早已有应对之策，当然我们也知道对方产能过剩库存积压的失败结果，故而在避其锋芒之时不忘杀一个回马枪，抓住对方弱点不放。你来我往之间，双方优劣渐分，形势亦趋明显，对方不断选择进攻却屡屡不得手，我方于攻势之中游刃有余，坚守住阵地，又采取突袭令对手措手不及。台下的掌声雷动正反映出此时这场语言上的战争是如此激烈又刺激。这种形势甚至持续到之后的环节直至结束。

最终，在所有团队都答辩完后，现场工作人员开始计算评委们的打分。之后，在极其焦虑紧张的氛围下，我们不断听到其他团队都被点名到台上领奖。最后在特等奖前三的时候，我们已经相当激动和兴奋了，紧张得手心流汗，不敢直视舞台。最后，我们团队终于听到主持人喊出了深圳大学，这个让我们骄傲的名字，全国冠军！是的，我们最终获得了 2017 年"创新创业"杯全国管理决策模拟大赛全国总决赛的冠军，刷新了深圳大学在该赛事的最好成绩。非常幸运，也非常高兴，我们团队登上了这一历史舞台。都说成功 = 运气 + 努力，但我们认为成功还是运气、方法、坚持、资源的综合结果，我们能得此殊荣确实是很幸运的，但我们为此也付出了很多很多，少不了的是夜以继日的训练，少不了的是焚膏继晷兀兀穷年。但是商海论道，道不尽的是战术策略，道不尽的是心理博弈，商道的路永不止于此，我们的成就也不应止于此，我们还需要从此再开始。我们，还需要不断前进！感谢学校，感谢老师，感谢我们一同参赛的所有道友，还有年轻的我们……

五、商道竞赛的意义

1. 仿真模拟，理论到实践的跨越

管理大师彼得·德鲁克说："企业管理是门临床科学，任何理论如果没有经过实务验证的话，则任何理论的褒贬都是无意义的。"商道系统正是营造了一个仿真动态的商业市场环境，参赛选手基于对竞争对手的分析、预测，权衡博弈。在模拟决策中，参赛者需同时考虑多维决策指标，在较短时间内迅速做出反应，并根据理论知识制定一套合理的策略，从中学会运用理论知识解决实际管理难题。在系统运营中，价格、质量、服务评分款式数量等策略制定正是验证理论知识的重要途径。以仿真价格策略和质量管理策略为例说明。

（1）仿真价格策略。

在商道系统中，价格营销策略是核心的变量之一，价格不仅直接影响公司市场份额，同时也将对公司利润、战略评估等评估指标产生间接影响。因此，在模拟运营中，价格战成为非常重要的运营策略。同时，在多变的市场环境下，价格将随之变动，以

迎合市场需求。在经典的 4P 营销理论中，价格也正是最难评估的一项指标。通过在系统中采取不同价格策略，参赛者可以验证不同企业的定价策略。

（2）质量管理策略。

质量管理是指为了实现质量目标而进行的有管理性质的活动，它直接关系到企业的生存与发展。在商道系统中，质量等级是高质量产品的关键指标。企业通过提高优质原料利用率、技术研发等决策提高产品质量。废品绝不参与产品销售正是美国质量管理模式中最流行的"全面质量管理法"的浓缩体现。

2. 均衡计分，培养全面系统思维

商道系统采用六项指标计分法，企业运营得分由销售收入、每股收益、投资回报率、债券评级、股票市值和战略评分得分加权求和而得。这种计分方法为学习者提供了一种绩效评估的新思路，它一方面考核企业当年运营情况，另一方面根据各类指标评估企业发展潜力，从而充分地将企业长期战略和短期战术紧密结合，是类似于平衡计分法的新型策略性评估体系。这样的评估体系不仅锻炼了学习者长远的企业战略目光，也平衡了运营中的各项指标（财务与非财务指标、战略目标和短期目标、企业外部和内部、领先指标和滞后指标），从而培养了学习者全面且系统的企业管理思维。

3. 培养学生团队意识

模拟系统运营以三人为一组，在团队中，每位成员都参与决策的制定，三人共同讨论出一套最合适的方案，因此团队内高效率的沟通协调将成为企业运作的润滑剂。在队内成员都认同企业愿景的前提下，每位成员运营管理的部门需制定符合愿景和目标方向的策略，才能实现公司利润最大化。学生在竞赛过程中形成一种良好的团队意识，提高了学生的团队协作能力，为今后的就业创业打下坚实的基础。

参考文献

［1］许丽君，徐玲玲，林志红．商业企业仿真模拟经营平台在经管教学中的应用．当代经济，2014（1）．

［2］刘浩．商业模拟系统的构建要素分析．现代商业，2009（18）．

［3］黄凯珊，王小汀．商业模拟运营竞赛与实践教学相结合的培养模式探讨//李丽．基于应用型人才培养的高校教学改革探索与实践：深圳大学管理学院研究论文集（5）．广州：暨南大学出版社，2013．

第四编

理性冒险：化为课程重构

大学人力资源管理教学体系的转型探索

何发平

（管理学院人力资源管理系）

【摘　要】在普遍推行"以人为本"为管理理念的今天，传统以工作（职位）为本的人力资源管理模式显示出其弊端和现实不适应性，需要转型为以人为本的人力资源管理体系。同时，大学的人力资源管理教学也要构建以人为本的人力资源管理教学体系，这一体系应该包括的核心课程体系可以分为三大块：员工发展课程、企业发展课程、员工关系课程。

【关键词】以工作（职位）为本　以人为本　人力资源管理模式　人力资源管理教学体系

一、问题的提出

以往我们的人力资源管理体系都是基于人力资源管理的职能、企业战略构建的，或者说以往我们的人力资源管理体系是以工作（职位）为本的人力资源管理模式，我们讲人力资源管理往往就讲人力资源管理的几大职能板块：人力资源规划、人力资源招聘、绩效管理、薪酬管理和人力资源培训开发等。

然而在普遍推行"以人为本"为管理理念的今天，这种以工作（职位）为本的人力资源管理模式遇到了巨大的挑战，显示出其弊端和现实不适应性，需要转型为以人为本的人力资源管理体系。

二、以工作（职位）为本的人力资源管理模式的弊端和现实不适应性

（一）以工作（职位）为本的人力资源管理模式的弊端

1. 追求目标的单一性

资本与劳动一直是工业生产既合作又冲突的两个要素，在长期的工业社会里，效率是雇主追求的目标。效率是对有限资源的有效利用，它是一种经济行为的工具性标准，是雇主的首要目标。以工作（职位）为本的人力资源管理模式实质是以资本为本的模式，满足的是资本的目标和需求。但这套模式没有顾及员工追求的目标，员工追求的目标是公平和发言权，公平是雇员所得到的物质和人身待遇方面的平等，如合理的工资、安全的工作条件以及非歧视待遇。也就是说，公平不仅包括经济回报分配的平等（比如工资和利益），还包括雇佣政策管理上的平等（比如无歧视雇佣和解雇）；发言权则是雇员参与决策的内在标准，发言权不仅包括在免受不公平解雇和申诉程序的保护下

的言论自由，还包括对决策制定的直接和间接参与。不管是否有助于效率，发言权对员工都是非常重要的，是天赋人权。

2. 评估标准的功利性

一个经济体或一个组织的发展状况的评估标准包括很多方面，既包括功利主义标准，也包括人权标准和公正标准。功利主义标准是以经济效益最大化为标准，测量指标往往是绩效、生产率、利润；人权标准是指经济的发展要尊重和保护人的基本权利；公正标准是要求经济分配和政策的平等。功利主义标准是一种工具性标准，人权标准和公正标准是一种内在标准。以工作（职位）为本的人力资源管理模式往往只看企业的功利主义标准，而忽视了人权标准和公正标准，以往我们做人力资源管理，当劳资有矛盾和冲突时，一般站在雇主的利益立场来处理劳资矛盾。

（二）以工作（职位）为本的人力资源管理模式的现实不适应性

在工业社会里，资本是创造价值的关键要素，而在今天的信息社会里，人力资源是创造价值的关键要素，从"以物（资本）为本"到"以人（员工）为本"和从"顾客是上帝"到"员工是上帝"是许多跨国企业人力资源管理正在采用的两个基本理念。

社会价值创造取决于许多要素，如资本、劳动力、土地、技术和信息等，在不同的时代，这些要素对社会价值创造所起的作用是不同的：在农业经济时代，社会价值创造主要依赖于劳动力，多而强壮的劳动力是农业高产出的主要驱动力；到了工业经济时代，货币资本成了社会价值创造的主要驱动力，工业社会是资金密集型经济，一般而言，资本投资与收益是正比例关系，资本投资越多，收益越大；进入知识信息经济时代，社会价值创造转为主要依赖于人力资本或智力资本，其表现形式是知识信息，从农业经济时代到工业经济时代，再到知识信息经济时代，社会价值创造的主要驱动力的变迁趋势是劳动力→货币资本→人力资本。

而知识信息是由员工掌握的，即员工是企业价值创造的关键要素。社会价值创造的主要驱动力的变迁意味着工业社会那种以物（资本）为本的管理模式要转向以人（员工）为本的管理模式。

三、以人为本的人力资源管理模式的构建思路

（一）以人为本的人力资源管理模式构建的指导思想

以往我们做人力资源管理，重点和天平都放在资方（企业）一端，即资方高高在上，重点顾及的是资方（企业）的利益和目标，很少关注员工的利益和目标，而以人为本的人力资源管理模式要求把天平的另一端，即员工的位置拉高，尽可能拉高到与资方平衡。既要满足资方对效率利润的追求，又要满足员工的需求。

人力资源管理是由人事管理是演变过来的，人事管理是以事务为中心的管理，人力资源管理是以业务职能为中心的管理，其实两者并没有实质的区别，两者关注的都是资本的需求。而以人为本的人力资源管理模式可以满足资方和员工双方的需求，以人为本的人力资源管理模式就是通过满足员工的需要和追求，从而提高员工的满意度和对企

业的忠诚度，由此提高员工对企业的贡献度。

（二）以人为本的人力资源管理模式的核心内容

以工作（职位）为本的人力资源管理模式和以人为本的人力资源管理模式的本质区别之一在于如何看待作为企业人力资源载体的员工，以及如何处理和协调在实现企业目标的过程中，企业与员工、管理方与被管理方、员工与员工之间的关系。以人为本的人力资源管理模式是要建立一种基于平等、互利互惠和长久合作的员工关系及其管理机制的模式。这是以人为本的人力资源管理模式最为本质的属性和目标之一。

以人为本的人力资源管理模式包含了三个方面的核心内容：一是尊重和满足员工的需求和发展需要；二是满足资方（股东）对利润的追求；三是致力于构建员工与企业的和谐关系，达到企业与员工的共同发展。

1. 员工的需求

员工的需求可以概括为以下两个方面："分享"和"支持与援助"。

（1）分享就是员工要与企业分享企业的愿景、权利、价值利润和知识经验。

①分享企业的愿景：企业通过提供共同愿景，将企业的目标与员工的期望结合在一起，满足员工的职业发展期望。企业愿景是指企业的长期愿望及未来状况，是组织发展的蓝图，体现组织永恒的追求。企业要与员工一起建立共同愿景，分享愿景，在共同愿景的基础上就核心价值观达成共识，培养员工的职业道德，实现员工的自我发展与自我管理。

②分享企业的权利：让员工参与企业管理，对涉及员工利益的事务，员工应该有自主发言权和参与决策权。

③分享企业的价值利润：企业应该通过提供富有竞争力的薪酬体系及价值分享系统来满足员工多元化的需要。

④分享企业的知识经验：与员工分享企业内部信息、知识和经验。

（2）支持与援助就是企业要支持和帮助员工实现个人的职业生涯发展、个人人力资本增值以及帮助员工及其家属解决职业心理健康问题。

①帮助支持员工实现个人的职业生涯发展：企业通过建立支持与援助工作系统，为员工完成个人职业生涯发展目标提供条件。

②支持和帮助员工个人人力资本增值：企业通过提供持续的人力资源开发、培训，提升员工的可雇佣性，增值员工的人力资本。

2. 资方股东的需求

资方的追求自然是效率和利润，高利润是资方的根本需求。

3. 劳资双方的需求

在长期的工业社会里，劳资关系始终处于紧张和矛盾冲突中，对劳资矛盾和冲突寻求的是外部解决途径。现在劳资双方都意识到，需要改善劳资关系，合作才能双赢。很多管理者为保证员工的忠诚度和工作认同，采取了进步的人力资源策略，以此作为减少冲突、增加合作的主要方法。

四、以人为本的人力资源管理教学的核心课程体系

我们大学的人力资源管理教学体系要适应现实企业人力资源管理模式的转型，构建以人为本的人力资源管理教学体系，以满足当今和未来企业对从事以人为本的人力资源管理专业人才的需求。

根据以人为本的人力资源管理模式的核心内容，可以把以人为本的人力资源管理模式构建的核心课程体系分为三大块：员工发展、企业发展、员工与企业的关系。

（一）员工发展

由于当今组织不能再给员工一个稳定的工作场所和长期的就业承诺，需要具有灵活适应性的员工，因而要求员工具有广泛迁移价值的综合技能，不仅要具备专门的职业技能，还要具备通用技能和应对环境变化的适应能力。员工为了适应组织的需要，需要增强就业的竞争力和应对被解雇的风险的能力，其就业价值观也正在发生变化，开始从追求雇佣的安全性转变为追求可雇佣的能力，员工更加关注自己在组织中学习和成长的机会，以及可雇佣性的提高。

提高员工的可雇佣性也是企业的社会责任，是企业"以人为本"的重要体现之一。企业有责任为员工提供必要的资源和发展的机会，有责任帮助员工做好职业生涯规划。

员工发展的核心内容是员工能力的开发与培养。这个板块包括的课程应该有员工培训、员工开发、员工职业生涯规划与管理、员工健康管理、员工援助计划（EAP）等。

员工健康管理是一种现代化的人力资源管理模式。它是人力资源管理模式从对"物"的管理转向对"人"的管理的反映。人力资源管理经历了从以"商品人"理论为核心的雇佣管理模式到以"知识人"理论为核心的人力资本运营模式的变迁。在这种演进的过程中，人的重要性日益凸显，人的个性化需求不断得到满足，人力资本逐渐成为企业最为重要的资本。而员工健康管理实际上体现了企业对员工的人文关怀，体现了对人的尊重和对人力资本的重视。这种管理模式迎合了现代企业管理的需求，具有相当的现实意义。

员工援助计划主要涉及员工生活和工作两大方面：一是员工个人生活问题，如健康、人际关系、家庭关系、经济问题、情感困扰、法律问题、焦虑、酗酒、药物成瘾及其他相关问题；二是工作方面，如工作要求、工作中的公平感、工作中的人际关系、欺负与威吓、人际关系、家庭/工作平衡、工作压力及其他相关问题等。

完整的 EAP 包括压力评估、组织改变、宣传推广、教育培训、压力咨询等内容。具体地说，可以分成三个部分：一是针对造成问题的外部压力源本身去处理，即减少或消除不适当的管理和环境因素；二是处理压力所造成的反应，即情绪、行为及生理等方面症状的缓解和疏导；三是改变个体自身的弱点，即改变不合理的信念、行为模式和生活方式等。如今，EAP 已经发展成一种综合性的服务，其内容包括压力管理、职业心理健康、裁员心理危机、灾难性事件、职业生涯发展、健康生活方式、法律纠纷、理财问题、饮食习惯、减肥等各个方面，全面帮助员工解决个人问题。解决这些问题

的核心目的在于使员工在纷繁复杂的个人问题中得到解脱，减轻员工的压力，维护其心理健康。

（二）企业发展

这个板块基本包括我们现在从事人力资源管理的四门课程，即人力资源规划、人力资源招聘、绩效管理、薪酬管理。人力资源培训开发这门课程可以放在员工发展板块。不过企业发展板块的这四门课程要与以前的理念和目标有所区别，在课程设计、内容、课程目标等方面都要体现以人为本的理念。

（1）以人为本的绩效管理。以往我们做绩效考核的目的是对员工进行奖惩和升职，以人为本的绩效考核目的是查清员工绩效低的不良行为，有效改进员工的不良行为，从而提高员工的绩效。以人为本的绩效管理，即不管是考核指标的设计还是考核体系的实施，都要从员工出发，激励员工的积极性，关注组织中人的特性和行为，运用绩效评价的结果数据影响次级管理者各雇员的行为。我们知道：一个人的工作绩效是由两个因素决定的，一是业务能力，二是行为方式。用公式表示为：业务能力 + 行为方式 = 绩效；进一步说，高业务能力 + 有效的行为方式 = 高绩效。行为方式是一个人创造绩效的中间变量。

（2）以人为本的薪酬管理。企业薪酬体系可以分为外在薪酬和内在薪酬，以往我们做薪酬管理重点关注的是外在薪酬，而以人为本的薪酬管理要重点关注内在薪酬，把"以人为本"作为企业文化的核心要素，即注重从企业员工出发，以人性化的管理方式，为员工提供渗透着企业文化的融洽的工作环境、良好的培训机会、合理的晋升制度、公平的奖励机制、挑战能力的机会和广阔的发展空间。

（三）员工与企业的关系

这个板块的核心课程是员工关系管理。员工关系管理是由劳动关系演变而来的，员工关系是员工与资方的关系，以往劳动关系处理员工与资方的关系重点关注两点：一是员工与资方的书面契约管理；二是对劳资矛盾和冲突寻求外部解决途径。而员工关系重点关注的是：一是员工与资方的心理契约管理，心理契约的达成也是员工关系与传统劳动关系的重要区别；二是对劳资矛盾和冲突寻求利益相关者之间的合作和追求内部矛盾化解。

五、结语

一门学科的构建既要以实践为基础并随实践的变化而变化，又要具有引领和指导实践的前瞻功能。大学教育应该具有四大内在特性：系统性、规律性（普遍性）、前瞻性（先进性）和正确性。以功能和资方目标为主的人力资源管理体系需要适应以人为本的管理实践的要求，转型到以人为本的人力资源管理体系，大学教育的人力资源管理教学体系也要适应这个实践。转型趋势已经开始，我们需要适应并为调整和再构建大学人力资源管理教学体系做出尝试。

参考文献

［1］约翰·W. 巴德（John W. Budd）. 人性化雇佣关系——效率、公平与发言权之间的平衡. 解格先，马振英，译. 北京：北京大学出版社，2007.

［2］何发平."以人为本"理念在企业人力资源管理中的实施措施. 人力资源管理，2013（2）.

网络课程在高校教学中的应用研究[*]

王 红[1] 刘 欢[1] 陈劲松[2] 牛 奔[1]

([1]深圳大学管理学院管理科学系；[2]台湾云林科技大学资讯管理系)

【摘 要】 近年来，随着互联网技术的发展和现代教育需求的变化，网络课程成为众多高校教学应用中的新尝试。在技术和资源的支持下，各大高校积极推行网络课程，并在实施后取得了一定的教学效果。本文具体介绍高校网络课程在教学中的应用现状，并对此提出一些建议。最后，结合网络技术的发展，分析并预测了网络课程未来发展的态势。

【关键词】 网络课程 教学方式 课程交互 智能化

一、引言

网络课程，又称在线课程，作为一种新型课程模式，旨在降低教学成本的同时提高教学质量，最初兴起于美国。如今，随着计算机网络技术的发展和迅速普及，网络课程已成为现代教育不可或缺的一部分，在其中扮演着重要的角色。相较于传统课程，网络课程具有以下特点：

1. 开放性

网络课程的开放性体现在：学习对象不受限制（除了个别限制专业的课程），广大学习者可以通过选课修学分的方式进行学习，也可以通过旁听的方式选择学习感兴趣的网络课程。与此同时，网络课程结构的开放性实现了教学内容的随时更新，帮助学生获取了所需的全方位教学资源。

2. 共享性

作为基于互联网技术的新型课程，网络课程借助于互联网，使得知识的传播和分享变得更为方便、迅速。

3. 自主性

网络课程具有自主学习的功能，鼓励学习者自主获取知识，包括自主选择感兴趣的课程、根据自身学习策略观看教学视频和自觉完成考核测试。

4. 交互性

网络课程具有良好的交互性，师生之间、同学之间可以通过网站论坛等渠道答疑解惑和交流学习，也可以发表对课程的评价和学习反馈。

---

* 基金项目：广东省高等学校"电子商务专业综合改革试点"项目。

5. 协作性

网络课程集视频、文字等多媒体技术于一体，并通过软件工具的协同合作，共同保证了学习内容的丰富性和课程的交互性。

本文将探讨网络课程在高校中的应用情况及发展现状，旨在寻求网络课程更有效的教学方式，探索网络课程的未来发展方向。

二、网络课程的应用现状

21 世纪以来，网络课程的建设已引起国内教育部门和专家、学者的广泛关注。资料显示："1999 年，教育部启动新世纪网络课程建设工程，用《面向 21 世纪教育振兴行动计划》中'现代远程教育资源建设项目'的经费，重点支持若干所高等学校网络教育学院的课程建设和应用，并实现资源共享。"随后，现代远程教育联合研究发展中心的成立，促进了领头高校开始积极研发网络课程。

近年来，随着网络课程优势的显现以及网络技术的发展，网络课程得以大幅推广，进入更多高校的教学应用之中。对于这一趋势，国内高校也随即做出了积极响应，众多学校开始引入网络课程并承认其学分，鼓励学生加入课程学习以体验新型教学方式。

（一）课程平台

课程平台作为网络课程开展的基石，对课程的整体教学起着重要的支持作用。不同地区的高校，或借助现有网络课程平台，或通过自建学习系统，或采取高校课程联盟形成资源共享平台等方式开展网络课程。

在台湾地区，网络课程在教育部门的高度重视下，通过举办研讨会、获得技术支持等方式得到了大幅推广。其中，以"在线课程"著称的台湾交通大学，号召大陆、台湾地区的大学及台湾联合大学系统，以其多年累积的技术平台率先实施网络课程铺设。与此同时，台湾资讯工业策进会投入大量资源，开发了 MOOCs 平台 Proera。发展至今，台湾地区众多高校已建立了自己的开放式课程网站，而课程平台的铺建也提供了更宽广的学习渠道和丰富多样的学习课程。与此同时，一些高校的学生可通过可汗学院、Coursera、edX 等在线课程平台上课，并在通过课程考核后获得相应学分。

香港公开大学早在 1996 年便开始致力于寻求更适合的在线学习环境，并在 1999 年启用了 WebCT 英文网上学习系统。然而，WebCT 却出现了费用高昂和难以适应学校的教学需求的问题。对此，香港公开大学开始自行建设以 Lotus Domino 为基础的网上学习系统，并随后正式启用该平台，完成了所有课程的搬迁工作。而这个新平台所拥有的强大的集成服务系统和更大的灵活性，更好地满足了网络教育的需求和双语教学的需要。

随着高校间的交流日益密切，以课程联盟形成资源共享的方式也在兴起。以深圳大学为例：2014 年 5 月 12 日，在校长李清泉的大力支持下，深圳大学积极倡导、发起并成立全国地方高校 UOOC 联盟，简称 UOOC（优课）联盟。作为首个全国地方高校优质 MOOC 课程资源共享平台，UOOC 联盟提供了丰富的学习资源和良好的服务支持。

联盟自成立以来，加盟高校规模不断扩大，形成了较大的社会影响。

（二）教学方式

高校中的网络课程不同于视频公开课，前者是通过网络媒介模拟一个较为完整的教学过程，有学习和反馈等流程，而后者更像一种资源，强调的是资源共享，不会有教学互动和完成作业等学习过程。

在网络课程平台上，学校公布自己的课程录像、课件及参考资料等，并在每个课程的页面设置课程目录、课程表、阶段测试、进度条等保证教学的有效实施。除了完成在线课程的视频观看和测试以外，大部分网络课程会与线下学习相结合。例如，一些课程采取线上学习课程知识，线下教师在教室里讲解习题的方式；也有一些课程主要是线上实施课程，线下通过阶段性见面会的方式保持师生之间的直接交流。总而言之，现阶段高校网络课程的教学方式并不是纯网络的，更多的是线上、线下相结合进行的。

（三）考核形式

网络课程的考核一般由视频观看进度、阶段测试、平时作业和期末测试组成，学生的成绩也由这几部分按比例获得。学生开始学习网络课程后，可选择适合的时间来观看课程视频。随后，学生需要完成相关章节的线上测试。除此之外，教师一般通过邮件、论坛或公文的方式布置作业，规定学生按时完成，作为平时考核的一部分。最后，按照不同的课程要求，期末测试采取线上或线下纸质试卷方式进行。

相较于传统课程的考核方式，网络课程的考核更具便捷性和灵活性，但在实施的过程中也凸显出一些问题。就视频观看进度而言，如果缺乏阶段性检查，可能出现学生平时不观看视频，而在期末匆匆忙忙"刷"视频来完成进度的现象；在网上测试期间，缺乏监考也产生了学生搜索答案的现象。基于此，有些高校的管理值得借鉴，比如，加强平时课程进度的监督和考核，注重学生的过程表现；在期末线上考试时将学生聚集到特定的测试教室，并通过网络技术禁止学生在考试期间打开多余页面。

（四）课程交互

在网络课程的学习中，既包括"人—机（网络资源）"交互，又包括网络间的"人际"交互。"人—机"交互通常指学习者与学习资源之间的交互；"人际"交互包括学习者之间的交互、学习者与教师之间的交互、教师之间的交互和学习者的自我交互。

目前，网络课程的资源不断增加，学习者可以通过网络搜索获取所需的知识。此外，课程内容的表现形式也不断丰富，涵盖视频、音频、图像和文本等多个方面。但同时，课程内容的趣味性还有待提高。如何提高课程内容的趣味性、吸引学生的注意力以提高学习效率，或许是今后网络课程内容实施的关键。在"人际"交互方面，一些课程平台提供了特定的交流模块，如论坛，学生可以在论坛发表学习问题，寻求教师和同学的帮助；教师也可以通过论坛第一时间发布课程信息和通知，便于学生及时获取相关资讯。除此之外，教师可通过查看学生作业、测试的情况了解学生的学习状态，从而进行课程教学评估。

（五）课程评价

网络课程评价是对某一学科内容和实施该门学科的教学活动进行的评价，注重对教学内容、学习资源等的评价，涉及学生、教师、教学资料、教学支撑系统中的各部分。

课程评价也是体现评价者主观愿望和价值判断的过程，可采用定量和定性的方式。目前，网络课程的评价方法多采用定量的方法，但这种方法难以反映指标体系之外的其他东西，难以广泛收集意见。此外，网络课程目前的评价者较为单一，收集的评价主要来自一方。一些在线课程平台缺乏评价模块，阻碍了学习者对课程进行相应的反馈和表达自身想法的需求。

三、网络课程的教学效果及建议

（1）网络课程在高校普遍运用，吸引了众多师生的加入，也取得了一定的教学效果。主要效果如下：

①借助网络课程，教师可以实时观察学生的学习进度和测试情况，实现了对知识的高度关注。

②学生根据自身需求，通过自主学习获得了相应的知识。

③课程页面的目录和考核设置，明确了课程教学目标，形成了模块化的教学内容体系。

（2）网络课程在实施的过程中取得教学成果的同时，也凸显出一些问题。针对网络课程的现状和发展问题，提出一些建议，具体如下：

①加强课程管理力度，在学校、平台等各方面增加课程的阶段性检查以及考核的监督管理，以实现课程的有序学习和考核的有效性。

②完善课程评价机制，从学生、教师、管理人员角度出发，制定统一、全面的评价标准。

③提高课程交互性，通过多个网络媒介如论坛、微信等加强师生之间的交流互动。

④丰富教学内容的表现形式，采用文字、图片、动画和声音等为一体的教学方式，提供有趣的学习资源，提高学习的趣味性。

⑤选择在教室拍摄网络课程视频，模拟真实的教学情境，使学生的体验更具真实感，提高学习注意力和课堂参与感。

⑥强化对课程网站的更新和维护，保证服务器的安全性和稳定性，以适应学生日益变化的学习需求，方便课程学习。

四、网络课程的未来发展方向

近年来，互联网技术的迅猛发展带动了网络教育的推行，而在将来，随着互联网技术的不断升级和新应用的出现，网络课程的发展将会呈现碎片化、智能化的态势。网络课程的未来发展方向，将具体表现在以下三个方面：

（一）课程内容碎片化

基于现代人的学习习惯和对零碎时间的认知，碎片化学习方式开始兴起，带来了轻松、灵活的学习体验。碎片化学习又被称为微学习，它将学习内容分割为较小的学习模块，并聚焦于时间较短的学习活动。

诚然，网络课程内容的碎片化发展已成为一种趋势。这一学习方式要求教师在制订教学计划时将课程精简，把课程内容浓缩为多个有机小模块。与此同时，还要保证单个碎片化课程内容的完整性，这无疑对课程内容的设置和教学实施带来了新的挑战。对学习者而言，碎片化的学习方式能更好地利用零碎的时间，实现时间效用的最大化，但同时也要注意保持课程学习的连续性，避免短期间断式的学习造成知识体系的不完整。

（二）课程学习智能化

在当今世界，大数据的应用正影响着自然学、工程学、医学、金融等领域，而回顾教育技术研究范式的发展，大部分研究囊括了多种技术应用。而在未来，大数据将在学习领域提供更智能化的帮助，从而改善当前的学习体验。此外，人工智能技术的发展为机器人教育提供了技术支持。

将来，在网络平台上课的教师可能不是真人，而是基于智能技术支持的教育机器人，它们可通过网络视频会议与学生进行一对一的同步教学。这也将使得学生的学习情况数据被迅速记录和整理，从而为学生制订个性化的培养方案。另外，智能技术的应用也将使网络课程的评价和反馈更及时，进而不断优化网络课程的内容。

（三）学习终端移动化

当前，全球智能手机市场的发展势头迅猛，大多数人的日常生活已离不开智能手机。人们对智能手机的应用也体现在衣食住行等方面。移动端在教育领域的发展也在稳步进行。对于网络课程网站，现在大多数采用的是 PC 端浏览器访问的方式，相较于可随时随地获得的移动端仍然存在一定的限制。网络课程基于移动端的发展，无论是在浏览器网页还是在 App 应用方面，都将给广大学习者提供更方便的学习体验。

五、结语

网络课程以其开放、共享、交互等特性，为广大学习者带来新的课程体验，成为现代教育的重要组成部分。在当前的教学应用中，网络课程取得了一定的教学成果，但同时也存在需要改进的地方。因此，如何通过丰富课程内容来提升用户的学习体验将成为网络课程实施的关键。在未来，随着科学技术的持续发展，网络课程将朝着智能化方向前进，也将给广大学习者带来更优质的体验。

参考文献

［1］赵学信．网络环境下学习模式探讨．济南：山东师范大学，2006．

［2］林君芬，余胜泉．关于我国网络课程现状与问题的思考．现代教育技术，2007，11（6）．

［3］王小梅，李林．台湾大规模开放在线课程的发展现状．世界教育信息，2014（6）．

［4］陈斌，卢勃．香港公开大学网络课程建设及其启示．广州广播电视大学学报，2009，9（4）．

［5］张璇．MOOC 在线教学模式的启示与再思考——以江苏开放大学实践为视角．江苏广播电视大学学报，2013（5）．

［6］邹建梅，刘成新．网络课程的交互设计与控制策略．中国电化教育，2003（11）．

［7］余菜花．网络课程评价标准研究．继续教育研究，2008（4）．

［8］祝智庭，管珏琪．教育变革中的技术力量．中国电化教育，2014（1）．

大规模开放在线课程 MOOC 的实质与教育行业[*]

李 彤[1] 李 莉[2]

(1 管理学院/移动互联产业化研究所;2 数学与统计学院/移动互联产业化研究所)

【摘 要】 本文通过文献研究对新兴的教育形式 MOOC (Massive Open Online Course) 的产生发展进行了探讨,通过对现有教育行业的结构分析和 MOOC 与现有课堂教育的价值链异同的分析,讨论了目前教育行业竞争态势,指出 MOOC 是现有课堂教育形式的替代者之一。MOOC 完全替代传统教育是不可能的,但它是传统教育形式的丰富与补充,是社会经济发展致使人们需求的多样化在教育领域中的反映。

【关键词】 MOOC 开放课程 教育行业结构 产业价值链

一、引言

随着个人电脑互联网、移动互联网和物联网(以下简称互联网)的发展,信息和知识分享以及沟通交流的成本大为降低,导致知识社会的来临。传统的以少数科研人员为主体、以相对封闭的实验室为载体的技术研发创新模式正在向以用户为中心、以社会实践为舞台、以科研人员与用户共同参与的开放式协同创新为特点的创新模式转变。知识的传播速度越来越快,教育的形式和内容从根本上发生了变化。2012 年,一种基于网络、针对大众人群的大规模开放在线课程(Massive Open Online Courses,MOOC)井喷式涌现,被媒体称为 MOOC 之年。利用互联网 MOOC 不仅将优质的教育资源送到世界各个角落,并且在线提供完整的学习体验,展示了与现行教育体制结合的多种可能性。它的出现被佐治亚理工学院"21 世纪大学教育研究中心"主任理查德·德米罗(Richard A. DeMillo)喻为教育史上的"一场海啸",麻省理工学院第 17 任校长拉斐尔·莱夫(L. Rafael Reil)在就职演讲中说"这是人类的伟大进步,……是 500 年来高等教育领域最为深刻的技术变革"。关于 MOOC 的产生对传统课堂的影响和冲击已有很多研究,本文将聚焦于 MOOC 本身,在回顾 MOOC 发展历程的基础上,集中分析 MOOC 作为一个新兴行业的结构特征,利用价值链分析 MOOC 与现有课堂教育的主要价值活动,发现其异同,从而论证 MOOC 完全替代现有课堂教育是不可能完成的任务,最后展望 MOOC 的发展趋势。

* 2015 年广东省教学改革研究项目"互联网＋众创社区构建及教改研究与实践"(项目编号:粤教高函〔2015〕173 号);深圳大学教学改革研究项目(项目编号:JG2015007)。

二、互联网＋教育：教育行业的新发展

（一）互联网与教育

互联网以极低的成本极大地提高了远程沟通效率，并且使人和物可以随时互联互通。这些特征使我们的生活和活动的组织形态发生了变化。主要包括：

（1）在互联网上人们可以自发组织一些过去需花费很大成本的活动。如在网上"人人为我、我为人人"的理念使得过去花费巨大的知识百科全书现在可以免费获得。

（2）互联网上的"中介平台"具有天然的垄断特性。在互联网上构建的"中介平台"打破了地理和物理空间的界限，使得使用的人越多，供给就越多，供给越多反过来也促进使用的人越来越多。使用者和供给者的数量在网上几乎不受物理空间的限制，体现出双边效应的特征，加快了垄断的形成。但垄断通常将导致腐败和阻碍事物进步，对反垄断法带来了新的挑战。

（3）过去一些分散的小众需求，通过互联网打破信息不对称，也可以得到满足。而大众的需求，由于供给的多样化，变得分化、个性化。

对学校而言，互联网正在改变我们的教授方式和学习方式，MOOC 的出现是最好的说明。

（二）MOOC 发展

MOOC 的发展起始于开放教育资源运动。1989 年，美国凤凰城大学开始推行在线学位计划，1991 年授予首批在线 MBA 学位。1994 年宾夕法尼亚大学的詹姆斯·奥唐奈（James J. O'Donnell）曾开设过一门在线研讨课。英国政府于 2000 年投资 5 000 万英镑资助英国环球网络大学（UK eUniversities Worldwide Limited，UKeU）开展在线高等教育。麻省理工学院自 2001 年起实施 OCW（Open Course Ware）计划，将学校开放的所有课件（Course Ware）资料通过网络免费提供给世界各地的学习者。2002 年，联合国教科文组织进一步提出开放教育资源（Open Educational Resources，OER），通过信息通信技术向教育者、学生、自学者提供基于非商业用途，可被自由免费查阅、参考或应用的各种教育类资源。2005 年，国际开放课件联盟（Open Course Ware Consortium，OCWC）成立，西班牙语高校开放课程联盟（OCW-Universia）、中国开放教育资源协会（CORE）、非洲虚拟大学（African Virtual University，AVU）、韩国开放课程联盟（Korea OCW Consortium）、日本开放课件联盟（JOCW）等也相继成立。"开放课程协助提升全世界每个角落的高等教育""知识公益，免费共享""世界是平的、世界是开放的"等理念逐步得到广泛认同，开放教育资源运动不断深入推进。据不完全统计，目前，全球已有 200 多所大学和机构免费开放了 14 000 多门课程。MOOC 和开放教育发展历程，如图 1 所示。

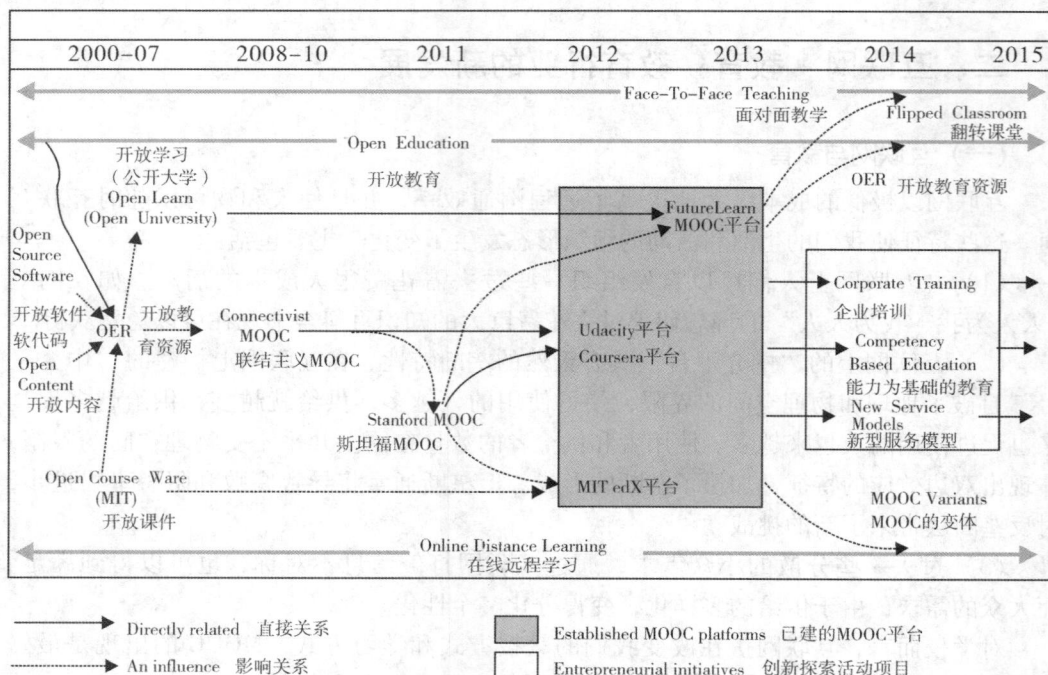

图1 MOOC 和开放教育发展历程简要图示（2015 年更新版）

随着开放课件运动的不断发展，越来越多的用户希望在学习过程中得到学习指导和帮助；教学者也希望通过互联网采集网上学习者的学习反馈，通过互动进行课程内容改进。为此，越来越多的人开始整合开放课件资源并创办学习社区。

2008 年，加拿大爱德华王子岛大学（University of Prince Edward Island）的戴夫·科米尔（Dave Cormier）首创了 MOOC（Massive Open Online Course）这一术语，用来描述加拿大阿萨巴斯卡大学（Athabasca University）的乔治·西蒙斯（George Siemens）和国家研究理事会（The National Research Council）的斯蒂芬·道恩斯（Stephen Downes）在曼尼托罗大学（University of Manitoba）联合开设的"联通主义与联通性知识"课程（Connectivism and Connective Knowledge，CCK08）。CCK08 课程综合运用 Facebook 中的群、维基百科（Wiki）、论坛以及其他在线渠道吸引学习者参与课程，除了曼尼托罗大学的 25 名在校生付学费外，2 200 多人免费在线学习了该课程，而且其中有 170 人为这门课程专门开通了博客。西蒙斯和道恩斯认为，"MOOC 是一种参与者和课程资源都分散在网络上的课程，只有在课程是开放的、参与者达到一定规模的情况下，这种学习形式才会更有效"。MOOC 不仅是学习内容和学习者的聚集，更是一种通过共同的话题或某一领域的讨论将教师和学习者连接起来的方式。

2011 年秋，斯坦福大学的巴斯蒂安·图伦（Sebastian Thrun）在萨尔曼·可汗（Salman Khan）创办的面向 K-12 学生免费提供网络课程的可汗学院（Khan Academy）的影响下，和彼得·诺维格（Peter Norvig）联合开设人工智能（Introduction to Artificial Intelligence，CS221）课程，广受欢迎，在线注册人数达到 160 000 人，直接促使他与大卫·史蒂文斯（David Stavens）、迈克·索科尔斯基（Mike Sokolsky）联合创办了以营利为目的的网上课程平台 Udacity（优达学城）。同时，斯坦福大学的达芙妮·科勒（Daphne Koller）与吴恩达（Andrew Ng）创办了 Coursera（课程时代），Coursera 随后宣布与宾夕法尼亚大学（University of Pennsylvania）、普林斯顿大学（Princeton University）、斯坦福大学（Stanford University）和密歇根大学（University of Michigan）合作。同年底，麻省理工学院启动实施非营利的在线开源学习项目 MITx。

2012 年初，哈佛大学加入麻省理工学院 MITx 项目，更名为 edX，以开放与免费的形式向大众提供优质的在线课程。同年夏，加州大学伯克利分校（University of California，Berkeley）加盟 edX。之后，主动加盟的有德州大学系的 12 所大学、韦尔斯利学院（Wellesley College）、乔治城大学（Georgetown University）。

2013 年前，各个 MOOC 趋向于开发自己的平台。2013 年 4 月斯坦福大学的网上教学平台 Class2Go 也加入了开源的 edX。2013 年 9 月，edX 宣布与 Google 合作开发 MOOC 核心平台 MOOC. org，另外，将合作研究怎样利用技术改变学习和教学、学习者怎样方便在线上进行学习。同年 10 月，清华大学利用开源的 edX 平台开发了中文 MOOC 学堂在线 XuetangX. com。2013 年，英国开放大学联合 20 所大学共同组建的 FutureLearn、澳大利亚开放大学发起的 Open2Study、德国的 iversity 纷纷涌现。总而言之，"当知识遇上网络时，MOOC 诞生了"。

在中国，除清华大学的学堂在线外，2014 年上海交通大学的"好大学在线"也正式上线，并支持西南片区高校跨校学习，学分互认计划。同年，深圳大学牵头组建 UOOC（优课，University Open Online Courses）联盟，以联盟形式推动 MOOC 建设与发展，其平台基于与企业合作构建。在高校之外，网易云课堂和爱课程网合作推出的"中国大学 MOOC"也汇聚了许多高校的优质课程资源。另外，北京果壳互动科技传媒有限公司创立了号称中文互联网内最大的 MOOC 学习社区"MOOC 学院"（mooc. guokr. com），MOOC 学院是 Coursera 的全球翻译合作伙伴，用户自发组成的"教育无边界字幕组"为 40 多门课程制作了中文字幕。edX、Udacity、FutureLearn、iversity、清华大学"学堂在线"、台湾大学 MOOC、复旦大学等机构，也与 MOOC 学院建立了合作关系，共同探索华语 MOOC 的发展。

153

从 Coursera 和 edX 等多个典型的 MOOC 项目中可以发现，MOOC 与 OCW 具有一些相似的特征：都是一种开放的教育形式，通过线上进行传播，因而对学习的时间和地点没有限制，且都以高等院校的课程为主。另外 MOOC 还有 OCW 所不具备的特征：①课程结构相对完整。②教学信息依据学习反馈而动态发展和更新，是一种动态生成式的课程。③学习环境除了具有开放性外，还具有社会性。鼓励学习者通过 Wiki、博客、社交网站等工具以小组活动等形式参与学习。

OCW 到 MOOC 的发展体现了学习方式的发展变化。OCW 以教师的单向讲授为主，而 MOOC 则更加关注学习者兴趣的激发和主观能动性的发挥。在 MOOC 平台上，通常学习者以兴趣和需求为出发点，在具有趣味性和互动功能的学习工具的支持下，将获取知识的欲望转化为主动探求知识的学习行为，达到按需制订个性化学习计划，自发组织兴趣圈，随时随地可以开展对知识的探求。MOOC 的这种学习方式使得学习者可以感受到自由与创造的快乐，使传统的以教师"教"为主的线下"课堂"发展成为以学习者主动"学"为主的在线"学堂"。

（三）MOOC 的分类与特点

在 MOOC 的发展过程中，有两种不同的类型：一类基于联通主义哲学（the Connectivist Philosophy），强调学习不是一个人的活动，个人的知识组成了一个网络，这种网络被编入各种组织与机构，反过来各组织与机构的知识又被回馈给个人网络，提供个人的继续学习；另一类更类似传统的课程。道恩斯分别用 cMOOC 和 xMOOC 区分两类 MOOC。cMOOC 模型强调学习材料创建集聚而非预先选择，强调可混合性（Re-mixable）、目的可进化性（Re-purposable）是可培育生长的（Feeding Forward），即强调进化的学习材料能满足未来的学习目的。这意味着学习者也可能是教学者，教学者也可能同时是学习者。cMOOC 的内容甚至是由两者在联通交流中合作产生出来的。xMOOC 模型教学目标明确，学习材料预先设定，强调学习视频材料内容形式的生动有趣，利用小测验、测试等传统的方法检查学习成果，督促学习者完成学习。换言之，cMOOC 关注知识创造与生成，而 xMOOC 关注已有知识的传播。

从实践来看，cMOOC 通常是单个课程，由教师个人主导，大学官方机构不参与，而 xMOOC 的课程基本上以开放课程网站的方式运行，每个网站会有数十或上百门课程。在组织方面，xMOOC 通常和多所知名高校合作、公司化运营，有外部风险资本等投入，具有商业化潜力。这些 xMOOC 网站为学习者提供了开放的学习资源和辅助学习工具，它们组织严密、流程规范，无论规模、受益面还是社会影响均远超 cMOOC。本文在后面的分析中，并不严格区分 cMOOC 和 xMOOC。

李青、王涛认为，"从课程本身来说，MOOC 具有如下的特征：具有比较完整的课程结构（课程目标、协调人、话题、时间安排、作业等），这是一般的网络主题讨论没有的；是一种资源和信息均开放且全部通过网络传播的教育形式，没有人数、时间、地点限制；是一种拥有大量参与者的巨型课程，使用海量资源；学习者可以根据自己的习惯和偏好使用多种工具或平台参与学习，学习环境是开放和个性化的；是一种生成式课程，课程初始时仅提供少量预先准备好的学习材料，而学习者更主要是通过对某一领域的话题讨论、组织活动、思考和交流获得知识"。道恩斯总结出 MOOC 的四个基本原则：汇聚、混合、转用、推动分享。他认为这些原则也体现了 MOOC 的特点。

MOOC 的优点是明显的，如免费自由参与、支持在职学习培训、学习者能接触到知名大学的教授、能体会不同的教学风格等；教师也能从学习者的角度体验线上学习、论坛讨论、同伴评价，拓展关于教学方法的视野，从不同的角度反思自己的教育活动等。但同时 MOOC 也受到质疑与批评，主要说 MOOC 是教育经费缺乏的产物，因此缺乏学术的严谨性、学习者需要很强的自我控制能力、教师无法对学生进行个性化的培养、用它来代替学位课程将降低学位的水准等。

三、教育行业结构分析

传统的近代教育体系是捷克伟大的民主主义教育家、西方近代教育理论的奠基者扬·阿姆斯·夸美纽斯（Comenius，Johann Amos）于 350 年前为了使其不同于书籍印刷术发明之前的学校而提出来的。

夸美纽斯《大教学论》中对教学内容、方法和教学艺术进行了详细的分析和说明，最早提出了一套教学原则，如直观性原则、循序渐进性原则、巩固性原则等，奠定了教学论的理论基础。另外，他还最早从理论上详细阐述了至今沿用的班级授课制以及相关的学年制、考查、考试制度。

由于互联网技术的创新应用，教育正在发生巨大的变化，目前 MOOC 平台的广泛应用是其最好的例证。MOOC 正在成为一个新兴的行业。战略大师迈克·波特（Michael Porter）在其《竞争战略》一书中说："新兴行业的基本特征是没有游戏规则，新兴行业的竞争问题是全部规则都必须建立，使企业可以遵循并在这些原则下发展繁荣。缺乏规则既是风险又是机会的来源。"

根据波特的理论，行业结构由五种力量所决定：行业现有竞争者的竞争力量、客户的议价能力、供应商的议价能力、新进入者加入竞争的力量与替代本行业的威胁力量。

传统的课程教学行业中，现有竞争者的竞争都是基于教师个人的特质，是以教师为主体的竞争。同一门学科课程，由于教师授课有地理位置、物理空间等限制，因此竞争是一个分散的状态，是在一定范围内（如一个学校内或一个城市、一个行业内）小规模的竞争。由于物理空间分散的特性，新进入者参与竞争的力量也不强，影响也不可能大。课程教学中教师、学校占主导地位，因此教材等供应商的议价能力不强。学习者（客户）选择教师或学校的空间也不大。

与传统的课程教学相比，除教师和学习者外，代替教室讲台的是基于互联网技术的 MOOC 平台，它给了学习者更广泛的选择空间。学习者选课不再局限于地理位置和物理空间，可以在世界范围内选择适合自己的课程，因此，理论上教师之间的竞争将更为激烈，同一门课程的竞争是在全国范围内甚至世界范围内进行的。教师或学校打造自己课程核心竞争力的要求会更高。在 MOOC 平台，学习者的议价能力更高，这对学习者的价值提升是有帮助的。

从教育服务的供给者来看，传统学校课堂的教育由于竞争较为分散，教育提供者有自己的利益空间，这使得教育服务可以持续发展。MOOC 平台加大了竞争的强度，给 MOOC 平台教育服务提供者可持续发展带来了困难。互联网双边效应特征可能使得只有少量的平台服务提供者可以很好地存活。目前，参与 MOOC 平台建设的包括大量的非营利机构、大学、相关的公司和风险投资基金，高等教育年鉴列出了主要 MOOC 平台提供者有非营利组织可汗学院和 edX，以及营利性 MOOC 平台 Udacity 和 Coursera 等。这几个平台已经占据了主要的市场份额，这是平台效应已经开始出现的端倪。

但对一个新兴产业而言，新技术应用的不确定性、发展方向的不确定性、较高的初始应用成本、新平台的不断涌现、早期应用者（学习者）的体验不一致、某些 MOOC 平台运营者的短期行为等，是目前 MOOC 教育行业发展的基本特征。

互联网虽然没有国界，但由于教育的特殊性，各国政府多少都会有一定的监管和引导，除此之外，还有语言、文化差异的障碍。虽然互联网上的业务具有双边效应特征，但几个 MOOC 平台一统天下的情况不会出现。可能像电子商务等其他互联网业务一样，会按语言、文化习惯等划分出不同特色的 MOOC 市场。目前，中文 MOOC 市场正在发展初期，大部分还是处在学习消化西方先进理念阶段，还没有出现行业的绝对领导者。现在问题是，按目前的发展趋势，各个分类的 MOOC 是否为完全替代传统教育的威胁力量呢？下面将从价值链的角度进一步分析。

四、MOOC 与传统教育的价值链分析

（一）MOOC 与传统学校课堂教育的价值链

迈克尔·波特在《竞争优势》中指出："价值是顾客对企业提供给他们的产品或服务所愿意支付的价格。每一个企业都是用来进行设计、生产、营销、交货等过程及对产品起辅助作用的各种相互分离的活动的集合。"进而，迈克尔·波特把企业的活动分成基本活动和辅助活动，并称所有这些活动都可以用一个价值链来表示。价值链在经济活动中无处不在，企业内部各个业务部门之间存在企业价值链；上下游关联的企业与企业之间也存在基于价值活动的价值链（称为行业或产业价值链）；提供最终产品或服务正是企业内部各部门，以及行业内部各组织的协作一致的活动为客户创造了价值。

伴随全球服务产业的迅速崛起，服务业的价值链倍受人们关注。服务价值链的相关理论认为顾客的满意度最终是由员工的满意度决定的，而员工的满意度则受岗位设计、工作环境、激励机制、选拔培养、服务工具以及技术支持等多方面因素影响。

依据迈克尔·波特的价值链模型，将价值创造活动分为主要活动和辅助活动。传统学校教育的价值创造是以教师为核心主导完成的，学习中教师与学生、学生与学生之间的沟通交流主要是面对面完成的。辅助活动是维持学校正常运行的活动。传统教育的价值链如图 2 所示。

MOOC 是利用网络进行沟通交流的一种新教育形态，也是远程教育的新发展。其核心价值的创造过程（即教学及支持服务）不是由某一个或几个教师在特定的环境下独立完成的，传统的教师角色被分解并由不同的人或组织来承担。用迈克尔·穆尔的话说，在远程教育中，是系统在教学，而不是教师或机器。

MOOC 是一项复杂的系统工程，其平台通常是一个基于协议的虚拟组织，核心机构（学校或公司）负责运营，其他的以联盟或加盟的方式参加课程的建设。教学活动同样分为两大类：一是主要教学活动，这类活动的过程及结果直接指向 MOOC 的学习者，包括课程选题、课程规划、课程设计（知识点设计）、课程拍摄、课程上线宣传推广、课程论坛答疑解惑、作业批改、在线辅导、考评颁发证书等；二是辅助教学活动，这类活动的过程与主要教学活动各个环节相关联，具体包括 MOOC 平台基础设施及管理活动（包括战略联盟、资源整合合作管理、教务行政管理活动等）、人力资源管理、技术发展活动（包括平台基础设施建设运营管理、技术维护及管理活动等）、质量保证体系及管理活动。其价值链如图 3 所示。

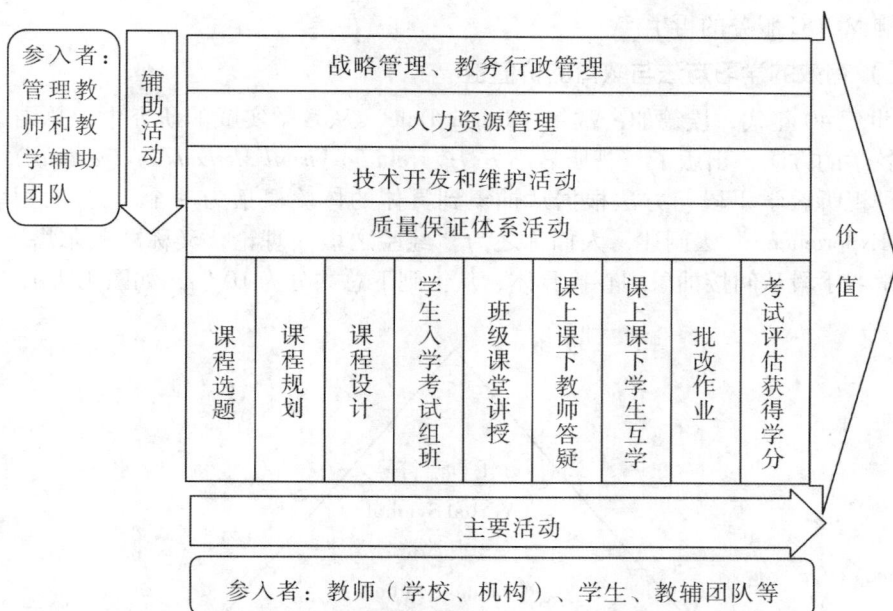

图2　传统教育的价值链

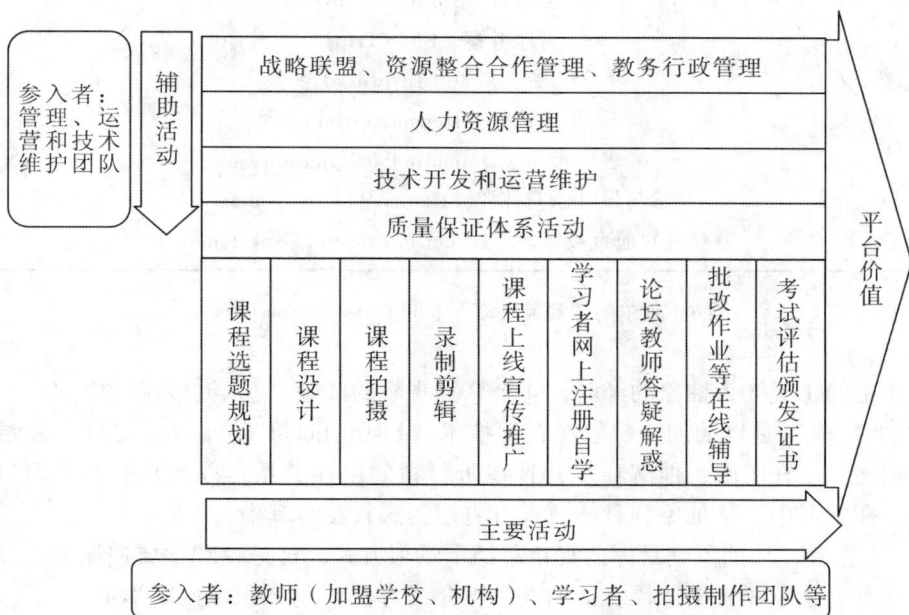

图3　MOOC 平台的价值链

MOOC 平台价值链的一系列活动的最终目的是为学习者提供优质的学习服务，MOOC 学习服务的价值正是经由 MOOC 组织的教师、职工和管理人员并最终增量传递给他们的顾客——学习者。优质的 MOOC 学习服务价值推动着学习者的满意度上升，

157

进而影响 MOOC 服务的再生产。

（二）有效的学习方法与教育的价值链

20 世纪 40 年代，埃德加·戴尔（Edgar Dale）从教学实践的研究中，总结了一系列视听教学的方法，出版了《视听教学方法》（*Audio-Visual Methods in Teaching*）一书。他把各种视听教学手段与方法根据从抽象到具体的体验概括为一个"经验之塔（the Cone of Experience）"去阐述，人们称之为"经验之塔"理论，又称"戴尔塔"理论。该塔将学习手段从间接抽象到直接具体、从上到下总共分为 10 层，如图 4 所示。

① 言语符号（Verbal Symbols）
② 视觉符号（Visual Symbols）
③ 广播录音和静态图像（Radio, Recordings, Still Pictures）
④ 电影电视（Motion Pictures）
⑤ 实地考察（Field Trips）
⑥ 参观展览（Exhibits）
⑦ 示范论证（Demonstrations）
⑧ 表演参与（Dramatic Participation）
⑨ 参与设计亲身体验（Contrived Experiences）
⑩ 有目的地直接体验（Direct, Purposeful Experiences）

图 4　戴尔的"经验之塔"（the Cone of Experience）

图 4 中的①至③为抽象的经验，④至⑧为观察的经验，⑨至⑩为做的经验。

"经验之塔"是埃德加·戴尔在教学技术（Instructional Technology，IT）领域最重要的贡献之一。在塔中，他解释了几种视听材料的内在关系，以及它们在学习过程中的地位。在学习中，从抽象到具体，人有更多的感官参与其中。

"经验之塔"从抽象到具体的视角总结了学习方式，这是教和学要遵循的主要原则之一。它有助于专业人士选择合适的教学媒介（方法）将知识传授给学生。

戴尔第二个重要贡献是 1953 年提出的"沟通的社交框架"（Social Frame of Communication Concept）。他相信相互分享经验对沟通的效果起到非常重要的作用。换句话说，他强调学习沟通中反馈的重要性。

因此，我们可以说有更多的感官参入并且能及时反馈的学习手段相对是更为有效的。

从传统学校课堂教育与 MOOC 平台价值链可以看出，传统教育相较于 MOOC 平台，传统教育中的教师与学习者有更多的直接沟通交流和互动反馈。而 MOOC 平台的学习者有更广泛的选择空间，有更大的学习自由度。学习自由度是一把双刃剑，对有自我目标、自我控制力的学习者来说是正面效应，而对缺乏这方面特质的学习者来说，过大的自由度是学习效果最大的敌人，他们通常完成不了学习任务，选择半途而废。国内外的一些实证研究也证实了这一结论。MOOC 平台课程完成率如图 5 所示。

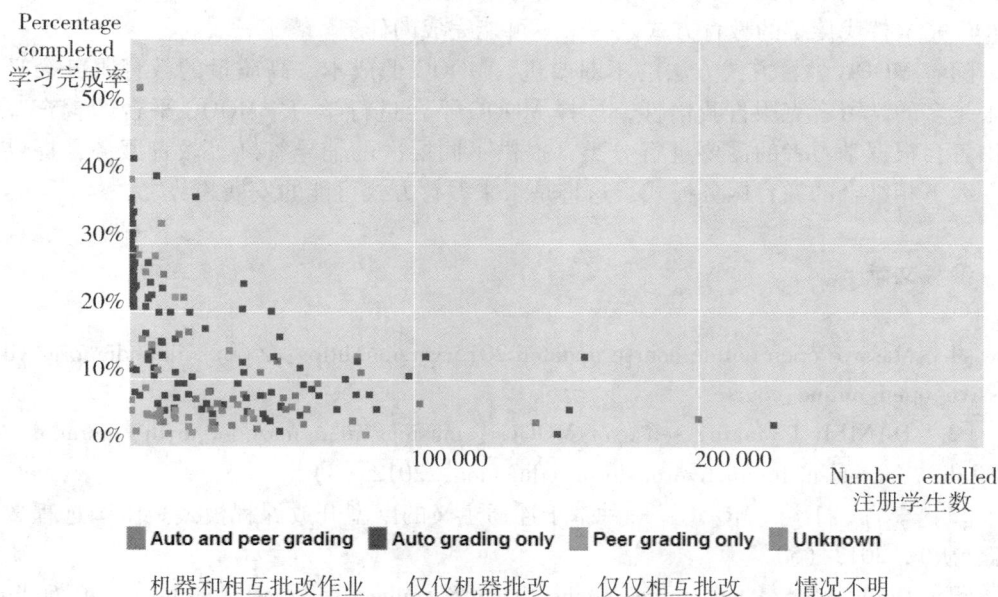

图5　MOOC 平台课程完成率

数据来源：http：//www.class-central.com 和 http：//www.hatyjordan.com/MOOCproject.html.

图 5 中，课程评分方式分为四种，一是平台自动评分和学生相互评分相结合，二是平台自动评分，三是学生相互评分，四是其他方式或不知道。从图 5 中可以看出，平台自动评分的占 60%，课程完成率超过 38.6% 的仅有 4 个平台，平均注册学生 5 120人。总的平台完成率仅接近 15%，平均注册学生 2 万多人。

由此可见，MOOC 完全替代传统的课堂教育从学习者的需求上来看还不可能。互联网的发展使供给的多样性成为可能，也促进了需求的多样性发展。传统的课堂教育以其目标明确性和面对面的交互高效性具有不可替代的作用。但 MOOC 的产生与发展仍不失为教育方式方法的多样性需求的结果，是传统课堂教育的补充。它给学习者提供了一个新的选择机会。

五、结论与展望

通过对教育行业的结构分析，发现由"互联网＋教育"模式产生的 MOOC 是传统的课堂课程教育方式替代品之一，它改变了教育服务提供者的竞争方式。传统的课堂教育方式竞争较为分散，而 MOOC 平台上竞争集中度和竞争强度都大大增加，这样 MOOC 平台提高了学习者的议价能力。由于教育面对的人群的广泛性和互联网激发学习需求的多样化，使得 MOOC 目前只适合一部分有自我目标、自我控制力的学习者，这也从 MOOC 与传统教育的价值链分析中得到证实。另外，面对面沟通的有效性是互联网无法完全替代的。因此，MOOC 完全替代传统教育取决于学习者自我控制能力的全面提升，否则这种教育方式只适合一小部分人群。面对面沟通的无法替代性也使得 MOOC 完全替代传统的教育方式是一个不可能完成的任务。

随着 MOOC 教育方式方法的不断改进，MOOC 低成本、高质量的教育服务会吸引越来越多的学习者克服自我惰性，选择 MOOC 平台进行学习。MOOC 平台的教育服务提供者会根据学习者的需要进行分类，提供不同层次的辅导答疑等教育服务，提供线上、线下相结合的教育服务模式。这将是未来教育方式可能的发展趋势之一。

参考文献

［1］ Massive open online course updated 2015 version. https：//en. wikipedia. org/wiki/Massive_open_online_course.

［2］ DANIEL J. Making sense of MOOCs：musings in a maze of myth，paradox and possibility. Journal of interactive media in education，2012（3）.

［3］ 李青，王涛. MOOC：一种基于连通主义的巨型开放课程模式. 中国远程教育（综合版），2012（5）.

［4］ DOWNES S. Places to go：connectivism & connective knowledge. In- novate Online，2008，5（1）.

［5］ 任钟印. 夸美纽斯教育论著选. 任宝祥，熊礼贵，鲍晓苏，等译. 北京：人民教育出版社，2005.

［6］ 迈克尔·波特. 竞争优势. 陈小悦，译. 北京：华夏出版社，1997.

［7］ 田方萌. 麦肯锡营销方法. 北京：民主与建设出版社，2002.

［8］ 迈克尔·穆尔，格雷格·基尔斯利. 远程教育系统观. 王一兵，译. 上海：上海高教电子音像出版社，2008.

［9］ DALE E. Audio-visual methods in teaching. New York：Dryden Press，1946.

［10］ DALE E. What does it mean to communicate？. AV communication review，1953（1）.

基于"互联网＋教学"模式

——出题优在"人力资源开发与管理"教学中的应用

苏芷仪[1]　程淑洁[2]

([1] 管理学院人力资源管理系；[2] 管理学院工商管理系)

【摘　要】随着我国将"互联网＋"列为国家战略，互联网与教学相结合产生的新教学理念和模式成为新时代教育的诉求。出题优是一款云端实时互动的移动教学助手 App，将课堂教学与手机移动终端串联起来。本文通过分析出题优在"人力资源开发与管理"课程中的实践应用，为管理教育的教学实践提供相关借鉴。

【关键词】互联网＋　教学模式　出题优

一、引言

2015 年李克强总理首次提出了"互联网＋"计划，这意味着"互联网＋"已上升为国家战略，为未来各领域的发展指明了方向。"互联网＋"即充分发挥互联网在生产要素配置中的优化和集成作用，让互联网的创新成果与经济社会各领域深度融合，推动技术进步、效率提升和组织变革，提升实体经济创新力和生产力，形成更广泛的以互联网为基础设施和创新要素的经济社会发展新形态。①

同社会上许多其他行业一样，教育行业也受到了互联网巨大的影响。"互联网＋"思维为传统教育理念带来了革命性的冲击和挑战，相应地，现代教育该如何面对和适应"互联网＋"成为一大难题。通过构建"互联网＋教学"的科学模式，提升教育公共服务水平和教学质量，这既是深化教育领域综合改革不可回避的问题，也是广大教育工作者关心的重要课题。

在移动互联网时代背景下，大学生使用手机的频率越来越高。学生课堂玩手机是教育管理者和教师非常头疼的一个问题。出题优作为一款 App，以移动互联网环境为基础，将其应用于教学活动中，既能够满足师生课堂内外的需求、即时反馈、教学互动，又能提高师生互动效率和教学效果，达到教与学的良好互动。本文将阐述"互联网＋"背景下教学模式的特征与出题优的实践应用。

161

---

① 国务院关于积极推进"互联网＋"行动的指导意见．（2015 – 07 – 04）．http：//www. gov. cn/zhengce/content/2015 – 07/04/content_10002. htm.

二、"互联网＋教学"模式的内涵、特征与应用

（一）"互联网＋教学"模式的内涵

"互联网＋"的核心理念是让传统行业与互联网平台深度融合，而"教学"是指教师通过传授知识和技能指导学生学习，使其身心获得全面发展的教育活动。而"互联网＋教学"的新理念并不等同于简单地融入信息技术的课堂教学手段，其强调在教学本质的基础上用互联网的思维重塑教学的模式、内容、工具、方法和体系。"互联网＋教学"重新构建传统授课制的五个固定要素：教师、学生、内容、时间、空间，摆脱传统的线下教学模式带来的束缚，通过线上线下一体化的混合式教学方式，更多地以教师为主体、以学生为中心来构建教育和学习的环境，着眼于学生个性化的发展，挖掘学生的自主学习潜力，让其在充分协作和参与教学活动的过程中获取知识。

（二）"互联网＋教学"模式的特征

"互联网＋教学"模式改变了以教师为中心的传统授课模式。教师从教学的主导者变为学生学习的辅助者与服务者，而教学方式也从单向的知识灌输向更注重互动讨论的方式转变。其一般具有两种特征：第一种是在相应的平台或系统上实现学生与老师随时随地的交流互动，在此过程中学生可以进行线上学习、线上完成作业等传统课堂中的学习任务，即不受时间、空间的约束，拥有弹性的学习环境；第二种则是结合了传统的线上教学并引入了线下教学模式所进行的线上线下一体化的教学理念。课堂中，教师通过相关的应用或平台对上课的学生进行课堂点名、课堂提问、互动讨论等，既解决了传统教学模式中"教师与学生零互动""教师一人讲课"等问题，又增强了教师与学生的互动交流。学生在课前课后也可通过互联网平台与教师及其他同学进行课后线上的互动讨论思考，充分利用碎片化的时间进行学习，提高自主学习能力，调动学习的积极性。

（三）"互联网＋教学"模式的应用

现阶段，许多互联网教学平台在各大高校已投入使用，例如，微课、慕课（MOOC）等大规模在线开放课程，以及 Blackboard 等数位教学管理平台。如今更是出现将手机等移动智能设备引入教学过程中的"互联网＋教学"创新模式，如 App 出题优等。随着大学生依赖手机的程度日益升高，"低头族"和"手机控"的情况不可避免。要杜绝学生课上玩手机已不现实，那不如转变思维。出题优将课堂教学与手机串联起来，使手机成为有效的辅助学习工具，更为"互联网＋教学"的改革提供了坚实的支撑。

三、出题优的应用构成概述、功能与优势

出题优是一款云端实时互动的移动教学助手 App，可以在 iOS 与 Android 手机操作系统下使用，通过移动互联网以及移动设备让教师来组织学生开展教学活动，协助并

增强师生互动，从而激发学生对该门课程学习的积极性，并提高学生的课堂参与度。

（一）出题优的应用构成

教师可以像创建微信群一样创建一个或多个课程，每个课程都有一个课程代码。教师可在课堂上公布课程代码，邀请学生加入该课程。出题优涵盖下列四大模块：

（1）"课程题库"模块。教师在线上发布习题，可要求学生限时完成，也可用于布置线下课后作业。学生在规定的时间内提交即可。

（2）"反馈讨论"模块。该模块分为学生反馈和讨论区两部分。学生反馈部分主要是学生对目前所学章节进行留言和评分。讨论区主要是一个互动式平台，学生可随时发表在学习过程中遇到的问题或者对于知识点的疑问、看法，教师和其他同学可在评论区与其进行交流讨论。这一模块增强了互动趣味性，也促进了师生之间的交流，改善了传统课堂中"师生无交流"的教育模式带来的弊端。

（3）"课程相关"模块。该模块展示了课程的基本信息，包括课程名称、课程代码、课程时间等。教师可在此发布信息，学生也能在教师发布公告后即时收到通知，解决了教师课后难以联系到学生所产生的一系列问题。

（4）"学生管理"模块。该模块主要用于学生们对自己课上的表现的了解，包括课上问答、出勤率、小组成绩等要素以及最后的成绩统计信息。

（二）出题优的功能与优势

（1）实时课堂互动。亚洲课堂普遍存在学生在课上不发言，怯于对教师讲授的知识发表看法、"有问题不敢问"的现象。出题优则侧重于解决这个问题，使师生进行了交互性交流，增强了师生的互动，改善了亚洲教育中存在的这一问题。

（2）快速进行在线签到。出题优改变了传统点名册点名的形式，而是采用手机客户端签到的方式，教师可在课堂上随时开放签到功能，省时且有利于督促学生准时来上课，并可作为平时成绩（出勤率）的依据。

（3）线上随堂测验。教师可通过出题优系统随机抽点同学回答题目，检验学生的学习效果，并增加课堂趣味性。

（4）多元评价，增强考核的客观性。目前大多数的过程性考核还是以教师对学生的评价为主。随着小组学习在教学中的广泛应用，在开展小组教学的过程中发现学生有投机、"吃大锅饭"等现象。针对此现象，出题优提供小组和组内互评的功能，学生可以通过分组评价或互相评价的方式来进行多元评价，教师可将此评分计入考核的一部分，提高考核的公平性与课堂的活跃度。

（5）透明评分标准。使用出题优的学生都能够在"学生管理"模块中看到自己的进度和评分，如出勤率、答题率、答题正确率等。完全透明的评分标准也体现了课堂的公平性和可竞争性。

（6）重组碎片化学习。由于作业是学生随时随地都可以完成的，学生拿起手机点开出题优即能完成。出题优充分利用了学生的碎片化时间，让学生在休息玩手机的过程中通过一点一点的积累可做到对碎片时间的重整学习。

四、出题优在本科"人力资源开发与管理"教学中的应用

由于出题优具有强大的师生交流针对性，其在深圳大学的部分课堂上已被投入使用。笔者将其引入"人力资源开发与管理""统计分析与 SPSS"等课堂中。以下以"人力资源开发与管理"这门课为例，分析出题优在课程中不同教学阶段的应用情况。

（一）课前准备与预习

课前，教师将教材、图片、课件和作业案例等教学资源与网页链接上传至资源库内，供学生课前预习，并利用公告的功能通知学生在课前完成预习任务。

（二）课上实践

1. 出勤管理

教师在课堂上可随时开启点名功能，学生于教师限定的时间内在手机上进行签到。签到功能采取一键签到，方便快捷，可降低学生的旷课率，也可激发学习兴趣。

2. 课堂提问

利用出题优"随机点人"的功能进行提问，如下图所示，吸引学生的注意力，增加课堂的趣味性。当学生回答完问题后也能及时记录学生个人在课堂上的表现情况。此外，学生答题的完成率和准确率也将成为考核的标准之一。

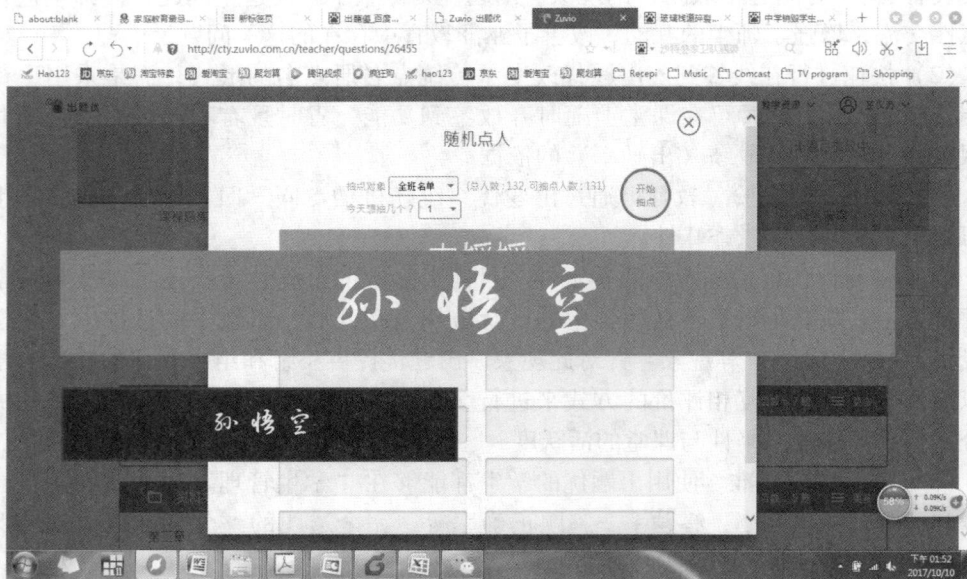

出题优"随机点人"界面

3. 课上讨论

学生在讨论区自由发表自己的见解，既节约了时间，又避免了某些学生由于胆怯

而不敢当场回答或提问的情况。教师可同步查看结果，并及时进行点评，让平时不爱发言的学生也能参与到课程中。

4. 知识点检测

在每一章节任务学习结束后，教师从之前上传好的题库中随机抽取习题，进行测试。测试的成绩可即时统计，相比传统的考试，缩减了时间，省去了人工阅卷计分环节，而且资源库可以重复使用，使教师的工作量大大减少。

5. 小组互评

每一位学生需要在设定的时间内对正在进行展示的小组完成多维度的即时评分并发表评语。在此过程中学生可随时对课堂中所学的知识点进行发言、讨论。小组间的相互评审更多的是一种互动交流形式，让学生在相互观摩中指出各自存在的问题，加深对理论知识的理解，领悟不同知识点之间的联系。

（三）课后评价

1. 作业布置

教师通过出题优来发布作业。学生通过手机查看，并使用手机提交作业，根据教师的要求上传文字、图片、音频或视频等资料。

2. 评教评学

教师课后针对出题优内涵盖的功能，如"考勤签到""线上作业""讨论答疑""小组互评"等，按一定的比例作为学生的平时成绩。真正能做到好学生高评分，有效地激励学生的课堂参与度，并给学生一个公正的评分，调动学生的积极性，增强学生的自信心。

（四）学生反馈

学生在出题优上的积极参与也进一步增强了师生交流。但根据学生的反馈发现出题优在实践中存在以下优势和弊端。

1. 优势

在线点名和线上答题功能一定程度上提高了学生学习的主动性和积极性，使得旷课、迟到、早退现象逐渐消失；同时学生非常欢迎新颖的教学模式，希望教师能继续在其他课堂上使用；小组互评更提高了课堂参与度，希望能推广至其他课程。另外，课上的学生表示虽然出题优增加了课时任务量，但该平台为学生提供了一个即时针对所学的知识发表意见的窗口，大大提高了学习效率。

2. 弊端

同时也有学生表示出题优仍存在许多需要完善的地方。例如，输入文字的界面容易出现键盘挡住答题框的不便之处，需要改进；出题优的 App 模式容易出现他人代登录系统的状况，他人代替签到等会造成评分的不公平；课程使用的 App 有时过于局限等。

五、对"互联网 + 教学"模式的体会与反思

(一)"互联网 + 教学"模式将逐步成为今后各高校的教育趋势

随着信息技术的进步,在人类生活中占有重要地位的教育板块开始引发人们的深思,将信息技术与教育相结合的教育模式逐渐被引入各大高校中。由于"互联网 + 教学"模式具有将信息技术与学科教学紧密结合的功能,在体现了素质教育的同时也帮助学生解决了许多问题,如传统教育中常见的旷课、与教师互动少等。"互联网 + 教学"模式将学生的碎片时间重组,联系学生生活并且紧扣时事热点,从而激发了学生的学习兴趣,培养了学生的综合能力。

(二)"互联网 + 教学"模式和移动智能设备的结合使用

随着手机智能化越来越高,学生课堂玩手机是教育管理者和教师都非常头疼的一个问题。现在,移动互联网和移动智能设备的结合不仅激发了学生内在的学习动力和潜力,也激发了广大教师应用现代教育技术的热情和激情。教学空间也从课堂、教室延伸到手机和网络,让手机成为学生强有力的学习工具,这对习惯利用零散时间通过手机等移动设备随时随地获取信息的"90 后"大学生而言无疑是"投其所好"。

通过出题优的实践可以看出,在实际操作中"互联网 + 教学"模式还存在许多不足。

1. 从教师方面而言

在使用过程中完全依赖信息技术则会造成与实际操作不符所产生的弊端,造成学生在学习过程中满意度下降等问题。这需要教师在使用相关的教育平台应用的过程中对于课程生成内容以及对于课程教学进度的把握和与其他课程的整合方面有更好的调控。

2. 从学生角度出发

需要进一步将学生的观念从传统的教育观念朝着"互联网 + 教学"的观念进行转变。在课堂上用手机 App 进行操作的过程中,难免会出现部分学生管控不了自己开始打开其他社交、娱乐软件,无心学习的现象。这个过程便是传统的教育模式中学生过于依赖教师单向传递知识造成的思想不集中问题。另外,系统化的学习容易使学生产生"保量不保质"的思想,过于追求系统上各方面的学习成绩而忽略了真正学习的知识。

以上问题说明,将信息技术融入教育模式的过程中还需要进一步与实际教学相结合,在实际操作过程中逐步完善"互联网 + 教学"模式。

(三)"互联网 + 教学"模式学习过程中技术的应用

在运用信息技术教学的过程中需要教师对于所使用的应用软件有技术上的支持,保证其在教学过程中稳步进行。在此期间需要对运用信息技术的教师进行技术指导,提高教师在使用过程中的熟练度以及对应用平台的熟悉度。

而对于学生而言，也需要教师循循善诱地引导教学，从而避免学生对信息技术教学产生抗拒心理。

（四）"互联网＋教学"模式的潜在问题

由于"互联网＋教学"模式更加侧重于学生的自我学习能力。例如，慕课（MOOC）平台中的课程几乎都需要学生在没有教师监督的情况下全程线上完成：线上自我学习和在线做题。在提供给学生十分有弹性的学习环境的同时，也需要学生具有良好的学习习惯和自我约束力。在"互联网＋教学"模式的推行过程中，若学生的自我约束能力不佳，则容易出现知识的滞后性，即学生难以完全吸收所学的知识，出现消极学习的状态。教师在教学过程中需要不断鼓励、引导学生学会自我教育、自我引导，培养学生自我学习的能力，激发学生对于新型教育模式的积极性和接受性。

学生和教师在看待"互联网＋教学"模式的过程中需要拥有批判性思维。批判性思维可以让师生在不断适应新型教学模式的过程中对其进行进一步的完善。通过探讨"互联网＋教学"模式以及出题优在高校"人力资源开发与管理"课堂中的应用实践发现，信息技术与教育的结合拥有很大的发展前景。

参考文献

［1］于洋鹏."互联网＋教学"教学模式的探索及反思——基于黑龙江省信息技术学科的课堂教学研究.黑龙江教育学院学报，2016，35（9）.

［2］王琳芝."互联网＋移动云班课"教学模式探析.当代教育实践与教学研究，2017（5）.

［3］刘月圆，杨齐.小组互评的理论基础分析.吉林省教育学院学报（下旬），2014（6）.

［4］欧水明.生生互评：培养学生思辩能力的新途径.福建教育学院学报，2017，18（5）.

［5］钟秉林，方芳."互联网＋"背景下的教学改革.教育与职业，2016（19）.

［6］崔阳洋，李如密."互联网＋教学"：内涵、特征、优势及挑战.江苏教育研究，2017（Z1）.

［7］童顺平.高校"互联网＋教学"：内涵与特征.重庆高教研究，2017，5（1）.

［8］张岩."互联网＋教育"理念及模式探析.中国高教研究，2016（2）.

"三线并行"教学理念下的供应链物流类管理课程体系的构建[*]

马利军　林美燕

（管理学院管理科学系）

【摘　要】供应链物流管理是企业运营管理的核心职能，因此供应链物流管理类课程是管理学院学生必须要掌握的知识。本文通过对现有供应链物流管理类课程体系的回顾，分析现有课程的不足，对比相关的课程改革提出设想，以深圳大学"供应链管理"课程为对象，进行相关课程体系的构建。

【关键词】三线并行　供应链管理　教学改革

一、引言

目前，管理学成为我国高等教育中发展最快的学科门类之一，管理类本科专业的招生规模和在校生规模占比高达 26% 和 24.7%，其专业布点数达到 8 125 个，普通本科高校大多设置管理类专业，理、工、农、医类专业也大多开设有管理类课程。

供应链物流管理类课程是管理类专业的核心专业课程。从课程性质来看，供应链物流管理类课程具有较强的实践性和应用性，因而供应链物流管理类课程教学要注重理论与实践并重，尤其要突出实践教学。然而，目前供应链物流管理类课程的教学依然沿用传统的教学模式，即以教师课堂讲授为主、以理论教学为主。为改变这种状况，不少教师在教学过程中进行了以理论教学为主、以案例教学和实践教学（如实验、参观考察、实习等）为辅的探索，但是仍然存在诸多问题。

理论教学的长短之处都在于灌输，灌输有利于知识的系统积累，但会限制学生自主学习能力和实际操作能力的提高；案例教学的特色在于模拟，模拟有利于培养和形成创造性思维，提高学生的逻辑分析能力和演绎推理能力，但并不能让学生真正接触现实；企业（社会）调研的核心在于体验，体验有利于培养学生的实际操作能力，提高学生发现问题和解决问题的综合能力。只有以上三种教学模式相互结合，构建"三线并行"教学理念并形成体系，才能达到管理类课程的教学目标。

深圳大学管理学院管理科学系率先在全国开设电子商务专业，并拥有管理科学与工程一级学科硕士学位授予点。深圳大学管理学院在管理科学方面凝聚了一批从事供应物流管理的学者。相关学者在顾客行为下的库存控制、环境友好下的供应链物流管理等方面进行了大量的研究，得到了国内外同行的肯定。

---

* 本文获得 2016 年度深圳大学教学改革研究项目（JG2016017）的资助。

　　尽管如此，在物流产业迅速发展的今天，理论教学、案例研讨及社会调研通常在特定课程的教学过程中是割裂开来的。如何针对目前管理类课程的教学现状及存在的问题构建"三线并行"教学理念下的教学体系，显得尤为重要。

　　在创新教育和全球化视角下展开深入研究，有助于深入阐明"三线并行"教学理念下的教学体系内涵，为供应链物流类课程教学实践提供值得借鉴的环节和模式，推动我国供应链物流类课程教学质量的提高和优秀物流人才的培养。

二、供应链物流类课程"三线并行"改革设想

　　我们的改革从理论教学的内容及手段、案例教学的组织及实施，以及社会调研的组织及指导三个方面展开。

　　在理论教学的内容及手段方面，目前的教学采用美国知名高校的教材，虽然采用了双语教材，但实际上更多用中文进行讲述。而美国知名高校的教材往往由美国教授编写，教材中大部分理论知识及企业案例都来自美国的企业，虽然教材很好地体现了国际特色，但是缺乏中国特色。因而，针对目前教学过程中的教学方式、内容，我们提出两个改革设想。首先，采用双教材制，以美国知名高校的教材配合国内知名高校的教材，对教学内容进行完善，从全球化视野、本地实践的角度来讲授相关理论前沿及最佳实践案例。其次，在课程讲授方面，在某些内容方面适当增加双语授课的方式，实现不仅仅是教材与国际接轨，更是课堂组织与国际接轨。

　　在案例教学的组织及实施方面，由于目前案例教学只是侧重于举例说明及案例介绍，且相关案例教学课时较少，因此，我们认为可以从以下两个方面进行改善。首先，我们不仅需要增加案例教学的课时量，同时也需要改变传统的案例介绍、举例说明、只做定性分析或者只做较少量化分析等简化方式的现状。通过课下分析及课堂分组研讨相结合的方式组织专门的案例研讨。其次，我们可以改变案例来源。以往案例都来源于教材、案例集，在今后的案例教学中可以对学生在社会调研中获得实际数据的案例进行研讨分析。

　　在社会调研的组织及指导方面，由于目前大多数管理类课程的教学缺少参观、考察、调研等实践性教学环节，因而学生的学习缺乏形象性。这其中既有课程安排的问题，也有学校排课的问题。通常课程的教学参访需要耗费至少半天时间。虽然任课教师能找到合适的企业进行参访，但是相关学生在半天时间里需要上的课可能不止一门，如果需要参访，势必占用其他课程的时间。针对社会调研的问题，我们认为可以从以下几个方面得以改善。首先，需要学校、学院两个层面进行支持。在学校层面，学校应该鼓励管理类课程的实训活动，通过提供社会调研场所、灵活安排课程等方面来支持学生的社会调研。在学院层面，学院通过提供经费与场所支持、统筹课程安排等方式来支持学生的社会调研。其次，需要改变社会调研过程中浅尝辄止的现状。需要对调研对象进行深入的了解，探索能对调研过程进行控制的形式，以达到教师指导、师生交流以及学生各小组相互学习的目的。最后，需要改变调研对象随意性、分散性的特点，根据需要对各门课程的调研对象进行有效整合。

三、供应链物流类课程"三线并行"教学体系构建

"三线并行"教学体系需要设计和建立一套较为完善的教学改革方案,并用教学文件的形式固定下来。我们以"供应链管理"课程为例,对该教学改革进行简要描述。教学改革方案主要包括课程描述、教学安排、三大模块教学设计、考核与评价方法等内容。"供应链管理"为电子商务、信息系统与信息管理两个专业的专业选修课,2学分,共36学时。

(一)课程描述

"供应链管理"是一门有效整合供应商、制造商、配销商以及零售商的学科。其目的在于使生产的产品可以在合适的时间按照合适的产量交付给合适的消费者。供应链管理中全球化的营商环境起着非常重要的作用。有效的供应链管理可以显著地减少系统成本而同时可以维持比较高的顾客服务水平,进而极大地增强企业的竞争能力。该课程介绍供应链管理的基本概念与管理方法,具体内容包括供应链网络、库存管理、供应链协调、风险分担、信息扭曲、牛鞭效应、供应链配送与运输,以及IT在供应链管理中的应用。课程着重于数学模型与分析工具的使用。

(二)教学安排

"供应链管理"按照理论教学、案例教学及社会调研三个模块进行学时分配。其中,理论教学占21学时、案例教学占6学时、社会调研占9学时。表1为课程模块划分及学时分配,表2为教学内容及各章节、各教学环节的学时分配。

表1 课程模块及学时分配

模块	学时
理论教学	21
案例教学	6
社会调研	9
总学时	36

表2 课程教学内容及学时分配

章节	主要内容	各教学环节学时分配			
		理论教学	案例教学	社会调研	小计
1	供应链管理概论	1			2
2	推式过程:库存管理I—MRP	1	1	1	3
3	推式过程:DRP	1		1	2
4	拉式过程:库存补充系统	3	1	1	5
5	供应链协调	3	1	1	5

（续上表）

章节	主要内容	各教学环节学时分配			
		理论教学	案例教学	社会调研	小计
6	风险分担—管理需求波动性	2	1	1	4
7	信息的价值	2		1	3
8	供应链配送与运输	2		1	3
9	供应链管理中的收益管理	2	1	1	4
10	IT 与供应链管理	2		1	3
11	课程回顾	2			2
	小计	21	6	9	36

（三）教学设计

教学设计从理论教学、案例教学及社会调研教学三个方面展开。理论教学模块设计主要包括双教材的选用及课件的制作。双教材是指国外知名高校经典教材与国内知名高校经典教材。由于在供应链管理相关理论研究方面，美国的相关学者在整个领域中起着领导的作用，因此教材选择以国外知名高校的经典教材为主，以国内知名高校的教材为辅，同时推荐多种教材、期刊作为教学参考资料。国外经典教材虽然在知识结构、内容前沿性方面具有优势，但由于学科设置、学制、学时以及企业实践的差异性，相关教材往往缺乏与中国相关的管理实践。而国内知名高校的经典教材往往很注重与中国相关的管理实践。在"供应链管理"教学中，我们选用国外知名高校的教材为美国麻省理工学院（MIT）David Simichi-Levi 等教授编写的 *Designing and Managing the Supply Chain：3$_{rd}$ edition* 及其在中国出版的中译本，我们选用国内知名高校的教材则为华中科技大学马士华等教授编写的《供应链管理》（第四版）。同时，我们还给学生推荐包含理论、案例及实训相关的参考书和期刊论文作为学习辅助参考资料。

案例教学模块设计主要在于规范教学步骤、改进组织方法及革新指导方法。案例教学的第一步是课前布置案例，要求学生提前阅读案例；第二步是课下小组案例研讨，整理计算结果并进行分析；第三步是课上案例研讨、分组发言、讨论及答辩；第四步则是课下小组集体完善案例研讨结果，提交案例分析报告。组织方法改进主要是有效激励学生进行个人发言，利用已有知识及经验，系统完整地对案例问题进行语言及文字方面的表达。

社会调研模块设计在于规范调研流程、加强调研指导及改进监督控制。调研第一步是对拟调研行业及企业背景进行研究，在研究的基础上选择合适的调研对象；第二步是针对调研对象及拟解决的问题设计访谈提纲及调查问卷；第三步是实地调研；第四步是处理调研数据及撰写调研报告。

（四）考核与评价

由于教学过程分为理论教学、案例教学及社会调研三个模块。因此，相关的课程考核需要突破以往重理论轻实践的方式，需要综合课堂出勤、案例研讨、社会调研及理论试卷考试等方式。按照教学相关比重，理论教学所占成绩比重为60%、案例教学为15%、实践教学为25%。理论教学成绩主要由平时考勤及期末考试成绩来计算，且以个人为计算成绩的依据，其中平时考勤占30%、期末考试成绩占70%。案例教学为小组作业，分别按照案例分析与演示及案例分析报告撰写两个环节进行考查，其中案例分析与演示占50%分值，案例分析报告撰写占50%分值，通过案例教学提升学生的团队合作意识，提升学生的演讲能力及写作能力。实践教学为小组作业，分别按照社会调研方案设计及社会调研结果分析报告撰写及演示两个环节进行考查，其中设计部分占30%分值，调查结果分析及报告撰写占70%分值，通过实践教学提升学生的实践能力。

四、供应链物流类课程"三线并行"教学体系研究总结及展望

在本文中，笔者在前人研究的基础上，结合深圳大学的实际情况对供应链物流类课程"三线并行"教学体系进行了比较深入的分析及探讨，研究成果具有一定的特色及创新，但也存在一些局限性。

本文的特点在于结合我国物流业发展的现状、市场对物流人才的需求状况以及深圳大学学生素质的实际情况，依托管理学院供应链物流管理学科群优势、项目群优势和伙伴群优势，对"三线并行"教学理念下供应链物流类课程教学模式进行探索与改革。

本文的创新之处在于在充分分析"三线并行"教学理念发展态势和需求的基础上，从供应链物流类课程教学的理念、资源、环境、内容、教学方法、教学手段和考核方式等多方面进行改革，并在实践的过程中不断总结经验与教训，建立动态调节机制，以激发学生的求知欲和探索精神，着力培养学生观察、解决实际问题的能力及创新精神。

本文的不足之处在于相关方案只是按照"三线并行"的思路进行了设计，没有完整地实施，且由于相关课程设计与学校的规章制度存在差异，相关课程设计也未考虑主讲教师的激励作用。因此，相关的实施推动可能会有一定的阻力。但是这些不足指引了笔者未来的研究方向。

参考文献

[1] 大卫·辛奇—利维，等. 供应链设计与管理：概念、战略与案例研究. 季建华，邵晓峰，译. 北京：中国财政经济出版社，2004.

[2] 马士华，林勇. 供应链管理. 2版. 北京：高等教育出版社，2006.

[3] 任建标，季建华. 运营管理案例. 北京：机械工业出版社，2002.

[4] 谭海鸥. 大力开展产学合作教育，积极探索应用型人才培养途径. 中国高教研究，2008（7）.

［5］张炳生，陈志刚．工程应用型人才培养体系的构建与实践．中国高等教育，2008（17）．

［6］张洪田，孟上九，秦进平，等．应用型人才培养体系的探索与实践．中国高教研究，2008（2）．

"管理系统模拟"课程教学改革初探[*]

杨　辰　刘　雷　王　红

（管理学院管理科学系）

【摘　要】计算机模拟技术的快速发展和广泛应用已使多种学科中极其复杂的问题迎刃而解。几十年来，管理科学的各个领域也在广泛使用着这一由现代数学方法、管理科学和计算机技术相结合而形成的管理系统模拟技术。作为一门与实际工作联系紧密的应用型课程，"管理系统模拟"的教学过程可以考虑采用项目式学习的方式。本文探讨了两者相结合的一些新思路。

【关键词】项目式学习　管理系统模拟　教学改革

计算机模拟技术已经成为决策支持系统的强有力的工具之一，小到银行的排队系统、车站的售票系统，大到对石油勘探决策和军事行动的模拟，其快速发展和广泛应用已使多种学科中极其复杂的问题迎刃而解。几十年来，管理科学的各个领域也在广泛使用着这一由现代数学方法、管理科学和计算机技术相结合而形成的管理系统模拟技术。因此，对于新时期下的管理信息系统领域的学生来说，其重要性不言而喻。而"管理系统模拟"，作为信息管理和电子商务专业的一门主干课程，其内容包含了基础篇、工具篇和应用篇。基础篇讲授了广泛应用于管理系统中的建模技术与计算机模拟技术中的基本原理和方法，包括输入数据采集和分析、模拟建模、输出数据分析和方案优化等；工具篇详细介绍了 GPSS World 等专用模拟语言的原理和用法；应用篇则结合了一些实例对专用模拟语言的编程方法及模块语句的使用进行介绍。该课程的目的是提高学生综合运用这些理论和计算机技术解决管理问题的能力。然而，本科生在学习过程中仍然面临诸多困难，主要是不能将管理系统模拟的理论、方法和软件结合起来解决具体管理问题。传统接收式教学中，学生总是对教师单方面的课堂传授、孤立的课程知识有着较高的期待，缺乏对知识的内在联系与对实际应用的思考，这样的教学方式在信息技术飞速发展的今天已经不能满足技术教学的要求。接下来，本文将从项目式学习的角度，提出一些管理系统模拟应用型教学的新思路。

一、"管理系统模拟"的教学要求

计算机模拟，主要是指利用计算机来模拟现实世界各种过程或系统的运行情况，对于现实系统进行建模和模拟运行，从而得到重要的统计与决策信息。管理系统数据的计算机模拟就是利用计算机和设计好的模型对已有的或设想的管理系统、管理策略、

---

* 本文获得 2017 年度深圳大学教学改革研究项目（JG2017057）的资助。

管理方法、管理手段进行模拟实验，以便对所涉及的方案进行分析和判断，提出进一步决策所需的依据。掌握系统模拟的方法论，并能够从管理视角入手，采用相应的模拟工具来完成管理系统的问题定义、数据分析、模型构建、模拟运行、结果评估和系统优化，从而建立起系统化的思维方式，并有效驾驭模拟技术的巨大力量，来应对复杂的管理挑战。在管理系统当中，大量的问题是离散问题，比如对于人的管理、对于事件的处理。而 GPSS World 语言是一种比较典型的离散系统模拟的语言，对于管理系统的离散模拟建模有较好的适应性。因此，在本课程的教学中选择了该语言作为实践的工作。管理系统模拟中有大量的步骤和细节需要研究人员具有创新意识和解决实际问题的思维能力。教材本身只能传授给学生一些较为死板的知识，而活学活用才是领悟管理系统模拟的关键所在。

　　相对来说，"管理系统模拟"教学内容涉及的知识面较广、理论较深。由于学习目标和待解决的问题不明确，学生虽然能够很好地掌握其理论和方法，但是在将这些理论和方法结合起来去解决具体的管理问题时存在较大的困难，从而导致理论方法与应用之间出现鸿沟。

二、项目式学习模式

（一）项目式学习简介

　　项目式学习（Project-Based Learning，PBL）指的是以真实的或模拟的工作任务为基点，让学生完成一个相对独立的项目（生产一件产品或提供一项服务等），并以此获得与项目相关的知识和技能。通过项目的实施，把理论与实践教学有机地结合起来，充分发掘学生的创造潜能，培养学生的自学能力、分析问题能力、动手能力、协作和交流等综合能力。在此过程中，学生对其学习过程自行组织管理和实施，而教师在教学过程中起建议、指导与答疑的作用。因此，有别于传统的教学方法，项目式学习是以学生为主体的实践活动，它注重的不是最终的结果，而是完成项目的全过程。项目式学习与传统式学习的区别如下表所示。

项目式学习与传统式学习的区别

差异	传统式学习	项目式学习
目的	传授新的知识和技能	运用已有的知识和技能实现新的意义建构
教学关系	以教师讲授为主，学生被动学习	在教师的协助下学生自主地学习
自主性	学生按照教师的课程设计经历学习过程	学生可以自主参与学习过程的设计
学习动力	外驱力起主要作用	内驱力得以充分调动
评价	通过考试以知识技能的掌握来简单评价学生	以项目成果和活动表现来综合评价学生

项目式学习的设计原则是：①要以学生为中心；②要选取合适的项目；③要创设学习的资源和协作学习的环境；④要注重项目的实施；⑤要以学生完成项目的情况来评价学生的学习效果。

根据以上对项目式学习的定义、特性和原则的论述，能够归纳出项目式学习具有如下显著的特征：第一，项目式学习是一种系统性的融教与学于一体的教学模式；第二，项目式学习重视学科核心概念和基础性知识与技能等学习内容；第三，项目式学习强调面对现实世界的真实复杂性问题；第四，项目式学习专注于学生的主体性和自主性；第五，项目式学习注重探究问题并提出解决方案。

项目式学习是以成果和实践为导向，有助于学生将知识应用于实践，从而反过来更加巩固知识的学习模式。其适用于处理复杂问题和任务，需要完成的任务与企业问题有现实的联系。因此，将项目式学习与"管理系统模拟"这门课程教学相结合，能够使学生在实践活动中亲身体验知识的产生，并建构自身的知识体系。

（二）项目式学习在课程教学中的应用

近年来，项目式学习作为一种重要的学习理念和学习方式，受到了越来越多的国外学者的关注和肯定。研究表明，项目式学习对学生学习知识有着积极的影响。与传统课堂相比，项目式学习班的学生在获取课堂知识上表现更好，他们能够获得可以应用于各种现实任务的知识。Brush 和 Saye 发现，项目式学习能够提高学生的参与度。例如，在一个经济学教室中进行的研究，项目式学习能够将水平参差不齐的学生以及那些在项目开始时对经济学最不感兴趣的学生凝聚在一起。也有一些研究表明，参与项目式学习的学生也受益于批判性思维和解决问题的能力的提高。例如，一项关于项目式学习的研究显示其对能力低的学生有着显著的积极影响，这些学生提高了446%关于批判性思维技能的使用，包括综合、评估、预测和反思，而能力高的学生则提高了76%。此外，项目式学习已被证明有助于提高学生的协作技能。

关于项目式学习的研究，国内相对国外来说起步较晚。但还是有很多学者进行了新颖的实验和研究，并且取得了丰硕的成果。例如，王海澜认为，目前在学科的逻辑结构没有改变的情况下，进行项目式学习不仅非常必要，而且非常可行，但前提是把学科的核心概念和基本原理进行项目式转化。转化的具体环节包括：分析学科的核心知识及其应用范围；把这些核心知识按照应用场合和领域进行项目式组合；开发学习资源系统等。何靖在"商业银行经营管理"课程中引入了项目式学习的教学方法，采取小组分工与合作的方式，通过完成各小组子项目中的各项任务，在一定程度上较好地完成了学生知识构建和能力的提升。杨莉萍和韩光则进行了一项基于项目式学习模式的大学英语学术写作教学实证研究，研究表明，实验组学生和对照组学生的项目研究论文在论文选题、研究过程、调查方法、数据统计、写作规范和手段等方面有相当显著的差异性。实验组的学生获得了更多体验真实世界和应用语言的机会，增强了实践、研究、创新的能力以及通用英语和学术英语写作能力。

三、"管理系统模拟"课程教学中的项目式学习思想

巴克教育研究所（Buck Institute for Education）强调项目式学习的特点，即承认学生内在的学习驱动心理，促使学生去关注课程的核心原理和概念，注重能够引发学生对真实而重要的主题进行深刻思考的挑战性问题，督促学生使用基本的工具和技能进行学习、自我管理与项目管理，形成产品并强调解决问题、解释难题以及演示通过调查、研究和推理所获得的信息。

相比于其他自然科学及应用工程类的课程，譬如"微生物发酵"课程，如果教学设备不足或者教学环境不允许，其项目式的学习就很难开展。因为微生物发酵所需要的菌株、化学试剂和各种实验仪器缺一不可。然而"管理系统模拟"是对具体的管理系统进行计算机模拟实验，所需的唯一硬件设施只是计算机。因此，在中后期的教学中，可以采用项目式学习的方法，进行一个完整的、具体的模拟实验项目，让学生将前期学到的理论和基本技能应用到实践中，使之掌握得更为牢固。

项目式学习一般包括以下六个阶段：项目筹备（确定项目任务）、项目计划决策、项目实施、项目评估（成果展示和评估展示）、项目拓展、成果归档与应用。而选择合适的项目任务是项目式学习的关键。Thomas 提出并阐述了项目内容的五个标准：核心（Centrality）、驱动性问题（Driving Question）、建设性调查（Constructive Investigations）、自主性（Autonomy）和真实性（Realism）。现有管理系统模拟主要包括离散系统模拟、连续系统模拟和复杂系统模拟这三大内容，因而需要从众多的管理项目中识别与选择适合该课程教学的项目作为研究对象，避免系统复杂或与本课程内容联系不紧密的项目出现在教学内容中。选择项目的时候也需要注意考虑学生的兴趣点和就业意向，充分调动学生的好奇心和学习动力。这一块可以由教师认真、全面地分析教学内容和教学大纲，关注企业生产运营实际，同时和学生进行充分交流，从而确定既符合教学要求又适合学生的项目。

班级划分小组后，各个小组选择自己的项目任务。以产品质量控制系统模拟为例，新零件的生产呈现某种分布，比如均值为 30 分钟的指数分布。一个零件的生产检查工作要依次经过三个步骤，每一步都要经过若干传输时间，而每一步都要求有相应比例的零件被检查出不合格。在之后返工的零件中有一部分被要求废弃，而剩下的不合格品需要重新处理。根据每一步的检查处理时间的概率分布来模拟工厂里的零件生产过程。

这个项目学习要求学生对工厂里的产品质量控制系统进行计算机模拟，其内容来自真实的企业生产实践问题。针对这个项目，明确组内各成员的工作分工以及预计每个工作任务所需要的时间。然后按照小组制定的步骤和程序，分工协作，完成个人承担的工作任务。GPSS World 不像其他高级语言那样程序按各个语句的顺序先后执行，而是有可能让不同位置的语句在形式上同时执行（并行执行）。这一特点对于初学者来说非常容易混淆，使其造成错误的理解和运用。因此，在实施过程中遇到问题时要及时地与同学或老师讨论，寻找解决问题的最佳方案。完成项目实施后，对项目进行评

估，包括成果展示交流、自我评估和教师评估。而在项目拓展过程中，教师为学生准备更多的知识点和引导问题，引导学生对项目完成情况进行深刻的反思。学生通过班级或小组讨论方式，从引导问题中找到解决方案，并应用到项目中去，同时深入思考知识拓展的可能性及今后的工作任务。最后，及时总结项目工作成果，并且将成果进行归档。

通过对这个产品质量控制系统进行计算机模拟，调整其系统参数，达到改进和优化产品质量控制系统的目的，与实际工作中的任务目标不谋而合。因此，具体的项目实施不仅能够使学生明确学习目标和学习方向，更使得学生将理论充分与实际结合起来，构建自身的知识架构和能力，为今后的工作和研究做好准备。对于现实世界中真实问题的理解与应用，既能调动学生学习的积极性，也有助于阐明研究的问题背景与具体步骤，这在本课程的教学中表现得尤为明显。

四、小结

在我国高等教育国际化进程日益加速的时代背景下，在不断变革、推陈出新的管理要求下，如何培养符合时代要求的专业管理人才，如何激发和引导他们的自我发展，如何充实教学内容、加强多元化教学、调整教学方向，是管理教学界面临的重要课题。本文简要阐述了项目式学习的一些基本思想，并就"管理系统模拟"课程的教学实际情况，举了二者结合的实例。

作为一门偏应用型的课程，给学生传递出"注重知识的有用性，以解决现实问题"的基本思想是十分必要的。通过在"管理系统模拟"课程中的实际运用发现，项目式学习有助于培养学生独立思考、实际分析解决问题和协同合作的能力，有助于他们更好地理解和掌握现实中的管理系统模拟技术。而教师通过参与项目的指导，能够真正了解学生的知识需求，让他们实实在在地学到知识，从而能够在教学工作中更好地运用多种方式提高教学质量。因此，我们应该持续深入研究，考虑将其运用到管理专业其他课程的教学中去。

信息管理和电子商务专业培养的都是面向市场的高级复合型人才，在教学过程中如果能够面向应用、面向市场、面向用户，对于学生的职业能力和基本技能的培养将产生重大的影响。

参考文献

[1] 姜海虹，于本海．管理系统模拟与 GPSS．2 版．北京：清华大学出版社，2013．

[2] 王小林，赵敏．基于问题驱动的《管理系统模拟》教学模式研究．长江大学学报（自然科学版），2015（31）．

[3] 姜林奇．管理系统模拟与 GPSS 语言．北京：清华大学出版社，2000．

[4] 卫强，陈国青．管理系统模拟．北京：高等教育出版社，2008．

［5］WILLIAM J STEPIEN, et al. Problem-based learning for traditional and interdisciplinary classrooms. Journal for the education of the gifted, 1993, 16（4）: 338 – 357.

［6］JO BOALER. Experiencing school mathematics: teaching styles, sex and setting. Journal for research in mathematics education, 1997, 19（4）.

［7］WILLIAM R. PENUEL, BARBARA MEANS. Designing a performance assessment to measure students' communication skills in multi-media-supported, project-based learning, Annual Meeting of the American Educational Research Association, 2000.

［8］THOMAS BRUSH, JOHN SAYE. The effects of multimedia-supported problem-based inquiry on student engagement, empathy, and assumptions about history. Interdisciplinary journal of problem-based learning, 2008, 2（1）.

［9］R TRETTEN, P ZACHARIOU. Learning about project-based learning: assessment of project-based learning in Tinkertech schools. San Rafael, CA: The Autodesk Foundation, 1997.

［10］NORMAN GLENN SHEPHERD. The probe method: a problem-based learning model's affect on critical thinking skills of fourth and fifth grade social studies students. Dissertation abstracts international, 1998, 59（3 – A）.

［11］JOHN R MERGENDOLLER, NAN L MAXWELL, YOLANDA BELLISIMO. The effectiveness of problem-based instruction: a comparative study of instructional methods and student characteristics. Interdisciplinary journal of problem-based learuint, 2006, 1（2）.

［12］C HORAN, C LAVARONI, P BELDON. Observation of the Tinker Tech Program students for critical thinking and social participation behaviors. Novato, CA: Buck Institute for Education, 1996.

［13］BRIAN ROBERT BELLAND, P A ERTMER, K D SIMONS. Perceptions of the value of problem-based learning among students with special needs and their teachers. West Lafayette: Purdue University Press, 2006.

［14］王海澜. 论作为学科学习框架的项目式学习. 教育科学, 2003, 19（5）.

［15］何靖. 基于项目式学习的"商业银行经营管理"课程教学方法探讨. 中国管理信息化, 2015, 18（3）.

［16］杨莉萍, 韩光. 基于项目式学习模式的大学英语学术写作教学实证研究. 外语界, 2012（5）.

［17］JOHN W THOMAS. A review of research on project-based learning. San Rafael, CA: The Autodesk Foundation, 2000.

"运营管理"课程教学方法探讨：
基于 PBL 教学法的应用[*]

林旭东

（管理学院管理科学系）

【摘　要】PBL 教学法主要用于医学教学，现在却越来越多地被新兴学科运用。在"运营管理"课程中使用 PBL 教学法，有助于激发学生主动学习的热情，培养学生独立思考和解决问题的能力，探索高校全面教育的新路径。在课堂中划分学习小组，实施"提出问题—收集资料—小组讨论—总结反思"的四段式 PBL 教学法，学生总体反映该教学法优于传统教学方法。在实践中得出，并非所有的课程内容都适合使用 PBL 教学法，构建的问题、教师的综合素质和学生的学习活动将直接影响PBL 教学法的实施效果。

【关键词】PBL 教学法　运营管理　设计　实践

一、PBL 教学法的内涵及应用

　　PBL（Problem Based Learning）即基于问题的学习。PBL 教学法是针对传统教学法单纯注重知识传授、忽视学生技能培养的弊端，顺应教学模式改革潮流而发展起来的一种新型教学方法；是 1969 年由美国神经生物学教授 Howard Barrows 以信息加工心理学和认知心理学为基础创立的教学模式。PBL 教学法以学生为中心，以问题为基础，在教师的启发指导下，以学生自学和小组讨论为重要形式。对 PBL 教学法有多种定义，其中代表性较强的是基于问题的学习是一种教学策略，在学生学习知识和拓展问题解决能力的过程中，为他们创设有意义的、情景化的真实世界情景，并为他们提供资源，给予引导和指导。

　　PBL 教学法开始主要应用于医学教学，在 20 世纪 80 年代发展较快。90 年代以来，国内引进 PBL 教学理念，已有越来越多的医学院校开始尝试 PBL 教学法。在国外，PBL 教学法正越来越多地被其他教学领域所采用，如商业教育、建筑教育、工程教育、法律教育、社会工作教育，从培养本科生、研究生的领域逐步走向中小学教育领域。经笔者跨库检索中文期刊发现，PBL 教学法在国内研究较晚。2000 年之前的文献不足200 篇，相关的研究成果主要在 2010 年前后发表，而且绝大多数内容集中于医学卫生行业，除此之外涉及较多的领域包括教育社科、理工、电子信息类等。文献表明，由于 PBL 教学法引入了先进的教学理念和教学模式，目前国内的很多高校将这种教学方

　　* 本文获得深圳大学教学改革研究项目（JG2014037）的资助。

法试用于各学科的教学改革中。

二、PBL 教学法应用于"运营管理"课程的优势分析

"运营管理"是近年来深圳大学开设的一门重要的基础课程，是以管理学、管理经济学为理论基础，以数理统计学方法、运筹学方法、计算机信息处理等为手段的课程，按照运营系统生命周期的逻辑框架，从运营系统的产生（选址、布局）到系统的运行（质量控制和库存管理），再到系统的再生（改进），将运营管理活动有机地组织起来。这是一门要求学生进行体验式学习、互动式学习、养成式学习、自主式学习的课程。然而对于这门新兴的实践类课程，囿于各种原因，目前的授课方式大体还是以教师为主体。授课主动权掌握在教师手中，教师制定每节课的主题，按照课程纲要，比较系统地介绍相应主题的重要知识。这种教学方式通常架构较为完整，传授速度较快，但大多是单向传输，师生互动不足。越来越多的本科生对这种传统的灌输式教学方法感到不满。而在该课程中使用 PBL 教学法能使学习具有探索性、问题性，使学生更加积极主动地参与其中，培养他们的学习能力、团队合作与创新精神，有助于树立终身学习的观念。

1. 激发学生主动学习的热情

PBL 教学法是以具体的、有争议性的问题为出发点，如"中国如何由制造大国转变为制造强国""企业的竞争优势与其运营策略的关系何在"等，这些开放性的问题与学生的管理理论联系紧密，容易引发学生产生参与讨论的热情和对具体问题具体处理的实践感。在教学过程中，教师积极引导学生参与问题讨论，通过深入剖析，使用相关工具研究解决方案。课后作业"企业运营管理十大重要事件以及这些事件体现了哪些核心理念"，学生利用业余时间对企业运营流程进行全方位的分析和讨论，结果以书面报告的形式呈现出来并在小组内分享。这不仅能增强学生对运营管理的深层次认知，更能增加他们的学习成就感，从而引发他们对运营管理知识学习的兴趣，有助于提高教学效果。PBL 教学法充分强调学习的主动构建、社会互动性和真实情境性，不仅包括课堂上的讨论、互动、分享，还包含课下的思考、练习、作业和探索，学习方法灵活多样，不受时间、空间的限制，它改变以往教学中僵化、教条的授课方式，将有限的课堂学习时间和无限的生活空间联系在一起。对这种灵活的教学方式，学生接受程度更高，主动学习的热情更高。如果运用得当，他们获得的知识、技能和理念可用一生，并能探索使用于其他学科，为终身教育提供可行性路径。

2. 培养学生独立思考和解决问题的能力

知识急剧增长的现在，出现了很多跨学科跨专业的科学。要适应当今社会的高速发展，学生必须具备强大的主动学习和自我学习的能力。而传统的教学以教师为中心、学生被动学习的"填鸭式"教学方式难以达到培养学生独立思考、自主学习、提高实践能力的目的。高校已逐渐将注意力放在培养学生一系列新的能力上，特别要求学生具备迅速筛选、获取、鉴别、加工和处理信息的能力。也就是说，课程设计应把重点

放在"自学"原则上，而不是像传统教育那样放在"教学"原则上。PBL 教学法则正好满足这一要求，在课程的开始就提出了问题，学生带着问题学习，要经过对知识的质疑、判断、比较、选择、分析、综合及概括等认识活动，通过多种思维和认知方式才能解决问题。这其实就是学生逐步获得综合思考和解决问题能力的过程。

3. 探索高校全面教育的路径

"全面教育"来源于美国哈佛大学的 General Education，是哈佛大学自 2007 年启动的一项新的教学改革。哈佛大学实施了 30 多年的核心课程教育是指每位学生入学后第一年必须先选择一些核心课，而这些课可能与专业有联系，也可能没有联系。而现在实施的全面教育是指所有课程都必须包含除了知识以外的更多内容，如伦理、情感、态度、能力等，它能使学生永远都处于探索和接近真知的过程中。在"运营管理"课程中应用 PBL 教学法，课堂内外要完成真实案例分析、问题调研、社会调查、人物访谈、运营分析、职场人士访谈等多项任务，学生以问题为基础、以小组为单位分工协作，不仅要解决问题本身，同时要注重解决问题的方式、方法和过程。例如，分析运营战略部分，课后设置的社会调查题目是企业如何确定自身的运营战略，以及受到哪些因素的影响。多数学生选择在网络上搜索，有的询问公司的亲朋好友，有的总结个人经验等。其中，有一组学生令人印象深刻：他们分头给深圳 30 余家知名企业的运营部门发送邮件寻求答案，虽然只得到少数回复，但无疑这些回复是极具权威性的。这组学生因为在整个过程中经过思考协商，确定了独特的运营管理解决方案，并与知名企业建立了联系，因而对运营管理的探索更加明晰。有了强大的内在促动力，才可能有更强的执行力。用 PBL 教学法设计该课程，不仅要让学生了解运营的相关知识和技能，还应致力于管理能力和运营技能的训练，致力于教学与生产实践、社会服务、技能推广相结合，让这种教育覆盖人的整个学习过程，全面提升人的运营管理素质。

三、基于 PBL 教学法的"运营管理"课程设计与实践

PBL 理念更关注学生的需求，"运营管理"课程设计更关注学生的企业运营意识。该课程本身就是为增强大学生对企业运营管理的了解和参与而开设的，因而教师应积极渗透企业运营的理念，致力于启发学生深入思考、探索企业运营的内在机制和原理，从而在日后工作过程中更好地胜任运营管理岗位。当 PBL 教学法应用于此类实践性课程时，若能设计合理、现实的企业运营问题交由学生探讨，则更能满足学生的实际需求，顺应社会的发展需要。

1. 教学设计

根据"运营管理"课程教学大纲和教学计划要求讲授的基本概念和重点内容，对部分章节的内容进行 PBL 教学设计。

2. 探索学习小组的划分方式

在"运营管理"课程中建立固定的学习小组，采用 PBL 方式教学。本研究将根据学生自由组合，加以考虑人数、性别、专业、性格等因素进行微调，划分学习小组。

每组人数 6~8 人，相互认识后由组内推选组长和记录员，从此小组的课堂座位固定，直至学习结束。

3. 实施"提出问题—收集资料—小组讨论—总结反思"的四段式 PBL 教学法

（1）提出问题。研究者将根据课程教学大纲的有关要求，结合现实，确定要讨论的几组问题，并就问题的科学性和启发性征求课题组成员意见并做必要的调整。如分析运营战略时，设置的问题可以是"联想（华为、平安保险）应如何按照其组织远景形成其运营策略和竞争维度优先级"等。

（2）收集资料。学习小组根据提出的问题分工协作，寻找解决问题的方法和假设。学生紧紧围绕这些问题钻研教材、搜集资料、查阅文献，并认真记录。

（3）小组讨论。小组成员对各自查阅到的资料进行汇报交流，经过多次讨论和总结，归纳出几种解决问题的方法，最终得出一种方案。教师要在此过程中对小组讨论发生的偏差进行校正，引导到正确的方向上。

（4）总结反思。学生以小组形式把讨论结果在课堂上用各种形式和工具汇报出来。教师根据学生们的讨论结果，分析难点，归纳重点，找出偏差或不足，在充分肯定学生的探索精神和取得成绩的基础上，客观地对讨论结果给予评价。学生有意识地对他们所解决的问题进行反思，可以提炼教学内容的核心知识，提高学生解决问题的技能，发展高层次的思维能力，实现学习的融会贯通。

4. 设计反映 PBL 教学法效果的调查问卷

对学生在 PBL 教学前后进行问卷调查；若情况允许，在一年后进行追踪问卷调查。调查表应包括封闭式和开放式两类问题。教学前调查内容主要包括学生个人基本情况、学习情况、对 PBL 的了解及评价。课程结束后调查内容主要包括学生对 PBL 的总体评价、PBL 是否能提高对外部资源的利用率、PBL 是否能提高独立解决问题的自信心、PBL 的优势和存在的问题等方面。追踪调查的主要内容包括学生对 PBL 强化自身能力的看法、今后大学课程中哪些可采用 PBL 教学法、学生认为 PBL 存在哪些优势、学生运用 PBL 方法学习的习惯态度等方面。

四、课程中应用 PBL 教学法的注意事项

1. 在"运营管理"课程中，并非所有的内容都适合使用 PBL 教学法

有些课堂活动设计采用 PBL 教学法与传统教学相结合的模式。研究者认为法无定则，好的课堂应该是学生积极性高、参与性高、有所获得、有所反思、有所行动的课堂。为达到这些目标，课程设计可以多种多样。在本课程中引入 PBL 教学法仅是一种尝试和探索。

2. 建立劣构问题是 PBL 教学法实施的关键

问题是 PBL 教学法的出发点和关键点。所构建的问题应该是结构不良、难于找到统一答案并具有一定复杂性的，这样才有利于学习者进行探索，并且最好能与现实生活挂钩，在查找资料的过程中激发学生的学习动机，促进学生的学习向纵深发展。如

果问题设计不合理或超出学生的研究能力，课堂讨论时可能出现学生积极性不高、耗时较多的情况，导致知识点阐述不明、偏离核心内容等问题。所以 PBL 教学法所构建的问题应精心设计与准备。

3. 关注课堂内外的学生活动特点

学生是学习的主体，对学习承担责任，在整个 PBL 教学过程中认真思考问题、分析问题，通过查询资料形成解决问题的答案。激发学生的参与性，与教师积极互动，并组成学习团队，亲身体验协作和相互支持的学习环境，是 PBL 教学法实施的初衷。教师应广泛宣传 PBL 教学法的优势，吸引学生的注意并争取其配合，持续关注他们在课堂内外的学习活动，将学生的配合学习转变为主动学习。

4. 教师专业水平和综合素质要求较高

在 PBL 教学过程中，学生自学会产生各式各样意想不到的问题，这对教师的知识结构、教学思维、协调能力、应变能力都提出了较高的要求。因此，担当学习教练、导师、辅助者、合作者以及专家顾问等多种角色的教师，不仅要有扎实的理论基础和宽泛的知识面，还应学习并掌握调动讨论气氛的技巧。另外，教师在前几次课上应全面了解学生已获得的理念与知识、已具备的条件与能力、今后可能的发展方向，在此基础上设计基于现实的非结构问题，激发学生的兴趣和求知热情。

参考文献

[1] 牛丽江，南克勉，王增田，等. 解读 PBL 中的师生角色. 中国高等医学教育，2006（7）.

[2] 龚晶晶.《运营管理》教学模式改革探索——以韶关学院为例，韶关学院学报，2011，32（9）.

[3] 刘儒德. 用"基于问题学习"模式改革本科生教学的一项行动研究. 高等师范教育研究，2002（3）.

[4] 潘澜澜，李莉，薛冬娟. 工业工程专业运作管理系列课程教学改革研究. 装备制造技术，2010（9）.

[5] 崔炳权，何震宇，王庆华，等. PBL 教学法的研究综述和评价. 中国高等医学教育，2009（7）.

[6] 王建新. 浅探"全面教育"和"通识教育"两种育人观念. 新课程（下），2011（2）.

用歌词及证券行情软件等媒体
补充完善"证券投资学"的教学内容

陈 苍

（管理学院管理科学系）

【摘 要】本文介绍了笔者如何把歌曲、歌词作为"证券投资学"课堂的开始和结束，描述当前股市的行情走势，展露投资者博弈股市的心境，反映中国特色的投资风格，揭示股市运作的波动空间模型的教学实验；又探讨了应用股市行情软件讲解中国股市历史走势和个股行情的教学方法；还总结了制作多媒体课件的一些心得。

【关键词】证券投资学 歌词 股市行情软件

"独立寒秋，湘江北去，橘子洲头……"离上课还有几分钟，优美的《沁园春·长沙》歌声就在教室中响起，投影屏幕上股票软件正显示着最近的股市走势，笔者结合播放的歌曲的歌词，对股市当今的发展形势进行简要的分析。这就是笔者的全校公选课"证券投资学"每堂课开始时必有的内容。

十几年前，笔者尝试给管理学院信息管理与信息系统专业的学生讲授"证券投资分析"时，曾引入一个"江湖"系列漫画，辅助讲述导语和总结语。大家反响很好，这给了笔者坚持下去的信心。后来又在全校开设"证券投资学"公选课，逐渐把这种试验发展成开始曲和结束曲的形式，一直持续到现在。

随着沪深股市的不断发展，全国股民开户数量早就达到了惊人的规模，股市行情已经牵动了众多群体和个人的利益，证券财经类的媒体非常活跃。在各种博客、论坛上，对股市的看法铺天盖地、五花八门，其中有一类就是用歌曲抒发股民的感情，有的是转发一首歌的音频或视频，更细致的是转发歌词，通常的做法就是修改歌词，把股市的术语和变化写进歌词中，但还保留一些原歌词的风格概貌。而把原歌词引入"证券投资学"的教学中，笔者已经进行了十多年的实践，这在全国如果不是独一无二的，也是极为罕见的。

把歌曲、歌词作为课堂的开始和结束，最常用的一种是描述当前股市的行情走势，如《沁园春·长沙》（"鹰击长空，鱼翔浅底，万类霜天竞自由"）、《把根留住》（"擦干心中的血和泪痕，留住我们的根"）代表牛市行情的起点，《变脸》（"变变变变变变变看看看，急如风快如电快如电"）说明行情的错综复杂和起伏转折，《沁园春·雪》（"俱往矣，数风流人物，还看今朝"）展示阶段性高点或牛市的巅峰状态，《菩萨蛮·黄鹤楼》（"黄鹤知何去？剩有游人处"）、《十六字令三首》（"惊回首，离天三尺三"）反映股市见顶后的危机四伏，《清平乐·蒋桂战争》（"风云突变，军阀重开战""红旗

185

跃过汀江，直下龙岩上杭")、《烟花易冷》（"繁华声遁入空门，折煞了世人"）刻画熊市反弹的突然发动和一步到位，《虞美人》（"问君能有几多愁，恰似一江春水向东流"）生动体现熊市的漫长下跌。

股市博弈涉及的资金堪称海量，各路机构投资者和广大股民都在争夺这个庞大的利益蛋糕。在笔者选择的歌曲中，就有《滚滚红尘》（"终生的所有也不惜换取刹那阴阳的交流""为只为那尘世转变的面孔后的翻云覆雨手"）慨叹股民的单纯幼稚和漠视风险以及操纵者的反复无常和冷酷无情，《一起走过的日子》（"现在剩下我独行，如何用心声——讲你知"）吐露漫长熊市中的炼狱体验，《冲动的惩罚》（"那夜我喝醉了拉着你的手胡乱地说话，只顾着自己心中压抑的想法狂乱地表达"）尴尬描写跌势抢反弹的一厢情愿，《棋子》（"想逃离你布下的陷阱，却陷入了另一个困境"）直白展现资本博杀的步步惊心。

沪深股市是新生的资本市场，它既具备类似欧美股市的一些共性，也由于经济、文化、社会等因素而逐渐形成别具一格的运作特色。投资者据此产生了一些见仁见智、颇具争议的投资理念和投资风格。这也在笔者选取的歌曲的歌词中有所反映，如《情网》（"而你是一张无边无际的网，轻易就把我困在网中央"）讲述一批又一批股民被上涨行情吸引而成为市场一分子的历史和现实，《借我一点爱》（"请你暂时借我一点爱，好让我向寒冷买点温暖"）、《白桦林》（"天空依然阴霾依然有鸽子在飞翔"）说出了作为市场奠基者的股民的坚守和无奈，《这样爱你对不对》（"如果是我把爱情想得太美，我应不应该放弃这最后的机会"）、《猜心》（"猜你的心是真诚还是谎言，猜你的心是瞬间还是永远"）表达了股民既想入市又怕被伤害的复杂内心世界，《大约在冬季》（"不是在此时，不知在何时，我想大约会是在冬季"）说明处于不利局势下的股民还抱有对未来的祈盼，而《追寻》（"追寻我生命的那份纯真，心中抹不去的那一片云彩"）更道出了投资者坚持正确投资理念盼望股市向好发展的心声。

有时，一段歌词还能微妙地揭示股市运作的波动空间模型。如《菩萨蛮·黄鹤楼》（"沉沉一线穿南北""龟蛇锁大江"），"一线"是指京广线，"龟蛇"就是武汉长江两岸的龟山和蛇山。这里前一句可引申为上证指数自 2008 年以后就基本在 1 664 点（2008 年 10 月 28 日最低点，之后至今从没跌破这个点位）和 6 124 点（2007 年 10 月 16 日最高点，也是上证指数历史最高点）之间运作，可能打破这种格局会引起激烈的股市动荡。而后一句又可以用来刻画熊市阶段大多数年份既想把资金吸引进股市，又要防着股民出逃而维持指数窄幅波动的矛盾心理和精确算计。这种高度概括的文字描述模型有时比太苛求具体算法的数学模型的适用范围更广泛。

每当"证券投资学"上课的前几天，笔者都要认真考虑本次课究竟要选用哪两首吻合当前的资本市场现状或可以体现一些证券投资理念的歌曲。这种挑选，如果遇到市场出现激烈变化，有可能在上课前几小时才完成，实时的意味更浓。

对于如何选取歌曲，笔者也进行了很多试验，逐步形成了有新有旧、每学期更新一部分歌曲的格局。一些歌曲在每年重复使用，证明了技术分析中历史会重演的说法。而更多歌词的加入，也说明了股市运作的复杂程度，反映了游戏常玩常变，观念时时刷新。其中有一类歌曲，就是由毛泽东诗词改编的京调音乐或艺术歌曲。诗词集中了毛主席的政治军事思想，移植到证券投资中也十分贴切，这更进一步彰显了伟人思想的高屋建瓴。而罗大佑、李宗盛等港台歌曲创作者写的作品，不仅展示了港台流行音乐的巅峰水准，还深刻反映了商业社会的各种心理状态，是对人性的入木三分的概括和折射。内地也有不少反映社会现实和大众心态的好歌曲被笔者选用。由于要不断挑选歌曲，笔者也观看了大量歌唱比赛节目并浏览了各类音乐网站，对如何选定更反映社会现状的歌曲作品有丰富的经验。

当然，股市并不能代表整个人生。同样也不是所有歌曲都适合表达股市运作。比如只能在一些晚会上出现的太专门或太公式化的歌曲，或者太伤感哀怨且影响斗志的作品，就没有入选。当然这纯属个人偏好。学生在写学期论文时，也有涉及歌词这方面题材的。他们的选歌风格，可能就与笔者不同，这也反映了"有一千个人就有一千个哈姆雷特"的说法。

2016 年 10 月，瑞典文学院宣布将诺贝尔文学奖授予美国摇滚、民谣艺术家鲍勃·迪伦（Bob Dylan），表彰其"在伟大的美国歌曲传统中创造了新的诗歌表达"。在当今纯粹诗歌不太普及的情况下，歌词可能起到诗歌的某些作用，或者说有部分具备诗人潜质的作者转而去写歌词了。翁颖萍（2011）认为："歌词与诗实际上处于同一个连续统之中。连续统的一端是歌词，另一端是诗，而中间部分则是那些可入乐的诗或可成诗的歌词，兼具了诗和歌词的特点，入乐是歌词，脱离音乐后则是诗……歌词与诗之间没有明显的界限，如果较多地具有歌词的特征，就会偏向于歌词这一边；反之，如较多地具备诗的特征，就会偏向于诗这一边；而那些处于连续统中间的歌词或诗，既具备一些歌词的特征又具备了一些诗的特征。"[①] 笔者挑选歌词，还是偏重于它们"诗的特征"这方面。当然，在课堂上笔者也播放歌曲，在美妙的歌声中解读歌词，效果甚好。其实，好的歌词除了能打动人心、给人带来音乐美感和文学享受之外，也能给人们带来丰富多彩的情感体验。证券投资恰好聚集了投资者的各种复杂思维和情绪，在两者之间构筑联系的桥梁，揭示投资心理活动，恰好是对相对枯燥严肃的证券投资理论的有机补充。经过多年的尝试，笔者选取的歌词不仅出现在课堂的开始和结束阶段，还贯穿在整堂课的教学中，作为主题的组成部分。这样讲下去就接近"证券投资心理学"和"证券投资行为学"，但又更加灵活，不拘一格。

笔者在读大学时，经常跑去聆听当时的一位副校长的古典音乐讲座。在这种潜移默化的影响下，现在笔者也在课堂上大讲特讲歌词以及作者故事和时代背景，谈论的方向又尽量往歌词欣赏、证券投资和人生际遇方面靠拢，这其实也是教学的传承。

除了在教学中引入歌词，笔者每节课还花相当多的时间根据证券行情软件与自己搜集的大量资料和信息讲解沪深股市的历史和现状。有一种说法叫作"让历史照见未来"，股市虽然是一个很复杂的资本游戏，但万变不离其宗，一些基本的"套路"还是会重复出现的，这样历史经验就显得非常重要了。为了讲好股市的历史，笔者每天花费大量的时间浏览各种财经网站、论坛和博客，收集各种相关的文章和书籍。这样在讲课时，从沪深股市历史上几次大牛大熊走势的由来到股市每年发生的若干重大事件，

[①]　翁颖萍. 非自足性语言研究：以现代歌词为例. 杭州：浙江大学出版社，2011：187.

还有上证指数在不同历史时期的算法调整，以及股市运作与整个国家经济社会发展的密切关联，笔者都能如数家珍，娓娓道来。笔者熟悉的资料不少还能细化到季度、月份甚至具体日期。不少学生说，这样的讲法有点类似故事会、脱口秀。

股市投资在多数情况下还是要落实到具体的股票，在历史行情的讲述中，个股的案例也必须重视。笔者在金融界网站、巨潮资讯网等下载了大量的上市公司资料，如招股说明书、上市公告书、半年财务报告、年度财务报告等，对公司在历史上发生的重大事件尽量了解，对个股行情走势中一些重要时间段、时间点也掌握得很详细。笔者对港股中一些知名度较高的企业如汇丰银行、长和实业、腾讯控股等的股票也能讲一讲，对一大批先在香港上市又回到内地上市的国企上市公司的股票行情更是熟悉。有一段时间，笔者还跟踪收集美国上市公司如微软、斯科、苹果等的行情数据，对从中国赴美上市的网易、百度、阿里巴巴、京东等公司的行情走势也有一定程度的了解。其实，跟其他经济领域一样，中国股市的发展离不开对美国等老牌资本市场的模仿与借鉴，因此进行跨国市场对比分析是很有必要的。

笔者也重视基础知识的讲解，精选教科书和参考书来授课。笔者下载了很多用来上课的参考书，还在课堂上把超星图书馆推荐给学生们。

由于在讲课中需要引用大量基础知识和最新的信息，PPT 格式的课件有其局限性。根据 PPT 基本是把文字和图形合并在一起制成一个文件的特点，笔者做出一些改进，把文字单独放在一起组成一个个 TXT 文件，而图形就单独存成另一批文件。有时根据情况也制作或下载把文字和图形相结合的 PDF 文件，比如某些图文并茂的网页或上市公司的各种信息。因而笔者上课的课件是一个包含很多 TXT 文件、图形文件、PDF 文件甚至还有视频文件的文件夹。在上课时，笔者播放与本堂课主题密切相关的歌曲视频，并对 TXT 格式的歌词进行解读，再将各种资料逐一讲解。这样的授课方式使得课堂气氛很活跃，学生们普遍反映很好。

笔者还买来电子绘画板，在 Photoshop 软件上进行板书，再存成图形文件供学生们复习参考。从 2000 年到现在，笔者上课用的绘画板已经是第三块了，价格越来越便宜，但功能越来越强大。最初是用来上"线性代数""概率论"等数学课的，因为理论讲解和演算过程需要大量板书，用绘画板确实很方便。后来就用到"证券投资学"的板书上。在证券行情软件上截取关键的图形，再用绘画板在上面作一些记号、标注，能更直观地帮助学生们理解证券图形上的各种细节，这样绘画板就充分发挥其作用了。在教学上，笔者乐此不疲地进行过不少这样独特而有益的试验。

当然，证券投资本质上是一个胜负博弈的过程，必然是人为操纵的成分较重，行情走势飘忽，极难把握。笔者在每学期开始就给学生布置了整个学期都要进行的学习任务：要求他们在一些知名的财经网站注册账户，经常进行股票模拟买卖，以获取宝贵的实践经验。正如魏忠（2016）指出的："心中有一个世界，眼中有一个世界，只有实验室，将心中的世界和眼中的世界合二为一，让学生在灵魂与现实之间旅行，这也许就是现代教育的精髓，也是现代实证科学时代的精髓。"[①] 笔者还跟学生们在微信或

---

① 魏忠. 教育正悄悄发生一场怎样的革命. 上海：华东师范大学出版社，2016：73.

微博上互动，经常探讨各种证券投资的问题，至今还与一些上过这门课的学生保持联系。

证券投资其实就是金融战争的游戏。在讲课时笔者列举了大量与战争相关的案例，如用《三国演义》中关羽夸奖张飞的"百万军中取上将首级"来比喻短线抢反弹的惊险刺激，用孟良崮战役中国民党七十四师师长张灵甫的类似三国马谡的错误决策来形容股票操作如果陷入套牢局面时的被动挨打，又根据此役之后解放军由弱转强来类比股市由跌势转为上升的重要拐点。

在授课中笔者有时还用股市行情的跌宕起伏戏说名人的事业和生活，或者研判某些国家或地区的经济社会状态。在布置学期论文时，还让学生们尝试把某种其他领域的理论或做法移植到证券投资分析中，或谈谈在其他领域是否可以借鉴证券投资的某种原理或案例，这样就可以真切体验《诗经·小雅·鹤鸣》中的名言"他山之石，可以攻玉"。

"证券投资学"全校公选课已经开设了十来年。笔者在教学过程中不断更新自己的知识结构，改进教学方法，教学相长。这是笔者花费心思最多的一门课程。2016 年 7 月初，毕业十年的管理学院信息管理与信息系统专业 2012 级的全班同学，热切盼望再回到母校回味体验一下大学课堂的感觉。笔者是这个班的班主任并为大家讲授过"概率论与数理统计""离散数学"和"计算方法"等课程，很高兴地和学生们久别重逢，畅叙师生情谊，还在 A102 教室为同学们上了一堂"证券投资学"课，这又增添了一段十分美好的记忆。

商业模拟类课程教学效果评价体系研究*

崔世娟　陈丽敏

（管理学院工商管理系）

【摘　要】商业模拟类教学是培养创业创新人才的一种重要授课方式，也是教学改革中课程及教学方法创新的一种体现。研究表明，当下针对商业模拟类课程评价体系的研究仍处于"空白"状态。本文根据商业模拟实战类课程的特点，以学生、教师以及课程本身为三大主体，构建具有针对性的教学效果评价体系，丰富商业模拟类课程评价体系的相关研究。

【关键词】评价体系　教学效果　商业模拟类课程

一、研究问题提出

课程评价是课程改革的重要内容之一。商业模拟实战类教学作为理论授课、案例教学之后新兴的一种授课方法，是培养创业人才及应用型人才的一种重要授课方式，也是教学改革中课程及教学方法创新的一种体现。商业模拟实战类课程是模拟在现实的经济活动中，企业如何应对复杂多变的市场环境及竞争对手的激烈竞争而不断成长的过程。在课程进行中，学生既可以将所学的理论知识运用到模拟实战当中，又可以根据在模拟实战中遇到的问题而进行积极的自主学习。该类课程有效地促进了学生将理论与实践相结合，迅速地提升了学生的人际交往能力和分析解决问题的能力，为今后在实践中系统地应用工商管理理论分析和解决现实经济问题打下了坚实的基础。

由于商业模拟实战类课程较之普通课程需要投入额外的软件成本，是否能获得相对应的"收益"即教学效果是高校在开设此类课程时普遍需要考虑的问题。商业模拟实战类课程作为一类新的采用不同教学方法的课程，授课过程对教师及学生都提出了与以往授课不同的要求。因此，其教学效果如何评价，是课程改革中一个重要的环节。

二、国内外教学效果评价体系研究

纵观教学效果及教学效果评价体系的相关文献，国内外主要的研究成果可以归纳为以下几点：

* 本文获得的基金支持：广东省教学成果奖（高等教育）培育项目"基于商业模拟实战的创新创业教育模式探索"；广东省高等学校教学团队建设项目"创业模拟"；广东省创新创业教育课程建设项目"创业决策模拟"研究生教育创新计划项目教改项目"研究生商业模拟类课程教学效果评价研究"；广东省高等教育教学改革项目"基于模拟实训的综合体验模式研究"。

（一）教学效果评价的含义

教学效果评价是依据教学目标对教学过程及结果进行价值判断并为教学决策服务的活动。作为一门古老的学科，它伴随着教育的产生而产生，并伴随着教育的发展而发展。起步较早的是美、英、德等国家，这些国家在 19 世纪末开始就将其作为一门独立的分支学科，并逐步向科学化方向发展。

国外教学评价主要涉及两个方面，一是教师对学生的学业考核评价，二是学生对教师的教学评价。这样双向的考核方式促使教育的两个参与者对教与学给予中肯的评价（苏肖，冯玉芳，2010）。

国内学者对于教学效果评价在评价主体上既有共识又有分歧。评价主体主要有领导、教师、学生以及社会。就哪个主体的评估最为准确和科学这个问题，学者普遍认为：相对于其他评价主体来说，学生对课程教师评价的一致性和准确性较高，但是，学生评价也存在较大的局限性。社会评价对于课程的有用性来说最为客观，但是评价难度较大。然而，在如何利用不同的主体进行教学评价方面，学界基本上坚持多元主体评价的观点（付八军，冯晓玲，2008）。

（二）教学效果评价体系

国外教学效果评价主要注重形成性（过程性）教师教学评价、评价方式多样性和科学性、评价的连续性，以及形成系统制度化的学生评价（苏肖，冯玉芳，2010）。如美国雪城大学提出的有效教学的七项品质，Ramsden 提出的良好的教学所具备的六项关键原则（刘彦文，管玲芳，2008）。他们都从不同的层面对教学效果的评价指标给出了具体内容（李君丽，2006）。美国国家专业教学标准委员会制定的教师评价标准（NBPTS 标准）是专门针对教师所设置的评价体系，主要包括教师对学生学习的关心态度、教师掌握的教学方法、教师对学生学习的监管、教师对自我工作的反思，以及教师与学生的共同成长。该评价体系较为全面，不但评估了教师的教学水平，还具有一定的挑战性，对教师的行为有导向作用。在英国，政府要求各地区根据不同学校、学生和教师的实际情况来展开教学评估。教师评价标准主要由两个部分构成：一是教学实践，二是教学成果。英国的教师评价标准主要针对教师课堂内的教学工作，而并未涵盖课堂外的教学工作。它细致地评价了教师在教学中的各部分工作，特别注重课堂教学的连续性和目标的实现（王斌华，2005），从对教师的知识和理解、教师的教学与评价、教师的专业特征以及学生的进步等八大指标进行全面考核（蔡宝来，车伟艳，2008）。

国内教学效果评价体系也非常注重评价内容和指标体系的全面性、系统性（张俊友，2007）。例如，我国各大高校提出的各类教学质量评价指标体系的内容大致包括教学目标的相关性、知识的正确性、内容的全面性、目的的明确性以及与现实的紧密结合度；教学手段的多样性和教法的灵活性；教师的教学基本功、激励学生的方法以及教学中的组织与应变能力；学生的教学效果评价指标有大纲教学目标的完成；学生能力的发展；思想教育目标的体现；学生积极性与课堂气氛等（申卫星，2004）。但仍有部分学者从大学教学的特殊性出发，指出了目前我国大学教师教学在内容评价上的不足之处。当前大学教学评价的内容与中学教学评价没有多少区别，显示不出大学教学的特点（蔡敏，2005）。评价指标体系过细，应该抓住相当于主要矛盾或矛盾的主要方面的因素（王景英，陈旭远，1999）。在确定教师教学质量评价内容和制定指标体系的时候，必须抓住在教师教学质量中占有重要地位并起主要作用的要素，而敢于舍弃处于非重要地位、不起主要作用的要素。另外，过分地强调评价指标的统一性有失恰当，评价标准的统一往往是以降低评价标准与课程质量标准之间的吻合度为代价的（张芊，2006）。因此评价体系不能够照搬照抄，应建立一套适用于本专业的评价体系（张织璇，2016）。

在评价体系维度方面，不同的学者提出了不同的评价维度。如 Marsh & Dunkin（1992）提出教学技能、师生关系、结构、组织、作业量五个评价维度。其中，在教师对学生的评价上，教师依据学生本学期的各种表现，包括参与课堂、作业、测试等的情况对学生进行客观考核。对学生课程的评分体系多采用"通过/不通过"或"letter grade"（字母评级）方式。在学生对教师的评价方面，不同学者持不同观点。Centra（1993）认为主要包括教学的组织、结构或清晰度，教师与学生间的交流或关系，教学技巧、表达或讲课能力等五个维度。Kolitch（1999）提出课程组织、行为管理、学生成绩评定和师生关系四个评价维度。Marsh（1997）还提出教学质量评价九个维度：学习/价值感，教学热情，组织/清晰性，群体互动，人际和谐，知识宽度，考试/评分，作业/阅读材料，功课量/难度，涵盖 32 项评价指标。虽然不同的学者提出了不同的维度，但是可以看出学生评教指标设置中基本内容大致相同，具体定义有别而已（王丽荣，2008）。目前高校学生评教指标体系名目繁多，其中较为典型、运用较为广泛的有三种：综合式量表（IAS）、目标导向式量表（IDEA）以及自选式量表（ICES）（王丽荣，2008）。

通过以上对国内外教学评价体系及其方法的整理及分析，本文认为关于商业模拟实战类课程教学效果评价相关研究主要存在如下问题：

（1）研究成果少。在知网的中国学术期刊网络出版总库中同时搜索篇名"商业模拟"及"教学效果"，竟然没有一篇论文；搜索"模拟实战"及"教学效果"，竟然也没有一篇论文。面对研究模拟实战类课程教学效果的论文数量缺乏，无法为教学实践提供相应指导的现状，作为相关领域的研究者及实践者亟须进行相关研究，增加及提升相关研究的数量及质量，为教学改革实践提供理论及实践指导。同时也与相关学者认为当前我国课程评价应进一步加强课程评价理论研究的观点相一致（刘志军，2007）。

（2）教学效果评价体系构建存在不足：缺少系统全面且有针对性的教学效果评价体系。通过文献回顾可知，国内外教学效果评价以评价教师为主。根据调查统计，影响教学效果的因素主要有课程本身、教师和学生（汤晓玲，2014）。因此对教学效果的评价也应从这三方面进行分析。评价指标不尽科学，评价形式较为简单。国内教学效果评价的指标设计多数是对教学目标的二级分解，评价指标划分相对较粗，致使在评价深度方面有待提升。评价形式较为单一，以判断题为主，主观评价题较少，即以判断性的评价为主，描述性评价相应较少。教学效果评价体系缺乏针对性。由于不同课程的教学目标不同、教学方法不同，若采用整齐划一的教学效果评价，势必造成评价结果的偏差，丧失对教学效果提升的参考意义。而现有教学效果评价体系缺乏针对实战类课程的教学效果评价。因此，对于不同类型的课程应有针对性地设计教学效果评价体系，以推动教学目标的实现。

因此，本文将在相关研究基础上，基于科学性、可行性、多元性、系统性和针对性的指标设计原则，根据模拟实战类课程的特点，构建具有针对性的教学效果评价体系。

三、商业模拟实战类课程特点

所谓商业模拟实战类课程是指在导师指导下，学员模拟扮演某一企业角色或在导师创设的一种背景中，把现实中的情境微缩到模拟课堂，并运用专用的教学器具进行模拟讲演的一种非传统模式的教学方法。与单纯的传统及实践类等教学课程相比，商业模拟实战类课程具有如下特点：

1. 体验性

通过模拟课程的开设，构建集情景依赖、模拟仿真、实战体验为一体的教学环境，为学生基本实践技能培养与个性化的发展提供孕育的摇篮。让学生体验商业运营的酸甜苦辣，感悟做人做事的道理。

2. 自主性

该类课程通过把单纯的理论教学改变为形象互动的模拟实践教学，让学生动手、动脑、动口，使学生不再是容器，而是创造者，是学习的主人，充分体现了"学生学为主，教师教为辅"的全新教学方式。

3. 实践性

随着企业对具有实操经验的学生的需求的逐渐加大，高校逐步注重对学生的实践操作能力的培养。有学者认为理论的课程与实践的评价存在矛盾冲突（杨启亮，2005）。而商业模拟实践类课程实现了从理论到实践的过渡，被称作"动态的案例"，这将是解决该矛盾冲突的途径之一。

4. 创新性

商业模拟实战类课程充分体现了理论与实践相结合的特点，是避免理论与实践脱节的一种创新性教学方法。同时通过将现实中的商业运作微缩到真实性较强的商业模拟软件中，让学生获得了将理论知识转化为实践能力的机会。

5. 竞争合作并存性

商业运作的良性发展离不开各尽其责且密切合作的团队。因而，商业模拟实战类课程通过组织学生创建公司团队，让学生自己充分发挥其专业知识来经营公司，同时也要时刻迎接来自其他公司的商业竞争，建立正确的商业决策，以使公司获得利润最大化，从而锻炼学生的团结合作能力和发现、解决危机问题的能力。

四、商业模拟实战类课程教学效果评价体系构建

（一）评价原则

商业模拟实战类课程注重对学生动手能力的培养锻炼，因而在对其教学效果进行评价时也应符合课程本身的特点，同时必须结合学生和教师等多元化评价主体（吴永军，2015）的实际情况。本文认为商业模拟类课程教学效果评价体系应满足以下原则：

1. 科学性原则

商业模拟类课程教学效果评价应建立在科学合理的基础上。一方面要紧密结合课程改革的相关要求，另一方面也要切实发挥评价的真实效用。

2. 可行性原则

商业模拟类课程教学效果评价的目的是检验课程是否达到学生掌握相关的商业操作技能、提升学生的人际交往能力和分析解决问题的能力的教学目标。因而，教学效果评价的各项指标应具有较强的被理解性和操作性，提高评价的真实性和可信度。

3. 多元性原则

现代大学课程评价要注重评价主体、课程评价对象、课程评价标准和课程评价方式方法的多元化，体现以学生为本的理念（王统永，2009）。因此商业模拟类课程应根据学生、教师及课程本身这三大主体来建立教学效果评价体系，同时从学生层面突出检验是否达到教学目标。

4. 系统性原则

评价体系各项指标之间应处于紧密相关的关系，即缺少任何一项指标将会导致评价体系的不完善和未能真正地体现评价体系建立的效用价值。

5. 针对性原则

商业模拟类课程与理论类课程存在诸多不同之处，因而其评价体系也应根据课程本身的特点进行设计，从而体现评价的针对性与有效性。

（二）评价体系构建

商业模拟实战类课程是从理论向实践过渡的一种创新性教学方法。本文根据商业模拟实战类课程的特点，以学生、教师以及课程本身为三大主体，建立了教学态度、组织管理、教学内容和教学质量4项一级指标和23项二级指标的评价体系，如下表所示。

商业模拟类课程教学效果评价体系

一级指标	二级指标
教学态度（E1）	教学计划和要求清晰明了（E11）
	上课不迟到、下课不提前（E12）
	教学内容表达清晰（E13）
	耐心解答学生疑问（E14）
	认真听取学生的意见和建议（E15）
组织管理（E2）	有效引导学生进行分组合作（E21）
	有效指导学生阅读有价值的参考资料（E22）
	课程进度和内容安排合理（E23）
	学生成绩考核方法公平、公正、公开（E24）
	经常通过微信、QQ等平台与学生进行交流（E25）
教学内容（E3）	学生个人模拟角色定位准确（E31）
	商业模拟实战内容科学合理且具有实践意义（E32）
	小组模拟商业实战的战略决策清晰（E33）
	小组模拟商业实战的战略决策富有创新性（E34）
	小组模拟商业运营操作准确（E35）
	结合时事热点、最新科研成果和商业实践例子解读课程（E36）
教学质量（E4）	学生积极学习、讨论和模拟实战（E41）
	小组分工明确、各司其职、团结合作（E42）
	学生对商业模拟实战的结果满意（E43）
	学生的演讲表达能力与技巧获得了提高（E44）
	课程有给学生留下深刻印象的地方（E45）
	课程结束后学生仍想甚至会自主学习相关内容（E46）
	遇到类似的问题，学生知道解决问题的思路（E47）

1. **教学态度**

教学态度突出考核教师与学生之间的沟通交流，设置了5项二级评价指标：教学计划和要求清晰明了；上课不迟到、下课不提前；教学内容表达清晰；耐心解答学生疑问；认真听取学生的意见和建议。

2. **组织管理**

教师是商业模拟实战课程的组织与管理者，组织管理的二级评价指标为有效引导学生进行分组合作；有效指导学生阅读有价值的参考资料；课程进度和内容安排合理；学生成绩考核方法公平、公正、公开；经常通过微信、QQ等平台与学生进行交流。

3. 教学内容

学生是商业模拟类课程实践操作者，同时也是课程的主角，在课程中模拟操作商业实战的各项内容，并从中获得学习能力、分析解决问题能力、沟通表达能力和团结合作能力的锻炼。因而此维度以检验课程是否达到锻炼学生的动手操作能力、分析解决问题能力、团队合作能力和沟通表达能力为主，建立了如下二级指标：学生个人模拟角色定位准确；商业模拟实战内容科学合理且具有实践意义；小组模拟商业实战的战略决策清晰；小组模拟商业实战的战略决策富有创新性；小组模拟商业运营操作准确；教师结合时事热点、最新科研成果和商业实践例子解读课程。

4. 教学质量

教学效果评价反馈是提高高校教育和教学质量最直接的方法之一（尹明明，2010）。教学质量反馈的渠道除了将教学效果评价结果如实地告知教师本人外，笔者认为学生是否达到真正效用的商业模拟实战的教学目的也是另一种重要的教学反馈方式。此维度设置了以下二级评价指标：学生积极学习、讨论和模拟实战；小组分工明确、各司其职、团结合作；学生对商业模拟实战的结果满意；学生的演讲表达能力与技巧获得了提高；课程有给学生留下深刻印象的地方；课程结束后学生仍想甚至会自主学习相关内容；遇到类似的问题，学生知道解决问题的思路。

五、结论

本文根据商业模拟实战类课程的特点，以学生、教师以及课程本身为三大主体，构建了教学态度、组织管理、教学内容和教学质量四个维度的教学效果评价体系。一方面，有针对性地对商业模拟实战类课程教学效果评价体系进行了研究，加强了教学效果评价的理论研究，为如何实现其教学目的和提升教学效果提供了理论指导。另一方面，本文的研究者也将进一步结合典型的案例对商业模拟实战类课程教学效果评价体系进行实践验证，进一步深入研究商业模拟实战类课程教学效果评价体系。

参考文献

［1］苏肖，冯玉芳. 论美国高校教师教学评价. 河北师范大学学报（教育科学版），2010（12）.

［2］付八军，冯晓玲. 高校教师教学评价研究综述. 黑龙江高教研究，2008（4）.

［3］刘彦文，管玲芳. 案例教学效果评价指标体系的实证研究. 管理案例研究与评论，2008（4）.

［4］李君丽. 发展性教学评价技术研究. 上海：华东师范大学，2006.

［5］王斌华. 教师评价：增值评价法. 教育理论与实践，2005，25（23）.

［6］蔡宝来，车伟艳. 英国教师课堂教学评价新体系：理念、标准及实施效果. 全球教育展望，2008，37（1）.

［7］张俊友．客观对待教师绩效评价和发展性教师评价．教育学报，2007，3（1）．

［8］申卫星．高等学校教学质量评价指标体系研究．上海：东华大学，2004．

［9］蔡敏，张丽．大学生参与教师教学评价的调查研究．高等教育研究，2005（3）．

［10］王景英，陈旭远．高校教师教学质量评价的三个问题．教育理论与实践，1999，19（10）．

［11］张芊．以促进高校教师专业发展为导向的教学评价模式改革．清华大学教育研究，2006，29（6）．

［12］张织璇．应用型大学产品设计专业实践类课程评价体系研究．艺术科技，2017，30（3）．

［13］Marsh H W, DUNKIN M J. Students' evaluations of university teaching：a multidimensional perspective. Higher education：handbook of theory and research，1992（8）．

［14］CENTRA J A. Reflective faculty evaluation：enhancing teaching and determining faculty effectiveness. San Francisco：Jossey-Bass Inc.，1993．

［15］KOLITCH E, DEAN A V. Student ratings of instruction in the USA：hidden assumptions and missing conceptions about good teaching. Studies in higher education，1999，24（1）．

［16］MARSH H W, ROCHE L A. Making students' evaluations of teaching effectiveness effective：the critical issues of validity, bias, and utility. American psychologist，1997，52（11）．

［17］王丽荣．中美高校学生评教指标体系的比较研究．山东大学高等教育学，2008．

［18］刘志军．课程评价的现状、问题与展望．课程·教材·教法，2007（1）．

［19］杨启亮．走出课程评价改革的两难困境．教育研究，2005，26（9）．

［20］吴永军．基于特色人才培养的课程评价体系构建．大庆师范学院学报，2015（2）．

［21］王统永．现代大学课程评价理论研究综述．临沂师范学院学报，2009（5）．

［22］尹明明．对高校教师教学效果评价后信息反馈的思考．中国社会科学院研究生院学报，2010（4）．

课堂教学不仅仅是 80 分钟的艺术

——以"当代中国外交"课程为例*

张万坤

（管理学院公共管理系）

【摘　要】课堂教学是大学本科教育中最重要的教学活动，是衡量、评价以及提升教学质量的最关键环节。课堂教学也是大学老师安身立命的第一舞台，更是不少青年教师感到困惑和苦恼的问题。笔者从教学全流程循环系统的角度，结合自己多年来所讲授的"当代中国外交"的教学实践，提出了"课堂教学不仅仅是 80 分钟的艺术"的观点。笔者认为，只要我们做好课前设计与准备工作（3P原则），在课后下足总结与评估的功夫（RSS 原则），那么在课堂上成为教学高手就不会是难事（ACE 原则）。

【关键词】课堂教学艺术　3P 原则　ACE 原则　RSS 原则

　　教学质量是大学教育的生命线。课堂教学是大学本科教育中最重要的教学活动，是衡量、评价以及提升教学质量的最关键环节。课堂教学也是我们大学老师安身立命的第一舞台，更是不少青年教师感觉比较困惑和苦恼的问题。因此，我非常感谢教务部教师发展中心的邀请，很高兴有机会借助"师道论坛"这个平台，以多年来讲授的"当代中国外交"（深圳大学首批十大"品牌通识课"之一）为例，把我的相关教学理念和实践与大家分享，向大家学习，以期共同进步。

　　根据二十多年的教学经验，我认为，课堂教学不仅仅是 80 分钟的艺术。表面上看，完美的课堂教学是在有限时间内相关教学内容的精彩呈现，其融合了教师自身的特质（专业知识素养 + 个人人格魅力）、教师对教学过程的掌控力和表现力，是多种要素的完美结合与呈现。但从本质上讲，课堂教学只是教学过程流程的一部分（教学过程全流程循环，如图 1 所示）。它是以课前教学筹划与准备为基础的，也是课后教学总结与评价（包括自我评价和学生评价）的延伸与发展。这三个环节是环环相扣、相互促进、互为因果、循环反复的过程。课堂教学的精彩呈现仅有短短的几十分钟，但大量的工作是在课前完成的。而且，课后的教学总结评价阶段也很重要。可以说，课堂教学质量的提升，不仅需要课堂教学环节下大功夫，更需要在课前、课后两个环节下足功夫。下面我将从系统论的视角，结合自己的课程教学实践，分别从课前、课上以及课后三个环节来探讨提升课堂教学质量、呈现完美课程教学内容所需要关注的问

　　* 本文原为作者于 2016 年 4 月 12 日作为演讲嘉宾参加深圳大学"师道论坛"（第三期）的发言稿，当时的题目为"课堂教学的艺术——以'当代中国外交'为例"。"师道论坛"是深圳大学教务部教师发展研究中心为提升青年教师教学水平而设置的交流平台，截至 2017 年 11 月，已成功举办六期。

题和遵循的原则，以及自己的心得体会。

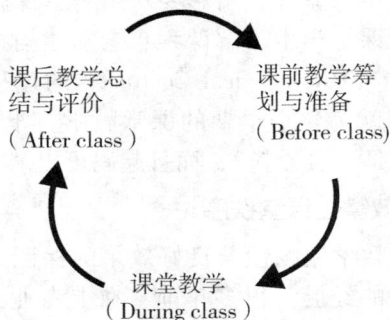

图1 教学过程全流程循环图

一、课前教学筹划与准备之3P原则

精彩的课堂教学一定是从课前教学筹划与准备开始的。在此阶段，我主要遵循3P原则，即课程教学设计（Plan）、课件准备（Prepare）以及课前预讲或者彩排（Practice or Rehearsal）。在课程教学设计方面，主要需要考虑教什么（What to Teach）、教学目标是什么、宏观及微观层面如何把握（Objectives：Macro VS. Micro），以及怎么教等相关问题。而这些问题都跟课程性质密切相关，不同课程性质决定了这些问题的不同答案。具体到我所讲授的"当代中国外交"而言，鉴于其课程内容具有很强的动态特性，因此，在课程教学设计方面，必须考虑其时代剧情，尤其要关注时事热点。因此，本课程的教学内容设计的基本特色是基本概念和理论框架以及历史分析部分的内容仅占1/3、大约6周时间，而剩下2/3的时间均以专题的形式，结合中国外交当年重大议程以及突发热点为题来加以安排，以保证课程内容的吸引力。

在课件准备方面，需要根据教学内容来确定课件的整体设计，以及要用到的视频资料等。一个总体的原则是，课堂教学手段尽可能多元化。

在课前预讲阶段，主要对整个课堂呈现内容进行再次梳理，希望解决原来设计中没有想到的问题，进行查漏补缺。

二、课堂教学艺术之高手原则（ACE）

在课堂80分钟时间内，一直让学生保持注意力已属不易；在一个学期之内，一直都能抓住学生的注意力更是困难，因为毕竟时间一长，大家都会陷入"审美疲劳"的困境。不过，在这里我想跟大家分享一下，我根据自己的教学实践总结出来的ACE原则，即课程内容要能吸引学生（Attract），上课时有效控制课堂秩序（Control），以及通过多元方式组合持续吸引住学生的注意力（Engage）。

（一）吸引学生要从第一堂课开始

也就是说，一定要上好第一堂课，精彩要从第一堂课就开始释放，在第一堂课就要吸引住学生。因为第一堂课是学生了解课程、老师建构权威的过程，也是师生相互了解、认知并建构心理契约（Psychological Contract）的过程。如果你第一堂课准备充分、上得精彩的话，那么你就为整个学期的课堂教学打下了好基础，奠定了好基调，因为留在教室内的绝大多数是"真爱粉"，而且起码可以"保鲜"半个学期。

（二）通过制度设计有效掌控课堂秩序

良好的课堂秩序是课堂教学流畅性与良好效果的保证。那么，如何有效掌控课堂秩序？这里我分享一下自己的经验。很多年前，在上专业必修课"组织行为学"时，我设计了一个被我戏称为"VIP Policy"的课堂秩序管理制度，一直沿用到现在。这个制度主要管什么呢？做了什么能够成为 VIP 呢？主要有两点：一是上课迟到了就会成为 VIP；二是上课手机响了或者上课时在教室里接听电话也会成为 VIP。那么，成了VIP 有什么"好处"呢？那就是 VIP 表演时刻（Showtime）：站在台上讲三分钟英文，说说你为什么迟到，为什么上课手机响了，今后应该怎么办。如果没有讲到三分钟的话，我就用英文提问课程内容，要求学生也用英文回答。学生们对 VIP Policy 都很敬畏，所以特别遵守纪律。上课没有迟到的，课堂上也没有手机响的，因此课堂秩序被管理得很好。

（三）通过多元方式组合持续抓住学生眼球

大学教师上好一两次课并不难，但是真正的挑战是，一学期下来每堂课都能上得精彩，吸引住学生。其中最主要的问题就是如何解决"审美疲劳"的问题。下面结合"当代中国外交"课程，谈一下我的教学尝试。

1. 紧密结合时代剧情、热点问题与相关知识点设置课堂专题

由于"当代中国外交"课程性质具有鲜明的时代特征，因此时代剧情和热点问题是设置课堂专题非常好的切入点。我在 2016 年春季学期一个月时间的课程专题设置情况，如表 1 所示。这是根据时代剧情、时事热点、相关知识点来设置的，比如，每年"两会"期间中国外交部长的记者会都非常引人关注，是向国内外介绍中国外交政策与实践的重要平台，也是我们观察中国外交政策当年基调和基本走向的重要窗口。因此，每年的春季学期，我一定会在 3 月外交部长记者会召开之后马上就讲专题 1。专题 2 则正好利用中国、冈比亚复交问题来探讨中国外交中的根本原则之一——"一个中国"原则。而专题 3 则是利用外交部社交媒体公众号"外交小灵通"运作五周年之际，来分析"社交媒体时代的中国外交创新及其困境"等问题。专题 4 更是利用 2016 年 4 月1 日外交部网站上发布的《中美核安全合作联合声明》里出现了"中国将继续与美国合作，改造位于深圳大学的高浓铀微堆"为切入点来设置专题，以此可以让同学们学习课程相关知识点的同时，也能更好地认知课程的"与时俱进"的性质，以及强化自己作为时代的观察者和参与者的感受与身份认同。

表 1 "当代中国外交"课程专题设置（2016 年 3 月中旬至 4 月中旬）

专题	专题内容	发生时间	课堂呈现时间
1	王毅外长的"两会秀"（"两会"期间的记者招待会）分析	2016 年 3 月 8 日	2016 年 3 月 14 日
2	中国冈比亚复交问题（国际社会中的"一个中国"原则）	2016 年 3 月 17 日	2016 年 3 月 28 日
3	"外交小灵通"五周年纪念活动（社交媒体时代的中国外交创新及其困境等）	2016 年 4 月 13 日	2016 年 4 月 11 日
4	深圳大学"高浓缩微堆"的改造与中美核安全合作	2016 年 4 月 1 日（参见《中美核安全合作联合声明》）	2016 年 4 月 18 日（因 4 月 4 日清明节假期微调）

2. 像福尔摩斯探案一样去教学

当代中国外交已经越来越开放，越来越公开化。学生们不仅可以从外交部网站及其社交媒体公众号（如"外交小灵通"）获得很多信息，也可以从报纸、电视等其他媒体获得相关信息。但是，由于外交本身性质特殊，有些外交事件的报道及其解读，会因政治立场而明显不同，甚至有些海外媒体还会刻意歪曲事实，以达到抹黑中国国家形象的目的（如表 2 专题 5）。这时候就需要老师去深入挖掘、探知真相、摆事实、讲道理，让学生正确认识事件真相及其背后中国外交的相应逻辑。有的时候，你会发现中国外交实践中会出现一些突然由隐性议题变成显性议题的现象，比如 2015 年 2 月以来的"非洲象"议题（参见表 2 中的专题 6~8）。此项议题都是在中国外交发言人表态中出现的，也是 2015 年以来贯穿中国外交尤其是首脑外交中的一个显性议题，但是，此项议题为何从 2015 年 2 月以后开始突然变成了显性议题？为何又在随后的中国元首外交中贯穿始终？这背后的逻辑到底是什么？对于这些问题，如果没有密切跟踪中国外交动态发展，就根本无法做出正确的回答。而出于专业素养和上课需要，我养成了每天关注中国外交部网站和外交部发言人表态的习惯，因此有幸发现、跟踪了这条线索，并在 2015 年 12 月参加学校第三届"校长教学奖"评选时，以"当中国外交遇见非洲象"为题举办了一次面向全校师生的公开讲座，并得到了同学们的好评。这个专题是中国领导人有效应对外交危机、化危为机、因势利导、顺势而为、参与和引领全球治理相关议题的经典案例。现在，"非洲象"议题已经成为我的外交课程的"保留节目"，每次讲都会形成不小的冲击力，还有了续集，已经成为破解"课程期中审美疲劳"的法宝。

表2　像福尔摩斯一样去教学——揭秘外交事件真相专题系列

专题	专题内容	发生时间	课堂呈现时间
5	奥巴马总统"钦点"《南方周末》专访事件分析（以香港《苹果日报》相关蓄意歪曲报道为底版）	2009年11月	通常在第一周上课时，突出强调本门品牌通识课的教育理念（"知道分子""意见分子"和"行动分子"）
6	当中国外交遇见"非洲象"（第1季）：2015年之五幕大戏	2015年2月—12月	此案例适合在学期中后段讲（第12周左右），可以重新调动学生的兴趣和注意力
7	当中国外交遇见"非洲象"（第2季）：2016年之新故事	2016年	什么？还有"第2季"？！
8	当中国外交遇见"非洲象"（第3季）：2017年之新故事	2017年	居然还有第3季？！

3. 多媒体的结合与呈现

由于本课程没有相关教材，全是我自己动手做电子课件，因此我特别重视课件的多媒体形式的结合。一般而言，条件允许的话，每个课程专题的课件都会包括精彩图片、短视频、动图（GIF）以及点睛评论。这样，课程不仅在议题上吸引人，也会在形式上多元化、丰富化。

4. 有趣的专题问卷调查与随堂作业等

有时候，我还会结合相关专题进行相应的问卷调查，如非洲象专题，我就在2015年展开过圣诞纪念版的调查。而针对中国元首外交的一些创新举措，如习近平主席2014年欧洲之行的专题片，我也会在课堂上展开一些问卷调查，或者以开放题的形式，让学生随堂写作业。大部分学生对这些课堂活动很感兴趣，因为可以提升他们的参与感，加深他们对相关议题的认识。

三、课后总结与评价之 RSS 原则

从教学过程全流程循环视角来看，课后总结与评价的环节同样非常重要。而且，还要在课后与学生保持强互动，确保听到他们的"真声音"。

（一）师生课后总结与评价的重要性（Review and Summary by Self-evaluation and Students' evaluation）

首先，课后教师自我总结非常重要。根据我的实践，主要是及时写课后笔记。一方面记录自己感觉比较满意的方面，但更多的是记录那些做得不到位的地方，比如原本想讲却没有讲的地方，以便今后改进。

其次，在学生的反馈与评价方面，我比较注重学生下课后及时提出的问题与反馈，

因为这些问题最有针对性，也最有效。而相对于期末学生网上定量评价的高低结果而言，我更看重学生们用键盘敲下来的文字版的主观评价部分，因为在这里，学生们会明确指出你的优点、缺点以及希望今后课程改进之处，而这正是对我们的课堂教学质量提升最有价值的地方。

（二）课后在网络上与学生保持强互动，确保听到"真声音"

这方面主要是通过课程 QQ 群和微信群加强与同学们的交流。这些网络平台的好处是，可以保持与同学们强互动，及时听到同学们的"真声音"。同时，我还会经常和参加我开设的外交方面的创新研究短课（"中国外交中的公共参与"）与"聚徒教学"（中国外交创新研究）等项目的同学交流，向他们征询对于课程改进的建议。由于大家关系更加亲近，他们往往更容易提出一些更有价值的建议和改进措施。

四、结语

从事高等教育二十多年来，课堂教学一直是我的最爱，而且这是一种发自内心的爱。虽然前面以"课堂教学的艺术"为题，针对课前、课上和课后等关键环节谈了自己的看法。但是，总结下来，也许我更愿意以下面的几点心得体会和青年教师同事们共勉。

（一）真爱（激情）第一

热爱教学永远是成为教学高手的前提条件。只要你热爱课堂教学，无论时间长短，你最终都会成为高手，而且，你对教学的热爱，学生可以感受得到。最终，就会转化为对你教学的认可和赞许。

（二）熟能生巧

世上几乎所有的技能都是需要通过练习才能获得的，教学技艺的提升也不例外。一般而言，一门课没有经过多轮打磨，老师不可能有驾轻就熟的感觉。熟能生巧，量变产生质变，这是规律，也是真理。

（三）内容为王

形式的多样性和丰富性很重要，但是，那是基于内容之上的。和形式相比，内容永远是第一位的。如果你能把教学内容烂熟于心，不管你做没做 PPT 课件，也不管你站着讲还是坐着讲，你照样可以在课堂上做到"口吐莲花""眉飞色舞"。

（四）做真我、创品牌

不管你是否认为自己有教学天赋，你需要记住的是，你是独一无二的。你需要做到的是，找到自己喜欢教的科目，然后认认真真做下去。做真我、创品牌，去创立一个属于你自己的独一无二的品牌！

第五编

灵犀相通：守望师生交流

基于品牌社群理论的在学体验、品牌社群融合、学校品牌认同之关系研究

贺和平

（管理学院市场营销系）

【摘　要】本文基于品牌社群理论，研究探讨了在学体验、品牌社群融合及学校品牌认同之关系。对深圳大学 338 名大学生提供的有效数据进行研究，结果验证了学校品牌社群融合的四个维度，发现学生的在学体验会显著促进品牌社群融合，品牌社群融合会显著正向影响品牌认同，品牌认同又将对学生的口碑推介产生显著正向影响。

【关键词】在学体验　品牌社群融合　品牌认同

一、引言

过去 30 年来，由于认同对个体、群体、组织层面的变量均会产生影响，组织认同业已成为组织行为学研究中的一个重要变量，得到了越来越多的学者的关注（孙健敏，姜凯丰，2009）。尽管 Allison 等（1964）早就通过实验法研究过品牌认同对消费者的啤酒口味知觉的影响，但在营销领域内对认同的研究，一直到最近 10 年才引起研究者们的注意。基本的研究方法则是将组织认同的逻辑应用于消费者—企业认同（Customer-Company Identification，简称 CCI）。研究发现，消费者与企业建立关系的动机之一就是通过 CCI 来满足关键的自我界定需要，对企业认同感较强的消费者购买该企业产品或服务的可能性较高，对企业较为忠诚并且会向亲朋好友进行推荐（李惠璠等，2009）。

已有学者将认同的概念引入品牌研究，并且意识到消费者—品牌认同不同于消费者—企业认同，两者在认同的对象、认同来源等方面存在差别（金立印，2006）。Urska 等（2009）曾提及，组织认同包含对组织内群体的认同以及对组织的认同，但是，由于消费者并非组织的正式成员，将组织认同理论用于理解品牌认同时，焦点放在组织层面的认同上，不需考虑对群体的认同。这一看法不无偏颇。根据品牌社群理论，消费者与消费者之间的关系是品牌社群关系的一个不可或缺（甚至是核心）的维度。品牌社群内消费者之间的关系是品牌认同的一个重要来源（Nicola，2010）。

既有的品牌认同研究主要讨论了品牌认同的概念、品牌认同的前因后果。但是，这些研究大部分是在商业背景下，对品牌认同前因的探讨主要来源于组织认同的文献基础，缺乏营销视角下的理论结构。除 Balmer 等（2007）曾探索性地采用案例研究方法讨论大学生的学校品牌认同的层次问题之外，对学校品牌认同的研究还相当少见。

本研究利用品牌社群的基本框架来探讨学校品牌认同的形成机制及结果。

二、理论基础与研究假设

（一）品牌社群融合与大学品牌社群融合

近年来，关系营销、品牌创建等几大热点课题的融合催生了品牌关系理论研究的热潮，使其成了西方品牌理论研究的新前沿。在品牌关系理论体系下，学者们关注消费者与品牌的关系。Muniz 和 Guinn（2001）利用市场社群的基础，定义出品牌社群（Brand Community）："品牌社群是一个特定的、不受地域限制的社群，其基础为品牌使用者之间的结构性关系。"这一概念包含了品牌—消费者关系以及消费者—其他消费者关系，强调以品牌为中心的消费者之间的关系，未涉及其他关系，因此，可称为狭义的品牌社群定义。而品牌社群领域的另一个核心研究团队 McAlexander 等（2002）对Muniz 等的三角模型做了扩展，对品牌社群进行了广义界定，提出了一个"基于核心消费者的品牌社群模型"。他们认为品牌社群是一种基于消费者体验的消费者与品牌的关系，其中包括消费者与品牌、消费者与产品、消费者与营销者、消费者与其他消费者四对主体之间的关系，并揭示了品牌社群怎样通过相关仪式和活动来形成这四对主体之间多元的互动体验，从而使原本分散、孤立的消费者形成具有共同意识的群体，进而构建出"品牌社群融合"（Brand Community Integration）的概念：在品牌社群中，分散的消费者融合为一个群体，同时消费者与品牌融为一体。

McAlexander 等人（2001，2004，2006）将品牌社群的概念延伸到了高等教育领域，将大学及其所有利益相关者视为一个品牌社群，并定义了大学品牌社群的不同关系成分，包括"我的教育和我"（消费者—产品关系）、"以成为一个品牌拥趸自豪"（消费者—品牌关系）、"愉悦的服务"（消费者—企业关系）、"我的部落"（消费者—其他消费者关系）等。刘勇、贾生华（2008）基于这一思路认为，如果将大学看成是一个品牌实体，在大学里存在着的同学关系、师生关系以及学生与其他组织的关系等就构成了大学品牌社群。因此，本研究假设：

H1：包含四种关系的大学品牌社群模型在验证性因子分析中有一个可接受的拟合度。

H2：利用结构方程模型可以发现包含四种关系的大学品牌社群二阶模型有一个可接受的拟合度。

（二）在学体验与学校品牌社群融合

由于超凡消费者体验对消费者而言具有高度吸引力和价值，因此，消费者会重视那些他们视为创造超凡消费者体验工具的市场活动。研究发现，在一个由营销者推动的消费活动的背景下——如 Jeep 大会（Camp Jeep），超凡消费者体验能增强品牌社群融合，这是构建品牌忠诚的一种特殊而强有力的形式（Schouten 等，2007）。Nicola（2010）发现，营销者组织的线上、线下的市场活动在品牌社群融合与消费者品牌认同当中发挥了调节作用。

McAlexander 等人（2001，2004，2006）也发现，大学生紧张刺激的在学体验（如大学最后几周狂泡图书馆与实验室以完成毕业设计）和放松休闲的在学体验（如观看学校的足球比赛）为大学品牌社群融合提供了机会。刘勇等（2008）发现，这两种体验会正向影响学生在学校里的同类意识感、道德责任感与在学校的传统和精神感，后者又会进一步影响品牌忠诚度。因此，本研究假设：

H3：在学体验对学校品牌社群融合有正向影响。

（三）品牌认同与学校品牌认同

在品牌研究中，经由认同而形成的、品牌对消费者的意义是一个重要研究兴趣领域（Kuenzel 等，2008）。品牌认同（Brand Identification，也有学者译为"品牌认同感"），是指"消费者对自我形象与品牌形象重叠程度的感知"（Bagozzi 等，2006），关注的是消费者与品牌之间的一致性关系。品牌认同概念有两个理论渊源：一是社会认同理论（Social Identity Theory），二是自我分类理论（Self-Categorizations Theory）。由于强烈的认同常与积极的消费行为相联系，可引发品牌偏好及提升顾客忠诚度，并被认为是一种可持续的竞争优势，因此甚至有学者将基于身份的营销（Identity Based Marketing）视为一种新的营销范式（Paradigm）（Alsem，2008）。

尽管对非营利组织（包括学校）的组织认同研究已不少见，但对品牌认同的研究主要还是集中在商业领域。作为一个例外，Balmer 等（2007）以 2006 年发生在中国的郑州大学的例子佐证了大学品牌认同的重要性——在该案例中，郑州大学升达学院公布了 2003 届、2004 届毕业生不再颁发郑州大学的毕业证，而改为颁发升达学院毕业证后，直接引发了升达学院几千人参与的群体性事件。在此研究中，他们发现，学生不仅仅是学校的一个顾客，而且是一个（大学）组织品牌社群里的终身成员。通过案例研究，他们将学生对学校品牌认同分为三个层次：品牌认可（Brand Legalisation）——学生是学校的一个法定成员（Member）；品牌领悟（Brand Realization）——学生信任学校品牌，是学校品牌的支持者（Supporter）；品牌实现（Brand Actualisation）——学生是学校品牌的所有者（Owner）。

现有研究基本上都是将品牌认同视为一个单维度的概念。而在社会认同和组织认同的研究中，一般将认同划分为三到四个维度。如果划分为三个维度，一般是基于群体成员关系的理解（认知维度，Cognitive）、对群体情感的连接（感情维度，Affective）和对群体在价值上的评估（评价维度，Evaluative）三个方面。如果划分为四个维度，则加上行为（Behavior）方面（丁立，2008）。由于行为维度在测量上与组织公民行为在内容上存在着某种程度的重叠（宝贡敏等，2006），并且认同是属于心理层面的概念，本研究拟从学生的认知品牌认同、感情品牌认同和评价品牌认同三个方面对品牌认同的维度进行研究和测量。因此，本研究假设：

H4：利用结构方程模型可以发现包含三个维度的品牌认同模型有一个可接受的拟合度。

（四）品牌认同的形成及结果

20 世纪 90 年代以来，已有文献开始对品牌认同的形成机制进行研究。主要研究包括：①Kim 等（2001）发现品牌认同可以作为品牌个性与品牌忠诚度之间的中介变量；依据类似逻辑，金立印（2006）进行了基于中国消费者的本土化研究，将品牌个性维度分为"仁""智""勇""乐""雅"五个维度，探讨了品牌认同作为品牌个性与品牌资产之间中介变量的可能性；② Algesheimer（2005）、Bagozzi（2006）、Carlson（2008）分别讨论了品牌社群认同、品牌认同、品牌社群归属感等变量在品牌社群中的重要作用；③在 Balmer 等（2007）对大学品牌认同的研究中，其归纳出的前置变量包括组织品牌声誉、组织品牌社群（对一个独立品牌社群的归属感被学生认为是重要的）、组织精神、成员联想和实体证据、组织品牌差异性；④Kuenzel 等（2008）以品牌认同为核心变量，构建了一个品牌认同的前因后果的整合模型，其中，品牌认同的前因包括品牌声誉、满意度和组织沟通，结果变量包括口碑传播和重复购买；⑤Tuskej（2010）发现消费者与品牌价值的一致性会影响品牌认同，后者会对品牌承诺及积极的口碑传播产生正向影响；⑥基于品牌社群背景，Nicola（2010）发现，品牌社群融合会正向影响品牌认同，品牌认同程度越高，消费者会对品牌越满意、越忠诚、越会主动促销品牌。本研究结合学校品牌的背景，设定学校品牌认同的结果变量——口碑推介，是指学生向他人推介学校。在实践中，在商学院对 MBA、EMBA、EDP 等课程的招生中，校友推介的作用也在不断提升。因此，本研究假设：

H5：大学品牌社群融合程度越高，学生对大学品牌认同度越高。

H6：大学品牌认同度越高，大学生越倾向于口碑推介。

三、研究方法

（一）研究框架

本研究探讨学生在学体验、学校品牌社群融合、学校品牌认同、口碑推介的关系。经由上述文献探讨，形成本研究的基本模型，如图 1 所示。

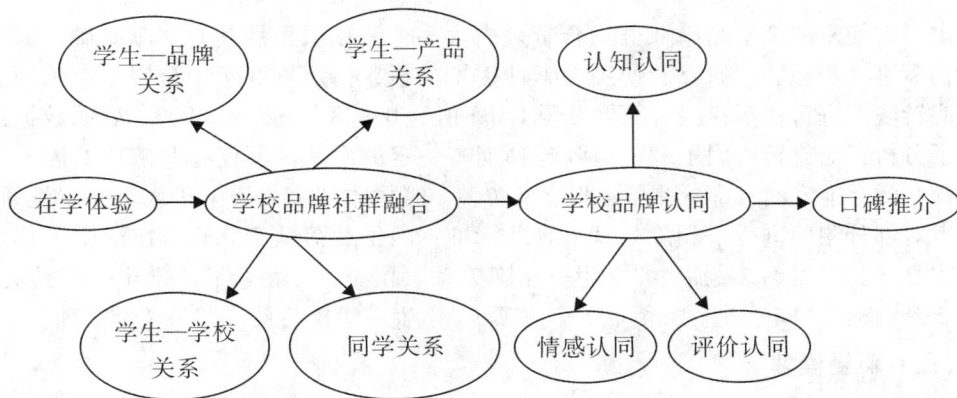

图 1　基于品牌社群的大学品牌认同模型

209

（二）测量发展

调查问卷有 3 页，主要包含 4 个不同的量表。潜变量测项来自既有文献中相关变量的测项。在学体验、学校品牌社群融合的初始测项均来自 Cecchini（2008）、McAlexander 等（2006），其中，"在学体验"包含 5 个测项，"品牌社群融合"由"学生—品牌关系"（7 个测项）、"学生—产品关系"（11 个测项）、"学生—学校关系"（7 个测项）、"同学关系"（3 个测项）等构成。品牌认同量表来自 Bagozzi（2006），由"认知认同"（2 个测项）、"情感认同"（2 个测项）、"评价认同"（2 个测项）构成。口碑推介的量表来自 Arnett 等（2003），包含 3 个测项。研究者之一将量表进行翻译后，请 5 位管理学博士（市场营销方向）独立进行审校，再由原翻译者汇总。初始问卷形成后进行了小规模的试测，研究者又根据受调查者的意见略加修改，形成正式调查中使用的测项。

（三）研究样本及数据收集

研究数据在深圳大学获得。采用便利样本，发放问卷 400 份，扣除答题严重不全与乱答的问卷之后，剩余有效问卷 338 份。样本中同时包含了人文社科类专业和理工类专业的大学生。

在有效样本的性别结构方面，男大学生为 146 人，占总样本量的 43.2%；女大学生为 192 人，占 56.8%。从年级分布来看，大一学生 74 人，占 21.9%；大二学生 128 人，占 37.9%；大三学生 131 人，占 38.8%；大四学生 5 人，占 1.5%。

四、数据分析结果

对收集数据采用 SPSS13.0 与结构方程模型软件 Lisrel 8.70、SmartPLS 进行分析。研究者在对数据预处理后，评价测量模型，并检验变量的信度与效度。之后，对结构模型进行分析，分析模型拟合情况并进行假设检验。

（一）数据预处理

本研究使用的大学品牌社群融合量表内含多个测项。虽然其有文献基础，但其有效性仍需进一步检验。研究者使用探索性因子分析，指定提取 4 个公因子，采用方差最大旋转法，进行初步检验。结果发现 KMO 值为 0.928，Sig.＝0.000，表明数据适合做因子分析，而旋转后因子载荷矩阵与预期有一定的出入。不仅有些测项的因子载荷低于 0.6 的标准，而且部分测项出现交叉负荷。考虑本研究本质上仍属于探索性研究，研究者对部分测项进行了删除处理。删除标准：因子载荷低于 0.6 或出现交叉负荷现象（以 0.3 为基准）。最后，"学生—品牌关系"留下 5 个测项；"学生—产品关系"留下 2 个测项；"同学关系"留下 2 个测项；"学生—学校关系"留下 2 个测项。

（二）测量模型

由于涉及多个潜变量，本研究分三个部分进行信度和效度检验。

1. 品牌社群及品牌社群融合

测量模型 1a：以"学生—品牌关系""学生—产品关系""同学关系""学生—学

校关系"为潜变量进行检验。得到的测量模型拟合指标显示 $x^2/df = 2.35$（$p = 0.00$），NNFI $= 0.96$，CFI $= 0.97$，RMSEA $= 0.063$，测项的标准化因子载荷为 $0.55 \sim 0.84$ 且均显著。表明假设 1 可以接受。

测量模型 1b：以"学生—品牌关系""学生—产品关系""同学关系""学生—学校关系"为一阶因子，以"品牌社群融合"为二阶因子进行检验。得到的测量模型拟合指标显示 $x^2/df = 2.24$（$p = 0.00$），NNFI $= 0.96$，CFI $= 0.97$，RMSEA $= 0.061$，测项的标准化因子载荷为 $0.55 \sim 0.84$，一阶潜变量与二阶变量之间的系数为 $0.57 \sim 0.88$ 且均显著，如表 1 所示。假设 2 可以接受。

表 1　变量之验证性因子分析及信度检验（测量模型 1b）

验证性因子	测项	估计系数	t-value	CR	AVE
一阶	学生—品牌关系			0.83	0.49
	1. 我很自豪与 X 联系在了一起	0.73			
	2. 我的价值观与 X 的价值观非常相近	0.70	11.76		
	3. 我认同 X	0.79	13.14		
	4. 我是 X 的信徒	0.55	9.30		
	5. 我对 X 怀有一种强烈的感激之情	0.72	12.16		
	学生—产品关系			0.88	0.56
	1. 我在 X 获得的学位将是我的重要身份	0.64			
	2. 在 X 获得的学位将为我开始职业生涯做好准备	0.84	8.62		
	学生—学校关系			0.60	0.43
	1. 如果我有一个专业问题或难题，我会很自然地向 X 的老师寻求建议	0.74			
	2. X 的老师曾花时间与我面对面讨论问题	0.57	5.90		
	同学关系			0.58	0.41
	1. 我与在 X 的同学保持着日常联系	0.57			
	2. 我的一些好朋友是在 X 的同学	0.70	5.15		
二阶	学生—品牌关系	0.88	10.93		
	学生—产品关系	0.76	7.83		
	学生—学校关系	0.64	7.89		
	同学关系	0.57	5.33		

2. 品牌认同

测量模型 2：以"认知认同""情感认同""评价认同"为一阶因子，以"品牌认同"为二阶因子进行检验。得到的测量模型拟合指标显示 $x^2/df = 3.77$（$p = 0.00$），

NNFI = 0.96，CFI = 0.97，RMSEA = 0.061，测项的标准化因子载荷为0.40~0.77，一阶潜变量与二阶变脸之间的系数为 0.75~0.94 且均显著，如表 2 所示。但由于情感品牌认同的平均方差抽取量（AVE）过小，假设 4 不可以接受。而如果将这 6 个测项进行可靠性检验，得到 Cronbach's Alpha 为 0.855，因此，本研究将其视为一个因子。

表 2 变量之验证性因子分析及信度检验（测量模型 2）

验证性因子	测项	估计系数	t-value	CR	AVE
一阶	认知认同			0.67	0.51
	1. 我的自我形象与 X 的形象重叠	0.77			
	2. 请指出哪种情况（A、B、C、D、E、F、G 或 H）最能描述您自己的身份和 X 的重叠程度	0.65	8.13		
	情感认同			0.34	0.21
	1. 我对 X 非常依恋	0.40			
	2. 我对 X 的归属感非常强烈	0.51	4.88		
	评价认同			0.62	0.45
	1. 我对 X 是有价值的	0.67			
	2. 我是 X 的重要一员	0.67	6.95		
二阶	认知认同	0.90	9.52		
	情感认同	0.94	5.69		
	评价认同	0.75	7.52		

3. 在学体验和口碑推介

"在学体验"由"在 X，我有许多有趣的经历""我真的很享受在 X 的时光""X 为我提供了理想的大学体验""在 X，我参加过一些富有挑战性的活动""我很满意自己在 X 的体验" 5 个测项进行测量；"口碑推介"由"我很高兴向朋友谈起 X"" 我会向朋友推荐 X""在社交场合，我常常赞许地提及 X" 3 个测项进行测量。在执行 PLS 分析后，发现所有测量指标的负荷量均超过 0.7 的标准值，表明这些指标具有较高的项目信度。在学体验、口碑推介的 Cronbach's Alpha 分别为 0.868 和 0.877，均超过 0.8，代表这两个潜变量的测量量表具有良好的信度。

（三）结构模型

结构模型的分析结果如图 2 所示。在学体验到品牌社群融合的路径系数为 0.699，具有显著水平，假设 H3 成立。品牌社群融合到大学品牌认同的路径系数为 0.753，具有显著水平，假设 H5 成立。品牌认同到口碑推介的路径系数为 0.769，具有显著水平，假设 H6 成立。

由于 PLS 以内生变量残差极小化方式进行参数估计，未像 LISREL 提供整体模型适合度指标以进行评估，而一般以评估模型中内生变量的 R^2，作为整体模型适合度的参考。从图2可以看出，三个内生变量的 R^2 值分别为：品牌社群融合 0.489；大学品牌认同 0.568；口碑推介 0.591，表明本模型的解释力颇佳，未解释残差不大。

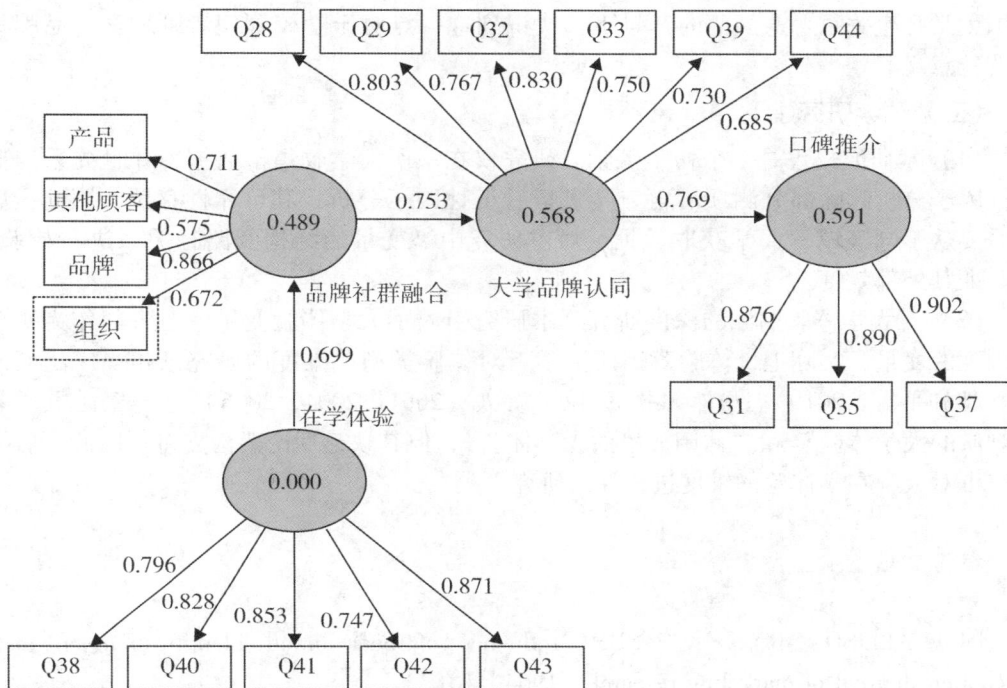

图2　PLS 输出结果

五、结论与建议

（一）研究结论与研究意义

品牌社群理论是近年来热门的营销研究领域。本研究基于品牌社群理论探讨学校品牌认同的前置因素和结果变量，具有一定的理论意义和实践价值。

本研究的主要结论包括：①发现大学体验显著正向影响大学品牌社群融合，深化了对品牌社群融合形成机制的理解。②研究采用的西方学者构建的品牌社群融合量表并不能简单套用于中国情境，对原先的量表进行了大幅度的删除与重构。品牌社群融合的四种关系中，最后"顾客—组织关系"维度留下的两个测项均与教师有关，这可以用服务营销理论进行解释。在学校中，教师作为服务营销的边际人员，在建立学生的学校品牌社群融合方面扮演了重要角色。③将 Nicola（2010）发现的品牌社群融合与品牌认同的关系应用于非营利组织——大学领域，验证了该影响路径的外部效度。

本研究的实践价值主要体现在：①为学校管理者管理学生的学校（品牌）认同提

供了基本依据。为了提升学生的学校（品牌）认同，学校管理者可构建一个学校品牌社群，并从学生—学校品牌关系、学生—教育服务关系、学生—学校（组织）关系、学生—其他学生关系四个方面促成学校品牌社群融合，而这又可以为学生提供良好的在学体验来实现。②学校教师的表现在"顾客—组织关系"占据了重要地位，在今天中国大学师生关系普遍淡薄的背景下，认识到这一点对于学校管理者管理学校品牌具有特殊意义。

（二）后续研究建议

（1）本研究仅仅是一个初步探索。研究仅在一所大学收集了数据，并且先采用探索性因子分析删除部分测项后再直接进行验证性因子分析，其可靠性存疑，因此，后续需要从不同区域的大学获取数据，对本研究中潜变量的结构及路径关系进行检验，以验证其外部效度。

（2）对大学体验内涵的深度研究。本研究引入了大学体验变量，但将其作为一个单维度的变量，实际上，体验营销研究学者对体验类型或维度的研究已相当广泛而深入（贺和平等，2010）。虽然 McAlexander 等人（2001，2004，2006）已经探讨了"紧张刺激的大学体验"和"休闲放松的大学体验"，但其缺乏理论架构支持。因此，后续研究可对大学在学体验的维度进行深入研究。

参考文献

［1］ALLISON R I, K P UHL. Influence of beer brand identification on taste perception. Journal of marketing research, 1964, 1 (3).

［2］AHEARNE MICHAEL, BHATTACHARYA C B, GRUEN THOMAS. Antecedents and consequences of customer-company identification: expanding the role of relationship marketing. Journal of applied psychology, 2005, 90 (3).

［3］BELEN DEL RIO, RODOLFO VAZQUEZ, VICTOR IGLESIAS. The effects of brand associations on consumer response. Journal of consumer marketing, 2001, 18 (5).

［4］B D CARLSON, T A SUTER, T J BROWN. Social versus psychological brand community: the role of psychological sense of brand community. journal of business research, 2008, 61.

［5］BRAD D CARLSON, D TODD DONAVAN, KEVIN J CUMISKEY. Consumer-brand relationships in sport: brand personality and identification. International journal of retail & distribution Management. 2009, 37 (4).

［6］C B BHATTACHARYA, SANKAR SEN. Consumer-company identification: a framework for understanding consumers' relationships with companies. Journal of marketing, 2003, 67 (2).

［7］Dennis B ARNETT, STEVE D GERMAN, SHELBY D HUNT. The identity salience model of relationship marketing success: the case of nonprofit marketing. Journal of marketing, 2003, 67 (2).

［8］FRED MAEL, BLAKE E ASHFORTH. Alumni and their alma mater: a partial test of the reformulated model of organizational identification. Journal of organizational behavior, 1992, 13 (2).

［9］JOHN M T BALMER, MEI-NA LIAO. Student corporate brand identification: an exploratory case study. Corporate communications: an international journal, 2007, 12 (4).

［10］KIM C K, HAN D, PARK S B. The effect of brand personality and brand identification on brand loyalty: applying the theory of social identification. Japanese psychological research, 2001, 43 (4).

［11］JAMES H MCALEXANDER, HAROLDF LOENIG. University experiences, the student-college relationship, and alumni support. Journal of marketing for higher education, 2001, 3 (10).

［12］JAMESH MCALEXANDER, HAROLD F KOENIG, JOHN W SCHOUTEN. Building a university brand community: the long-term impact of shared experiences. Journal of marketing for higher education, 2004, 14 (2).

［13］JAMESH MCALEXANDER, HAROLD F KOENIG, JOHN W SCHOUTEN. Building relationships of brand community in higher education: a strategic framework for university advancement. International journal of educational advancement, 2006, 6 (2).

［14］MUNIZ ALBERT M JR, THOMAS C O' GUINN. Brand community. Journal of consumer Research, 2001, 27 (3).

［15］RICHARD P BAGOZZI, UTPAL M DHOLAKIA. Antecedents and purchase consequences of customer participation in small group brand communities. International journal of research in Marketing, 2006, 23.

［16］SVEN KUENZEL, SUE VAUX HALLIDAY. Investigating antecedents and consequences of brand identification. Journal of Product & Brand Management, 2008, 17 (5).

［17］孙健敏，姜凯丰. 中国背景下组织认同的结构：一项探索性研究，社会学研究，2009 (1).

［18］李惠璠，李鹏，张金成. 顾客—企业认同的驱动因素研究. 科学学与科学技术管理，2009, 30 (12).

［19］金立印. 消费者企业认同感对产品评价及行为意向的影响. 南开管理评论，2006, 9 (3).

［20］刘勇，贾生华. 高校学生对学校品牌忠诚的形成研究——基于品牌社群视角. 高等教育研究（成都），2008 (2).

［21］贺和平，刘雁妮，周志民. 体验营销研究前沿评介. 外国经济与管理，2010, 32 (8).

大学生国际交流项目的组织与实践

潘燕春

（管理学院工商管理系）

【摘　要】随着国际化水平的日益提高，国内大学生和国外大学生交流的机会也日益增加。然而，提高大学生国际交流项目的效果需要良好的组织形式。本文介绍了深圳大学管理学院大学生国际交流项目的组织与实践，以供参考和借鉴。

【关键词】大学生　国际交流　活动组织　实践

一、传统大学生国际交流项目的困境

随着中国地位的日益提高、教育水平的不断上升，以及中国高等教育国际化的发展，我国大学生有越来越多的机会和国外大学生进行短期交流，如海外游学项目、外国学生代表团的来访等。然而，往往由于组织不够到位，上述短期国际交流项目经常演变成走马观花，流于形式。例如，海外游学项目成了"游而不学"的名校参观活动；外国学生来访交流，成了大学生之间的聊天活动，在短短的一两个小时内聊一聊生活，聊一聊文化，"就此别过"。短期国际交流并未产生预期的效果。

本文介绍了深圳大学管理学院在短期国际交流项目中的组织与实践，希望能给管理类专业大学生的短期国际交流项目提供参考。

二、深圳大学管理学院的实践

经过多年的积累，深圳大学管理学院短期国际交流项目形成了鲜明特色，即以主题研讨为载体，以中外学生小组融合为形式，采取线上和线下相结合的手段，取得了较好的效果。

（一）商业研讨主题的确定

要使学生能够深入交流和研讨，就必须借助一定的主题，否则交流现场"信手拈来"就只能浅尝辄止，难以达到预期效果。

在主题的选择上，建议选择双方学生都熟悉或者能够理解的话题，而且要结合实际，选择比较热门、广为关注的议题。如果面对商科为主的学生，建议选择诸如市场营销、战略管理、人力资源管理、企业社会责任等大学生容易展开的主题。案例的选取要尽可能开放，学生能够上网找到部分公开数据，结合自身的认识进行分析。例如，我们曾采用的主题包括：

主题1：中国的阿里巴巴和美国的亚马逊都是世界知名的电商企业，二者的商业模式有何异同？阿里巴巴要进入美国市场的话，需要关注哪些因素？亚马逊在中国市场和阿里巴巴竞争，需要关注哪些因素？

主题2：中国的顺丰快递和美国的FedEx都是知名的物流企业，二者是如何关注企业社会责任的？它们之间是否有互相值得借鉴的地方？它们的企业社会责任能够给其他企业带来哪些方面的思考？

在实际操作中，可根据双方学生的特点和知识结构，选取恰当的主题。一个好的研讨主题，是短期国际交流项目成功的关键。

（二）中外学生的小组融合

要有更好的交流效果，组织小组研讨是非常好的形式。一般建议每个组4至6名学生，为了更好地实现国际交流和跨文化融合，建议每个组都由一半国内的学生和一半国外的学生组成，形成"3＋3"的团队。事先给国内外的各小组编号（国内组1、国内组2、……国内组m；国外组1、国外组2、……国外组m），每个组3名同学。实际交流时，国内组1将和国外组1融合，形成由6名学生组成的中外合作团队。

（三）线上和线下双渠道交流

主题研讨和学生分组一旦确定，即可布置研讨任务，一般提前1个月将商业研讨主题发放给双方小组。建议每个研讨主题都有2至3个组负责，例如，国内组1和2、国外组1和2负责上述研讨主题1，国内组3和4、国外组3和4负责上述研讨主题2。这样进行主题分配的目的是每个主题都有多个小组参与研讨，学生之间可以进行比较和团队交流。

由于此时离现场交流还有较长时间，双方学生可以在线上收集数据，指导老师也可提供部分参考数据或信息。实际操作中，可以事先形成中外合作团队，即国内组1和国外组1事先进行线上沟通和交流，其好处是学生容易提前熟悉和进入角色；也可采取"闭门会议"形式，即中外双方学生事先不进行线上交流，笔者比较推荐这种方式，一是可以现场比较双方学生的表现，二是现场研讨会更加热烈，双方学生更容易擦出思维的火花。

等到双方学生现场见面后，即可马上组成中外合作团队，各自展现收集的数据和分析结果，进行线下讨论和交流，最终达成共识。从目前我们的多次国际交流活动来看，现场的研讨氛围异常热烈，因为中外学生碰到一起，很有新鲜感。更为关键的是，双方都已针对同一议题做了数据收集和分析，正摩拳擦掌，期待现场一决高下，说服对方，或者相互融合，达成一致。

在现场研讨的组织上，建议提供wifi网络环境，要求每个组的学生至少携带一台笔记本电脑，以便学生现场讨论时进一步收集数据；桌椅最好是可移动的，以便一个组的学生（3名国内学生＋3名国外学生）能够聚在一起；不同组之间要有一定距离，以免相互影响。

在时间分配上，为确保交流效果，建议现场研讨1.5至2个小时。每个组必须制作PPT，然后以小组形式进行汇报和展示。每位小组成员均要上台演讲，成员之间必须合理分工。台下学生还可针对汇报小组提问，并展开对话。整个现场活动控制在3个小时左右。这种高强度的现场研讨、分析和展示，对学生表达能力、应变能力、分析能力等多方面的能力提升大有裨益。

（四）学生选拔和激励

由于现场研讨基本都要求用英文，所以在选拔学生时务必遴选英语听说读写能力强的学生，而且要保证参与度高，以免影响研讨效果。

上述国际交流活动有主题内涵，参加活动的学生能够提升国际视野和能力，是非常受学生欢迎的。为了进一步激励学生参与、激发学生热情，也可以给参与的学生发活动证书。研讨和汇报结束，现场组织一场证书授予活动，形式和娱乐并重，中外学生往往情绪高涨。

三、深圳大学管理学院的范例

上述短期国际交流项目，我们已经和美国佐治亚理工学院、美国加州州立大学、比利时列日大学等国外知名高校成功举办多次，每次学生都踊跃报名。参与活动的学生一致认为受益匪浅，而且往往与国外学生建立了良好的联系，进一步鼓励学生出国继续深造。

四、结语

尽管我们在短期国际交流项目上做了一些有益的尝试，但是改进永无止境。相信随着我们不断的实践，更多更好的国际交流模式能够涌现出来，为学生国际视野的扩展和实践能力的提高做出更大的贡献。

参考文献

[1] 黄非，张长明．关于高校学生国际交流项目实践的思考．广东石油化工学院学报，2011（4）．

[2] 阮凤丹．国内高校国际交流项目影响因素及解决策略探析．时代教育，2013（6）．

[3] 石伟东，刘晓东，苏婷婷．新时期高校外事管理工作的几点思考——以首都体育学院为例．中国培训，2017（6）．

"聚徒教学"模式的思考

杨翩翩

（管理学院市场营销系）

【摘　要】"聚徒教学"作为一种古老而活力焕发的教学模式，通过"师带徒"的形式将导师平时在课堂上无法传授的知识和技能有效地传授给学生。"聚徒教学"有利于培养学生的创新能力和科研动手能力。本文以笔者实施的有关神经营销研究的"聚徒教学"活动为例，总结和思考了"聚徒教学"的益处，针对如何进一步提升"聚徒教学"活动的效果提出若干建议。

【关键词】聚徒教学　神经营销　创造性

一、前言

"聚徒教学"是将学有余力的学生聚集在一起，通过"师带徒"的形式将课堂上无法传授的学术知识教授给学生，提升学生对某一学术主题的兴趣，让学生了解导师的研究领域并掌握相应的研究方法（俞静，刘志刚，2013）。早在春秋时期，孔子、孟子、庄子等圣贤通过"聚徒教学"活动广泛宣传自己的知识、信仰以及理想人格，一度形成"百花齐放，百家争鸣"的空前学术盛况，对当时社会乃至整个中国历史具有深远的影响（李慕南，张林，李丽丽，2005）。在当代高等教育中，由于高校快速扩张，高等教育走向平民化和大众化。"聚徒教学"作为一种精英教育、小规模教育，可以有效完善现有高等教育体制。本文以笔者正在实施的有关神经营销的"聚徒教学"活动为例，分别从教师和学生的角度总结了"聚徒教学"的益处，并针对如何提升"聚徒教学"活动的效果提出若干建议。

笔者今年召集了部分本科生和研究生，开展了有关神经营销研究的"聚徒教学"活动。通过总结此次"聚徒教学"活动过程和效果，笔者认为学生和导师均获益良多。

二、学生在"聚徒教学"活动中的收获

通过参与"聚徒教学"活动，笔者认为学生可以有以下几个方面的收获。

1. 提升学术科研能力

本科生平时的主要任务是上课，课后完成作业，鲜有机会接触学术研究。然而，大学时期是人生中创新能力最强的时期。对于有志于学术研究的学生而言，早早接触学术科研无疑益处良多。笔者在"聚徒教学"活动中发现部分学生不知道如何查阅文献、不了解正确的参考文献格式。这是因为论文格式规范在平时的本科教学活动中受重视程度不够。通过"聚徒教学"活动，导师手把手教学生基本的论文格式规范，提

升了学生的基本学术科研素养。此外，在"聚徒教学"活动中，学生通常需要开展科研实践活动。在这些步骤中，学生能学习基本的调研方法、实验方法和数据分析方法。学生也能学习各种数据分析软件的使用方法。通过在实践中学习，学生一般进步比较快。在笔者的"聚徒教学"活动中，学生学习了如何使用脑电仪器，能够单独作为主试开展实验。另外，学生也学习了如何使用 SPSS 等数据分析软件。

2. 培养学生的创新能力

"聚徒教学"活动中，导师应鼓励学生多多阅读相关文献，并提炼自己的研究观点。在这一阶段，要求学生能够突破旧的思维模式，从不同的角度看待问题，挑战原有的观点和结论。这恰恰能体现学生的创新能力。导师在这个过程中需要不断地辨析学生的观点，引导学生深入思考，激励学生寻找问题的答案。这种思维训练将有利于学生的思辨能力和创新能力的培养。学生善于发问、思考，导师善于启发、诱导，形成良性循环，这也是"聚徒教学"活动的特色之一。

3. 形成良好的沟通氛围，加强师生互动

良好的师徒关系能够极大地提升学习效果。古人云："一日为师，终身为父。"但是，随着高校的不断扩招，本科生数量逐步上升，师生关系也逐渐疏远。本科生对自己的未来充满种种疑惑，在面临众多选择时，他们需要长者的指导和建议。笔者认为在"聚徒教学"活动中结下来的师徒关系不仅仅局限于"聚徒教学"活动本身，可以延伸到学生的学习方面和生活方面。笔者在开展有关神经营销的"聚徒教学"活动中，除了每周一次的定期见面和讨论之外，笔者还邀请学生去办公室，询问学生的学习状况和未来的发展规划，并给予一定的意见和建议。作为过来人，导师能很好地理解学生的各种困惑，给予相应的指导，这将有利于学生的全面发展。在笔者的"聚徒教学"活动中，有两名同学有出国读研的计划，但在专业选择上，这些学生定位模糊。后来通过与笔者的多次沟通，这些同学找到了自己长期学习的兴趣点，顺利地选择了读研的专业。

三、导师在"聚徒教学"活动中的收获及建议

"聚徒教学"活动不仅有利于培养学生的创新能力和学术科研能力，对导师也产生了积极影响。在"聚徒教学"活动中，学生经常提出各种问题，有些问题可能导师从未思考过，这对导师的知识和能力形成一定的挑战。这也促使导师不断地学习和思考。平时的课堂教学活动中，导师大部分时间在传授知识，而学生提问和反馈的时间较少。"聚徒教学"活动提供了教学相长的平台。因此，导师只有不断地提升自己、丰富自己的知识、吸收新的信息，才能自如地应对学生的挑战。

通过回顾此次"聚徒教学"活动，笔者认为导师可以从以下几个方面来提升"聚徒教学"的效果。

1. 激发学生在"聚徒教学"活动中的兴趣

一般而言，报名参加"聚徒教学"活动的学生学习热情比较高，主动学习的意愿

比较强。然而，随着项目的推进，部分学生可能丧失了原有的学习热情。原因之一是学生看不到项目的意义所在。导师需要详细说明项目的理论意义和实践意义。此外，导师可以多开展一些团队建设工作（如组织学生郊游等），让学生感觉参加"聚徒教学"活动有用而且有趣。在项目实施过程中，部分学生感觉到困难和畏惧，导师应鼓励学生坚持到底，迎难而上。

2. 加强学生的文献阅读训练，鼓励学生交流讨论

一般而言，学生需通过阅读文献来了解导师的相关课题。在"聚徒教学"活动中，学生将学习查阅中英文文献。阅读相关文献是学生快速了解相关研究课题的第一步，也是非常重要的一步。在笔者带领的有关神经营销的研究领域，文献并不多见，部分文献发表在顶级杂志上。笔者在开展"聚徒教学"活动的前期，要求学生阅读相关文献，并制成PPT，在"聚徒教学"的课堂上讲解和讨论。通过让学生自行阅读并讲解文献，学生在较短的时间内能加深对研究主题的认识和理解。在讨论的过程中，导师要有针对性地引导、鼓励学生积极思考并展开激烈的讨论。秉承"平等讨论"的原则，导师应开拓学生的思维和视野，培养学生的批判性精神和创新精神。

3. 合理组织"聚徒教学"活动

"聚徒教学"是一项系统工程。导师需要思考如何在较短的时间内激发学生的科研兴趣，传授开展相关科研活动所需要的知识和技能。换而言之，导师需要将"门外汉"学生训练成对某一主题有一定程度认识和了解，甚至可以独立开展科研活动的"小专家"。因此，导师事前应花一定的时间巧妙组织整个"聚徒教学"活动。在有关神经营销的"聚徒教学"活动中，笔者安排三分之一的时间让学生阅读文献，三分之一的时间用于开展研究主题的实践活动，三分之一的时间用于撰写总结报告。三个阶段有一定的交叉。

4. 理论和实践结合，增强学生的科研动手能力

古人云："纸上得来终觉浅，绝知此事要躬行。"仅凭文献阅读并不能就某一主题有深入的认识和了解，"聚徒教学"活动需要通过进一步的科研实践来加深学生的理性认识。通常"聚徒教学"活动实施的基本步骤如下：第一，召集感兴趣的学生，设计研究课题，形成科研小组。以小组为单位，学生自行设计科研课题或申请学校大学生创新课题。通过申请、报告、结题等各个环节的训练，学生初步掌握研究的基本方法和步骤。第二，鼓励学生阅读相关文献，形成自己的学术观点。通过课外调查实践活动，收集和分析数据。第三，鼓励学生按照学术论文的要求撰写论文，并反复修改直至论文投稿，或组织学生参加各类高校课外活动竞赛，如"挑战杯"等（黎双飞，汪安泰，陈伟钊，王静，2017）。学生通过撰写论文或参加各类高校课外活动竞赛，能磨砺自己的心智，锻炼自己的科研动手能力，提升自信心。笔者在有关神经营销的"聚徒教学"实践活动中，首先安排学生参观脑电活动室和眼动实验室，让学生更加了解神经营销所需要的器材。随后安排学生作为实验被试参与脑电实验，感受脑电实验的过程。此外，笔者教学生如何学习使用脑电仪、如何打脑电膏、如何给被试戴电极帽等，并安排学生作为主试开展脑电活动。这些措施增强了学生的科研动手能力。

四、总结

"聚徒教学"作为古老而又焕发活力的教学形式，有很多方面值得进一步探索。作为导师，我们可以吸取古代圣贤的聚徒精神，为学生构建一个学术自由、充满思辨氛围、追求科学、追求真理的研究平台。"聚徒教学"活动不仅能增强学生的科研兴趣和学术素养，提升学生的创新能力，也能促进导师学习新的知识、提升自我、丰富自我。在师生的良性互动中，教学相长，相得益彰。笔者认为导师在"聚徒教学"活动中应该不断激发学生的学习兴趣，尤其要激发对某一科研主题持续的热情，引导学生多阅读文献，合理组织教学实践活动，促进良好师徒关系的形成。诚然，更多有关"聚徒教学"活动的经验值得教师进一步探索。"路漫漫其修远兮，吾将上下而求索"。

参考文献

[1] 李慕南. 中国文化史丛书. 开封：河南大学出版社，2005.

[2] 俞静，刘志刚. 论"聚徒教学"之溯源及其现实意义. 高等理科教育，2013（5）.

[3] 黎双飞. "聚徒教学"与大学生科研素质的培养与提升，课程教育研究，2017（6）.

交往理论视域中的研究生导学关系探析

王燕华

（管理学院公共管理系）

【摘　要】提高研究生质量的重要因素是完善导师制。导师制首先建立在以学术为轴心的导师与研究生导学关系的基础上，导学关系是影响研究生个体发展最直接的因素。以学术为轴心的导学关系是一种交往关系，它是在教学、科研及师生日常活动全过程中建立起来的理性交往关系。通过借鉴哈贝马斯交往理论的丰富内涵，剖析研究生导学关系的内在特质，从"交往理性""生活世界""话语伦理"三个维度建构新型研究生导学关系，以期回归人文理性，实现个体的主体理性向群体的交往理性转变，促进研究生培养质量的提高。

【关键词】导学关系　交往理性　生活世界　话语伦理

在高等教育向世界一流水平迈进的道路上，导师和研究生始终是一支高凝聚力的学术主力军。导师制是世界各国普遍采用的研究生培养方式，导师与研究生的导学关系成为导师制维系与发展的重要基础。导学关系是在学术逻辑基础上建立起来的一种教育关系，其本质也是一种社会关系，它不仅体现教师与学生之间基于知识传授的学术交往关系，而且涵盖精神交往和道德教化关系。中国处于社会转型时期，传统的师生关系正遭受现代性弊端的冲击，研究生导学关系中的知识传授关系、道德教化关系和行政管理关系都在经受严峻挑战，从而影响研究生培养的质量。本文以哈贝马斯的交往理论为基础，剖析研究生导学关系的内在特质，从交往理性、生活世界、话语伦理三个维度建构研究生师生关系的分析框架，挖掘研究生导学关系的交往本质，以期构筑以学术文化为本、以人文理性为导向的生活世界，减少官僚政治和非学术权力对师生交往环境的干扰，使研究生导学关系回归以学术为轴心的交往理性环境，成就高质量的研究生培养。

一、研究生导学关系的本质：以学术为轴心的理性交往

交往理性是当代著名哲学家和社会学家哈贝马斯（J. Habermas）的代表性理论。他认为早期的先验理性和工具理性存在一定的缺陷，过多强调以主客体二元对立关系把握人的主体性和理性能力。在哈贝马斯看来，策略行为和交往行为是存在于人类社会关系的两种主要行为方式。策略行为受工具理性支配，代表了社会中最典型的主客体关系；交往行为则受交往理性或价值理性支配，其行为关系建立在强有力的语言理解的共识力基础之上。语言是人类最重要的交往工具，语言的重要社会功能是建立或保持某种社会关系，发挥协商、协调作用，并对行为产生约束力。但在策略行为中，

行为者往往通过非言语行为（如外在强制力等）对行为语境以及行为者之间所施加的影响来获得协调效果。人们在市场领域普遍运用策略行为维系社会关系，而在社会公共领域，交往行为更能解释行为者的社会关系和行为特点。哈贝马斯认为，任何社会理论始终都与理性问题有着不可分割的联系，交往行为的本质是一种交往理性，它以主体间对称的理解关系为基础，依赖语言符号系统开展行为交往，并在行为者之间建立规范化的理性交往空间。交往行为是至少两个主体之间以生活世界为背景、以语言为媒介、以相互理解为前提的行动合作化与个人社会化的行动过程。因此，交往理性超越了工具理性的樊篱，它从价值层面深层次分析社会关系和人类行为。

自德国近代大学创立研究生教育以来，研究生导师制就应运而生并延续至今。从德国研究生教育早期采用的学徒制，即研究生充当导师的科研助手从事科学研究，到美国现代大学研究生教育的一主多辅导师制，以及后来的教学科研与社会、企业紧密结合而产生的联合导师制，包括中国单位制度下模仿欧洲学徒式的导师制，其共同特点是：研究生导师制的导学关系建立在遵循严格的学术逻辑基础之上。尽管中国导学文化或多或少受"一日为师，终身为父"观念以及"师父带徒弟"的工匠作坊模式影响，导学关系更加密切，也更多地掺杂一些非学术元素。导师成为研究生在校生活的主要负责人，肩负着研究生培养过程中多方面的价值塑造和价值判断责任。因此，相对而言，中国导学文化在学术交往的纯粹性程度上可能不如西方的大学。但是，从学校制度设计上看，中国的研究生导师始终以学术导师为身份定位，以引导和帮助学生的学术成长为重要己任，紧紧围绕以学术为轴心的理性交往关系发展，培养并保障研究生具有坚实的专业基础和学术技能。

从大学承担社会责任的角度看，尽管今日的大学已从"象牙塔"走向社会的中心，大学具有更多社会服务职能，但在研究生教育方面，其主要目标依然是培养探索真理和知识创新的高端人才，导学关系的本质仍是在求知探索的学术殿堂里仰望星空，在追求真理的理性光辉照耀下围绕学术事务展开互动和交往。以学术为轴心的理性交往涵盖诸多方面的内容，但核心是必须具备求知探索的理性精神、平等自由的学术文化以及维护学术制度健康发展的机制。作为培养人才和创新知识的一种活动，学术是贯穿于研究生导学关系的主线，因此，导师与学生在教学、科研互动中必然建立起一种以学术为轴心的理性文化，在彼此共享的学术规范中，在知识传承和科学研究的实践中相互促进、平等互动，实现各自的人生目标和价值追求。

二、工具理性泛滥：研究生导学关系遭遇现代性困境

根据马克斯·韦伯对现代性的解释，现代性主要表现在启蒙运动中人义论对神义论的替代，导致价值领域的分离，科学、道德、美学等领域的理性观念取代了原本统一的基督教神学及其形而上世界观。韦伯认为以主体为中心的理性观念在现代社会毫无疑问已发展为工具理性，导致意义的丧失和自由的丧失，随着科学技术的迅速发展，理性启蒙逐渐演变成工具理性，强调以技术规则、程序性操作为前提，为了达成某种所谓崇高的目标，越来越重视采用具有战略性、高效性的方式达成目标，甚至将人与

机器一并视为战略性和程序化操作的因子，工具理性已经演化成一种技术意识形态，这就是现代性困境的根源。霍克海默和阿多尔诺也对技术理性进行了无情的批判："科学技术把存在者之间复杂而多元的关系简化为'赋予意义的主体'与'无意义的客体'之间的单纯的一元关系……将一切存在物置于狂妄自大的主体的主宰之下，在摧毁自然的同时，也摧毁了人的本质与自由——因为人本身也是自然的一部分。"哈贝马斯继承并发展了韦伯的理论，用理性和合理性概念对现代性进行新的探讨。他认为现代社会除了主体中心理性之外，在人们日常生活和社会活动中还大量存在交往理性，主张以语言为媒介、以相互理解为取向建构人类社会的交往合理性。现代大学是社会发展的产物，现代性困境不可避免地波及大学，反映在导师与研究生的交往关系上，体现为过度彰显学术活动的工具理性和操作化效益，单向度地追求主体对客体的征服和控制，忽视教育过程中人的存在价值和意义，人的自由个性和独立性受到限制。工具理性至上，交往理性缺失，势必导致研究生导学关系功利化，削弱以学术为轴心的理性探索精神和平等自由的学术文化。

（一）研究生就读目的功利化对"交往理性"的侵蚀

随着现代化进程不断深入，工具理性和技术发展对人类的影响日益扩大，随之产生的负面因素对研究生导学关系带来一些不良影响，导致师生关系功利化、冷漠化，究其原因主要反映在研究生就读目的不纯，带有太多外在功利化目的，极易导致研究生与导师学术交往关系的功利化。本课题组在对广东省大学排名前三的大学进行研究生问卷调查中了解到，为了就业好、拿名校文凭、获得高学位等非学术目的而报考研究生的人数占了92%；关于在读研究生的压力问题，受访者读研期间最大的压力来自就业（占42%）和学术（占41%）。一方面，多数研究生对就业前景堪忧，这无疑影响他们专心攻读学业和全身心投入研究；另一方面，未来就业的不确定性和非学术诱惑的影响对研究生的学术主动性产生负面影响，无法按要求完成教学、研究任务，导师对研究生的学习态度和学习能力产生质疑，极易引起导学关系紧张，甚至师生交往出现裂痕。而且，受访研究生中超过三分之二的人有社会兼职经验，且大部分兼职与自己所学专业关系不大或者没有关系，兼职只是为了经济收入和增强社会实践能力。有教授在访谈中说："学生就业压力过大直接导致研究生功利性的求学和导师功利性的指导，甚至降低或放弃学术要求。"而这极有可能导致研究生教育陷入一系列恶性连锁反应：功利性就学导致研究生被动学习、消极学习，无法按要求完成导师布置的教学科研任务，因而其学习和科研效果低于导师的期待，导师共享的知识探索、科研创新的理性精神和学术文化被破坏，价值观的差异必然影响导学关系的维系和发展，偏离应有的以学术为轴心的理性交往轨道，长此以往将影响研究生培养的质量，而进一步影响研究生未来就业竞争力，就业压力进一步增加，研究生导学关系进入非理性交往的循环怪圈。

（二）教育系统快速扩张对学术"生活世界"的殖民

哈贝马斯认为，现代社会是由系统和生活世界共同构建的双层架构，现代性困境是由这种二维架构内部的各种矛盾冲突产生的，即系统的分化和生活世界的合理化。

现代社会中作为系统运行机制的工具理性日益冲击着本该由交往理性所建构的生活世界，因而导致生活世界的殖民化与交往理性的扭曲。生活世界是交往行为始终运行于其中的境域，研究生师生交往的生活世界从宏观层面看是国家的整个高等教育系统，这个系统的任何风吹草动都会对导学关系所处的生活世界及其个体产生影响。高等教育规模扩张对研究生教育中导学关系的冲击是显而易见的，导师的教学、科研工作负担过重，导师无法潜心指导研究生的学习和研究，师生良好的学术交往关系难以维系。我们在对导师的访谈中了解到，影响研究生导学关系的因素主要来自两个方面：一是研究生教育规模的快速扩张，二是研究生教育性质的改变。根据中国考研网的信息，硕士研究生招生人数从 2000 年的 10.3 万人增长到 2016 年的 51.7 万人，研究生招生规模持续扩大，而生源的整体质量成为很多导师担心的问题。研究生教育性质发生改变，无论从生源质量还是从教学内容、教育方式、教学反馈等方面看越来越接近"本科后教育"。单一的班级授课制代替了师傅带徒弟式的师承关系和学术交往，学生缺乏对学术的内在兴趣，导师和学生的学术交往趋于程式化、任务化，学术标准大打折扣。研究生师生交往除了规定的课堂教学以及理工科的做实验，其他交往基本以导师指导学生毕业论文的程序来维系，即按照学院的规定进行定期的阶段性的毕业论文指导，研究生和导师很难有深层次的学术交往，原本丰富多彩的研究生导学关系异化为简单的论文指导关系，缩小甚至偏离了交往行动者应有的生活世界和活动视野。

（三）工具理性对导师群体及其"话语伦理"的蚕食

哈贝马斯的"话语伦理"不是简单复归传统的规范伦理学，而是基于现代社会背景、消解传统伦理道德的形而上基础、脱离强权与绝对命令的交往理性，它强调主体间的道德共识而达成交往的有效性与话语的规范性。他认为对人的理性交往的分析必须落实到语言，因为个体的理性能力及其社会化是在实践中生成并在语言对话和主体之间构成的生活世界里生成与发展的，只有在主体间交往的语言互动中，每一个单个的主体才能充分地理性化、社会化。现代大学管理制度对导师的绩效评价往往忽略教育教学标准，而更多以导师的课题级别、论文发表期刊级别以及在核心刊物上发表论文的数量等为指标。这种评价制度影响了导师与研究生的学术交往。为了达到这些指标的要求，有些导师甚至带领研究生制造学术垃圾。功利性、粗放式的评价方式违背了学术发展和人才培养的规律，将人变成制造学术论文和科研成果的机器，并导致大量为发表而发表的学术垃圾产生，同时也使得师生关系功利化、世俗化。研究生是具有完整独立人格、道德认知与价值判断的成熟个体，由于师生之间基于主体间的道德共识与学术话语的规范性受到挑战，因而影响达成理性交往的有效性和话语伦理的共识性。从长远目标看只会加剧学术的行政化和功利化，导师沦为"学术民工"，教授们就围绕课题、经费、成果转，学术被急功近利笼罩。导师为了完成各种学术工作量，提升自己的知名度，将工作重心放在自己的学术发表上，而较少关注或者很少关心自己的研究生。研究生也因缺乏导师的潜心指导而难以真正了解和把握学术研究的精神内核与价值规律。有些研究生刚掌握点学术的皮毛就想着去发表，急功近利，对个人成长非常不利。这样的导学关系完全破坏了以学术为轴心的师生交往的合理性，打破了主体间的道德共识而难以达成交往的有效性与话语的规范性。

三、回归人文理性：从个体的主体理性向群体的交往理性转变

人文理性涉及人文和理性两个概念，英语中 humanity（人文）一词源自拉丁文的 humanitas 以及希腊文的 paideia，意指对理想人性、优雅艺术的培育和训练。英语中 rationality（理性）一词源自拉丁文的 ratios，而更早源自古希腊文 logos，含义是洞见、明见，具有开启智慧之门的含义。可见，无论人文还是理性，都只有人才能获得，都是人以自身为诉求和目的的形而上关怀。人文理性可以理解为以人的自我生成、自我发展、自我实现等理性能力为基础形成的认知能力、道德能力和情感能力的总和。人文理性的重要内涵是关注人的生存、生活和人的全面发展，其内核与哈贝马斯的交往理性一脉相承，即注重人与人之间精神层面的对话，改变现实生活世界中那种以个人为中心的交往行为，将人与人之间的关系视为多主体间、平等互动的关系共同体，强调具有主体性的人在实践中的多向度交流。他们在实践中"通过共识关系实现相关性和一致性，体现不同主体在构建共同世界过程中的和谐互动及良性交往"，这其中无不彰显着人文理性的光芒。

交往理性是隐含在人们日常话语结构之中的，由参与者共享的理性。传统的单维度的个体理性侧重以个体的主体为中心，过分重视命题间的逻辑关系，强调目标达成和任务的高效完成。工具理性至上带来的直接影响是个体的主体理性过于彰显，而群体的交往理性逐渐丧失。与此不同的是，交往理性注重多重维度的理性交往，突出的是群体作为主体所应保持的整体和谐，即通过主体间的语言交流，尤其注重精神层面的对话与沟通，使不同个体之间平等对话、协商讨论、理解沟通而达成共识，维护群体内部共享的"话语伦理"。

（一）维护导师实质权威的纯洁性

许多社会学和教育学者都对"权威"做过专门的研究，具有代表性的是英国教育哲学家彼得斯（R. S. Peters）的观点。他认为权威是一种发布命令及做决定的权力，权威之所以存在，是因为所设立的规范和价值体系为众人所接纳。在彼得斯看来，一个人被赋予的权威与他实际能行使的权威并不对等，比如一位教师在学生面前通常是有权威的，他可以发布指令，但有可能没有人遵守；反之，一位没有任何权贵和社会影响力的人说的话，也可能被很多人信服，这是因为权威有"形式权威"（Formal Authority）和"实质权威"（Actual Authority）之分。彼得斯用"当权者"和"权威者"来区分这两种权威，前者是因被赋予发布命令与决策的权力而成为当权者；后者则是因本人能力为众人所信服而成为权威者。如果一位教师在课堂发布指令而没有学生遵守，说明教师是徒有形式权威而无实质权威，只是凭借教师身份的形式权威在发出指令。通常在政治和宗教领域，一旦权威者发展成为当权者时，就是韦伯所说的具有精神感召的人物产生了。作为从事知识传承、科学研究和人才培养的研究生导师，他理应是同时具有专业权威和道德感召的学术前辈与精神导师，他既是当权者，又是权威者。作为当权者的责任是确保知识在教育系统中持续发展并保持系统的良性运转，肩负着知识传授、引领社会道德与文化的重任；作为专业领域的权威者，导师渊博的学识、严谨治学的人

格魅力及从事科学研究的丰富经历等，自然会让研究生产生仰慕之心而努力追随。因此，在研究生教育的各种教学、科研现场中，形式权威与实质权威是相辅相成、不可分割的，这两种权威应该适时交互使用，不应只偏于某一方。

但是，在知识经济和科技空前快速发展的时代，不可避免伴随而来一些社会乱象。家长制、师道尊严等传统的权威时代逐渐消退，多元开放的社会正以一股无法抵挡的力量迎面扑来，多元价值观引发师生交流不畅，师生关系冷漠、紧张，传统教师角色有所转变，教师权威也随之式微。彼得斯也认为，教师的权威在当今社会已经无法再仰赖他们的传统权威，而必须表现出他在其他某方面的权威，才能将其权威合理化。教师权威的整体性被割裂，研究生教育中导师的实质权威遭遇工具理性绑架而沦为只是盲目追求功利目的的机器，导师的形式权威掺杂了太多行政化、功利性的因素，例如研究生导师制主要由研究生处（院）来安排，包括导师教学任务的安排与确定、导学关系的建立、导师工作的评价等，主要由研究生处（院）和二级学院共同负责，导师的学术话语权常常受制于行政权力，导师甚至在招收研究生时完全没有自己的决定权，这无疑对导师的形式权威产生负面影响。更严重的是，研究生导师的学术权威逐渐蜕变为行政化系统及其科层化的附庸，导师的专业权威直接听命于行政化指令，按照上级行政要求的教学工作量和科研成果数量安排学术工作，研究选题和内容也越来越紧跟所谓"主流"的"高大上"和"顶层设计"。为了所谓的学校发展急功近利，违背科学规律，过分强调多出成果、快出成果，甚至不惜以学术造假制造学术虚假繁荣。因此，当下之计是要努力维护导师作为专家、学者、师者在知识传授、学术研究、道德修养和训导方面的实质权威，尽量减少行政文化对学术文化的排挤，丰富日益贫瘠化、空洞化的专家文化。导师的实质权威需要树立，应该将导师的权威从行政主导的形式权威转变到让导师拥有真正学术话语权的实质权威。

（二）共建基于合作型学术文化的"生活世界"

研究生教育给导师和研究生创造了一个不同寻常的生活世界，它是一个充满丰富智力互动和文化交流的学术世界，在这里导师和学生都是主动的学习者、研究者和探索者，他们一起工作并相互促进。一方面，导师通过教学、科研活动引导和培养学生，使其在学术方面迅速成长。同时，学生的成长和建树也会给导师的研究带来意想不到的收获。这种学术共同体的最大特点是任何人在真理面前自由、平等。导师与学生的交流互动是平等的理性交往，没有上下级关系，没有雇佣成分。另一方面，导师和研究生从事的研究活动，其本质是以自由探索为基础的教育活动，它与以往的任何教育形式都不同，是在广泛的知识背景和专门的学科领域突破原有认知局限，不断揭开人类社会和自然界奥秘并取得创造性发现的精神享受过程。尽管有经验丰富的导师指导，研究生的学习和科研更多建立在独立研究基础之上，他们应该最大限度地自由选择自己的研究领域、决定自己的研究课题、确定自己的学习和研究进度。

首先，导师不单纯是传授知识的教师。对研究生来说，导师更应该是研究生灵魂的引路人。因此，导师的责任并不仅仅只是教给研究生知识，指导研究生写论文、做研究，更重要的是通过自身的言行表率，培养研究生高尚的情感、端正的态度和踏实的精神。导师在指导研究生进行学术论文写作或者科学研究的过程中，一方面，要尊重研究生的主体个性，给研究生自由创造的空间。对于研究生的培养，不仅需要规矩，更需要空间。另一方面，也要创造机会，让研究生能够进入学术前沿。导师作为其所在领域的专家，往往对其所在学术领域内有价值的问题有着比较清晰的了解，有着特殊的学术洞察力。因此，导师能够也有必要将学生带到学术和科研的前沿，做有价值的研究。其次，研究生要改变依赖的思想，坚持独立思考，对导师的学术研究要敢于质疑，要自觉努力提高自身的科研能力，争取更多的机会和导师共同科研。研究生要尊敬导师，重视导师的引路人作用，从导师的身上学到的不仅仅是知识和技能，更重要的是品格。最后，学校教育系统要关注研究生群体，用学术文化影响和感染研究生，缓解他们的生存压力，用制度和政策支持研究生专注于学术。在物价高涨的今天，研究生对生活压力的感受相比于其他层次的学生要深刻，很多研究生在就读期间都会选择做兼职以缓解生活压力，而且相当一部分从事的兼职与专业毫不相关，甚至是一种廉价劳动力。因此，社会和学校一方面有必要加大财力、物力的投入，为研究生创造更多的机会和条件，让他们能够安心做学术研究，消除他们对生活的后顾之忧。另一方面也要建立严格的淘汰机制，对难以胜任学术研究的研究生进行淘汰，用学术规范和教育标准敦促研究生不过分追求金钱，将心思真正放在学习和研究上。学校尤其要从制度层面改善研究生培养的学术文化，促进师生合作。改革容易产生一些刚性化、冷漠化的制度设计，例如学校人事管理制度、绩效考评、学生考评制度等方面可能存在的一些非人性化的量化标准，可能导致师生学术文化的离散，因此，用鼓励合作的机制来引导研究生主动合作、善于合作、有能力合作，同时尊重研究生的自主性和独立性，鼓励研究生进行创新性研究，多参与合作性研究，尤其是与导师的合作。用合作性的学术文化代替离散的学术文化，是引导研究生主动形成交往热情、与导师建立理性交往的必要途径。

（三）在对话中共建"话语伦理"

规范和谐的话语环境是师生关系健康发展的桥梁，而真正的对话总是蕴含着一种伙伴关系或合作关系。研究生教育是一种高层次、高水平的智力活动，贯穿于研究生教育的教学、科研活动是学者自由意志在学术共同体得到充分释放的过程，是不同学术见解和思想充分碰撞的过程，支撑这一过程最重要的方式是对话沟通。哈贝马斯认为，社会共同体中各相关主体间存在着非强制性、非暴力的一致性意见，这是主体出于理性的动机、通过语言交往获得，并以语言形式存在，其实质是基于主体间性的伦理存在，即话语伦理。交往是一种基于语言活动的行为，交往双方存在一套共享的话语论语，师生之间的有效对话符合话语伦理的普遍原则，师生之间的交往没有强权与压制，导师不能也不可能通过压制、命令等方式维护自己的权威，研究生也不需要担心与导师的观点不一致。这是一种面向生活（学术）世界、超越特定文化形式、以开放性的话语论辩建立起来的共识和理性。师生之间的平等自由、相互尊重、相互忠诚靠的是他们对学术自由精神的追求，通过辩论、讨论、切磋甚至争执、批判实现沟通与交流。或许他们仍然不能统一意见，但是彼此能够理解和尊重，可以让对方保留各自的观点，并尽可能寻求共同点。对话是研究生师生交往的媒介，对话的真实性、真诚性、正确性，是共建学术共同体必不可少的"话语伦理"。其一，研究生师生对话的客观环境是具体的教学和科研活动，关注的是客观的知识，研究的是客观的世界，所有陈述必须是真实的。其二，从研究生师生对话的主观意识来看，对话的目的是培养人才，体现的是教学相长，因此师生之间的对话必须是真诚的，言为心声而不是言不由衷，否则对话没有意义。其三，从研究生师生对话的渠道来说，相比于上下级的命令与服从的对话渠道，研究生师生的对话都是通过以理服人的方式进行的坦诚沟通，比如通过沙龙、论坛、杂志等以辩论、实验或者面对面的沟通来实现的。在信息社会高速发展的今天，网络、电话等电子媒介的流行给师生对话提供了更多的便利，师生以对话为媒介而进行的交往变得更加频繁、实效和快捷。

第一，要打破导师的权威垄断，导师的实质权威并不意味着导师拥有绝对权威。绝对权威是对实质权威的绑架。导师要放下"好为人师"和"绝对权威"的心态，不要认为自己"过的桥比学生走的路还多"就拥有绝对的话语权，自己给学生的都是忠言、良药，学生不听就是不上进。绝对的话语权必然导致师生沟通障碍，甚至错误信息的产生，影响导学关系的正常维系。从学生的角度来讲也要努力争取并且不轻易放弃自己的话语权，摆脱依赖思想，形成独立思考的良好习惯。有的导师鼓励学生畅所欲言，但是学生没有信心或者畏惧导师的权威而不敢说出自己的真实想法。从学校的角度来讲就是要营造平等的学术氛围，鼓励师生之间建立真诚、开放的对话机制，用客观、真实、真诚的双向对话代替单向性独白。

第二，建构专业、规范的语言体系。一方面，要建立并严格遵守学术秩序，不管是学校、导师还是学生，都要树立严谨认真的学术精神，形成良好的学术习惯，遵守学术秩序，从而为师生交往打下良好的学术氛围。另一方面，师生不仅要深入了解与掌握本专业领域内的研究进程和前景，还必须放宽视野，了解相关交叉学科以及其他学科的发展，这就能有效避免"夜郎自大"的思维对师生交往的束缚。要做到这点，就必须让师生都明确专业领域里的著作、研究情况、同仁等，就像中国古代的武侠各派，每派有各自的风格、人物、傲立群雄的特点，如果要让本派立于武林之列就不仅要掌握并创新本派的功夫，还要对其他各派了如指掌。因此，要建立师生之间和谐的话语环境，还要本着开放的态度，掌握本行业的发展历史、现状与未来。

第三，鼓励和引导师生进行真实有效的对话。从学校管理的角度来说，主要是建立良好的对话平台，让师生的诉求能够得到合理、合法和及时的解决。对于师生来说，不使用偏激手段，不造谣，不传谣，严格遵守学术规范，学会运用学术、法律等有效途径表达自己真实的意愿和诉求，在符合学术"话语伦理"前提下，消解缺乏沟通和理解的独白者式、表演式行为，进行和谐的交往。

总之，研究生教育是学问圣殿里的最高阶段，相对于其他层次的教育形式来说，以学术为轴心，以探索未知、发现真理为目标的导学关系更注重人与人之间基于精神层面和共同理念的对话与交往，无论是导师还是研究生，作为具有主体性的人在各种学术交往中都不可避免地要走出个体的主体理性，进入群体的、多向度的交往理性，这是他们共处学术"生活世界"、维护共同"话语论语"以达成共识关系的基础，也是形成研究生教育良性生态的必要前提。

参考文献

［1］哈贝马斯．后形而上学思想．曹卫东，付德根，译．南京：译林出版社．2001．

［2］乐江，周光礼．"导师制"与"老板制"——中外医学院校研究生培养制度比较分析．高等工程教育研究，2008（2）．

［3］李碧虹，陈剑光．论导师在研究生就业中的职责：基于外部性理论的分析．学位与研究生教育，2009．

［4］章国锋．关于一个公正世界的"乌托邦"构想：解读哈贝马斯《交往行为理论》．济南：山东人民出版社，2011．

［5］陈洪江．科学发展观：科学理性、人文理性、生态理性三位一体．社会主义研究，2011（1）．

［6］哈贝马斯．哈贝马斯精粹．曹卫东，译．南京：南京大学出版社，2004．

［7］R S PETERS. Ethics and education. London：George Allen & Unwin Ltd，1966．